한경MOOK

법무법인 지평 전문가들이 쉽게 풀어 쓴
인권경영 해설서

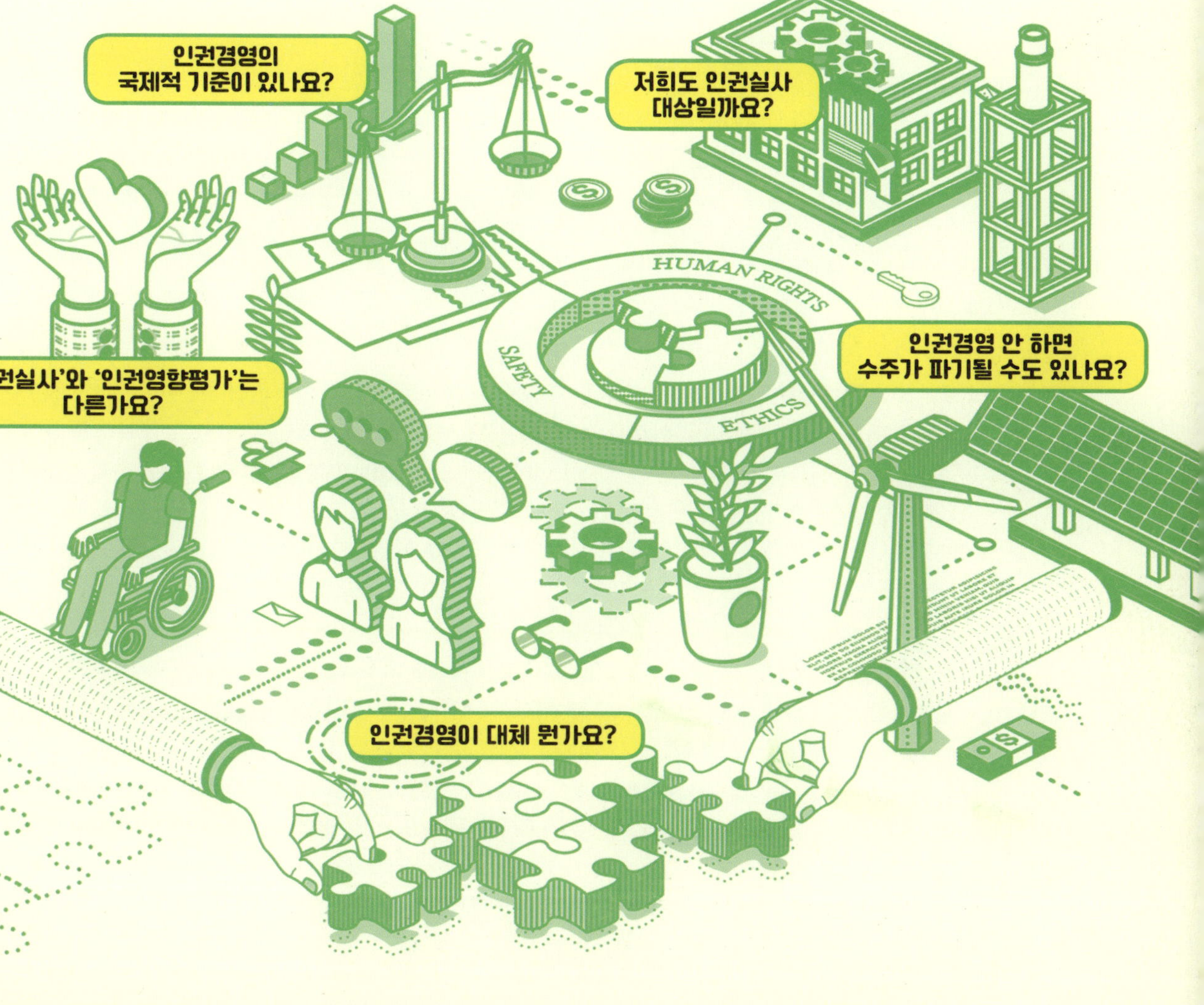

- 인권경영의 국제적 기준이 있나요?
- 저희도 인권실사 대상일까요?
- '인권실사'와 '인권영향평가'는 다른가요?
- 인권경영 안 하면 수주가 파기될 수도 있나요?
- 인권경영이 대체 뭔가요?

PROLOGUE

인권실사, 오히려 기업에 기회다

그녀는 시간당 14센트를 받았다. 나이키 인도네시아 하청공장에서 일했다. 150달러짜리 신발을 만드는 그녀는 맨발로 미국 시급의 50분의 1을 받고 일했다. 1992년 미국 잡지에 이 이야기가 보도됐다. 나이키는 항변했다. 신발 생산을 위탁한 별개의 회사라고, 그래서 근로조건에 관여할 수 없다고. 게다가 인도네시아 최저임금을 상회하고 다른 곳보다 조건이 좋다고도 했다. 원가를 절감해 최대 이윤을 얻는 것이 기업의 목적이라면 나이키의 항변은 틀린 말이 아니다.

그는 열두 살이었다. 1996년 나이키 공에 바느질하는 그의 사진이 미국 라이프지에 실렸다. 소년은 시급 6센트, 일당 60센트를 받았다. 나이키가 아동노동에 연루됐다는 거센 비난이 일었다. 나이키는 여전히 억울했다. OEM(주문자상표부착생산) 공장에서 일어난 일이라 통제할 수 없었다고 주장했다. 그러나 사람들은 동의하지 않았다. 기사가 나간 다음 날 나이키 주가는 13% 하락했고, 소비자들은 나이키의 노동착취에 반대하는 시위를 벌였다. 1997년 나이키는 창사 이후 처음 적자를 기록했다.

이후 나이키는 노동인권을 향상하기 위한 적극적인 정책을 펼치기 시작했다. 나이키 생산 노동자의 최소연령을 올리고 모니터링을 강화했다. 모든 공장에서 미국의 청정 공기 표준을 채택하고, 노동자 교육복지정책을 펼 것을 발표했다. 노동자들의 위험을 줄이기 위해 신발 제조의 요소까지 변경했다. 2002년부터 2004년까지 문제가 있는 하청공장을 대상으로 약 600건의 공장 감사를 실시했다. 2005년에 나이키가 계약을 맺고 있는 전체 공장의 상세 정보를 공개했다. 업계 최초의 일이었다. 인권침해의 오명을 썼던 나이키는 인권경영을 실천하는 선구적인 기업으로 거듭났다.

국제사회는 유엔 차원의 대응을 시작했다. 2005년 논의를 시작해 2011년 기업과 인권에 관한 국제규범이 유엔 인권이사회에서 만장일치로 채택됐다(유엔 기업과 인권 이행원칙). 이 규범에서 보호, 존중, 구제라는 프레임워크를 제시했다. 국가는 인권을 '보호'할 의무가 있고, 기업은 인권을 '존중'할 책임이 있으며, '구제' 절차를 마련해야 한다는 것이다. 인권실사 개념도 등장했다. 그러나 이 국제규범은 세상을 바꾸기에 역부족이었다. 법적 강제력이 없는 가이드라인(연성규범)에 불과했기 때문이다.

ESG(환경·사회·지배구조)가 국제적인 흐름이 되면서 반전이 일어났다. 기업의 인권존중책임을 법

by_ 임성택 법무법인 지평 대표변호사

제화하고, 인권실사를 의무화하는 제도가 프랑스를 필두로 차례로 만들어졌다. 외국에서 시작된 의무화의 물결은 글로벌 공급망을 통해 우리에게도 큰 영향을 미치고 있다. 한국도 강행법은 아니지만, 국가인권위원회가 인권경영 가이드라인을, 법무부가 기업과 인권 길라잡이를 만들었다.

한국 기업들도 인권경영을 고민하기 시작했다. 지속가능경영 보고서에 인권 항목을 포함하고 있다. 그러나 인권을 내재화한 기업은 많지 않다. 인권부서를 두고 있는 회사는 드물다. 인권전문가를 영입해 인권업무를 담당하게 하는 회사는 거의 없다. 인권실사는 아직 남의 나라 이야기다. 인권영향평가도 마찬가지다. 영향평가를 하더라도 아동노동, 강제노동, 결사의 자유 등 중요사항만 체크리스트로 확인하는 수준이다. 인권실사 전문법인을 통한 평가를 하는 회사는 거의 없다. 인권의 관점에서 공급망을 선택하고, 관리하고, 지원하는 경우도 많지 않다. 인권경영보고서를 내는 회사는 소수에 불과하다. 사회공헌활동은 많지만, 지역사회의 인권문제를 해결하려는 참여나 기부는 찾기 어렵다.

이 책은 인권경영의 A부터 Z까지 모든 것을 다뤘다. 기본적인 개념부터 설명했다. 인권경영이 무엇인지, 인권실사는 인권영향평가와 어떻게 다른지, ESG와는 어떤 연관성이 있는지. 인권실사와 관련된 국제규범도 정리했다. 무엇보다 인권존중책임의 프레임워크와 인권실사를 단계별로 자세하게, 실무적으로 소개했다. 국내외의 흥미로운 모범사례를 이해관계자별로 범주를 나눠 다양하게 소개했다. 프랑스에서 시작해 전 세계로 번지고 있는 인권실사 의무화법도 모두 소개했다. 무엇보다 쉽게 인권경영을 이해하고 적용하는 데 도움이 될 수 있도록 만들었다.

인권실사는 기업에 과도한 부담만 준다는 의견도 있다. 돈 벌기도 바쁜데 인권까지 챙겨야 하느냐는 볼멘소리도 나온다. 그러나 인권실사는 오히려 기회다. 기업은 사람으로 구성되고 사람을 상대로 비즈니스를 한다. 사람은 누구나 존엄하고, 사람의 권리는 무엇보다 존중돼야 한다. 인권을 존중하는 기업엔 사람이 몰리고, 로열티를 갖게 된다. 반면 인권을 소홀히 하면 큰 위험에 직면할 수 있다. 불매운동의 대상이 되고, 공급망에서 제외될 수 있다. 인권은 이제 통상문제가 되고, 기업의 이해관계자들에게 최우선 관심사가 됐다. 치열하게 인권을 고민하고, 진심으로 인권문제에 접근하는 기업이 많아지길 바라는 마음에서 이 책을 낸다.

CONTENTS

법무법인 지평 전문가들이 쉽게 풀어 쓴
인권경영 해설서

: Opening

- 002 **PROLOGUE**
  인권실사, 오히려 기업에 기회다
- 006 **COLUMN**
  '좋은 기업'과 '착한 기업',
  두 마리 토끼를 잡기 위해
  고민해야 할 것들

008
: Special
5FAQ & 5GUIDE

- 010 **FAQ 1**
  인권경영이란?
- 012 **FAQ 2**
  인권실사와 인권영향평가의
  차이점은 무엇일까?
- 014 **FAQ 3**
  공급망 인권리스크는
  어떻게 관리해야 할까?
- 016 **FAQ 4**
  인권경영의 이해관계자는 누구일까?
- 018 **FAQ 5**
  금융기관과 투자자도
  인권존중책임이 있을까?

- 020 **GUIDE 1**
  유엔 기업과 인권 이행원칙 및
  OECD의 가이드라인
- 022 **GUIDE 2**
  국가인권위원회와
  법무부의 가이드라인
- 024 **GUIDE 3**
  기업인권벤치마크와
  노더체인의 평가 기준
- 026 **GUIDE 4**
  유엔 기업과 인권 이행원칙에 따른
  프레임워크와 GRI의 공시기준
- 028 **GUIDE 5**
  커지는 인권경영에 대한
  기업의 설명 책임
- 030 **SME TIP**
  중소기업 필독!
  알아두면 쓸모 있는
  HOW TO 인권경영

034
: Section 1
MANUAL

PART 1
1단계 인권정책 선언

- 036 **CONCEPTION**
  인권정책 선언의 필요성과 소통
- 038 **ISSUE BRIEF** 유니레버
- 040 **CHECKUP** 경영자 체크포인트
- 042 **CHECKUP** 실무자 체크포인트

PART 2
2단계 인권영향평가

- 044 **CONCEPTION ①**
  인권영향평가의 종류와 방법
- 046 **CONCEPTION ②**
  인권 영향의 분석 기준:
  심각성과 발생가능성
- 050 **ISSUE BRIEF ①** 풀무원
- 052 **ISSUE BRIEF ②** 에릭슨
- 054 **CHECKUP** 경영자 체크포인트
- 058 **CHECKUP** 실무자 체크포인트

PART 3
3단계 통합과 조치

- 062 **CONCEPTION ①**
  내재화와 통합:
  인권존중 경영체계의 정비
- 064 **CONCEPTION ②**
  인권교육의 의미와 필요성
- 066 **ISSUE BRIEF** HPE
- 068 **CHECKUP** 경영자 체크포인트
- 070 **CHECKUP** 실무자 체크포인트

PART 4
4단계 추적과 검증

- 072 **CONCEPTION ①**
  인권리스크 예방·완화 조치의
  효과성을 평가하는 기준
- 074 **CONCEPTION ②**
  이해관계자 모니터링과
  검증 조치의 효과성 검증
- 076 **ISSUE BRIEF** 글로벌 모범 사례들
- 078 **CHECKUP** 실무자 체크포인트

PART 5
5단계 소통과 보고

- 080 **CONCEPTION ①**
  이해관계 소통 방식과 중요성
- 082 **CONCEPTION ②**
  인권보고서의 작성
- 084 **ISSUE BRIEF ①** 포드
- 086 **ISSUE BRIEF ②** 파타고니아
- 088 **CHECKUP** 경영자 체크포인트
- 089 **CHECKUP** 실무자 체크포인트

PART 6
6단계 구제 절차

- 090 **CONCEPTION ①** 조기경보장치로서의 구제 절차
- 092 **CONCEPTION ②** 효과적인 고충처리 메커니즘을 수립하는 방법
- 094 **ISSUE BRIEF ①** 아디다스
- 096 **ISSUE BRIEF ②** 바스프
- 098 **CHECKUP** 경영자 체크포인트
- 099 **CHECKUP** 실무자 체크포인트
- 100 **TOPIC** 상호 보완 관계의 '인권실사'와 '환경실사'

PART 3
'소비자 중심' 인권경영

- 120 LESSON ① 소비자의 권리
- 122 LESSON ② 소비자와 차별
- 124 LESSON ③ 소비자의 개인정보 권리

PART 4
'지역사회 중심' 인권경영

- 126 LESSON ① 기업과 지역사회의 인권 Ⅰ
- 128 LESSON ② 기업과 지역사회의 인권 Ⅱ
- 130 LESSON ③ 원주민의 권리 및 지역사회 참여

PART 5
'다양한 권리 주체 중심' 인권경영

- 132 RIGHTS HOLDER ① '신기술' 중심 인권경영
- 134 RIGHTS HOLDER ② '아동' 중심 인권경영
- 136 RIGHTS HOLDER ③ '성소수자' 중심 인권경영
- 138 RIGHTS HOLDER ④ '노인' 중심 인권경영
- 140 RIGHTS HOLDER ⑤ '기타 이해관계자' 중심 인권경영
- 142 RIGHTS HOLDER ⑥ 국제이주기구가 제시하는 이주노동자의 업무 조건

144
: Section 3
GLOBAL TREND

- 146 **프랑스** UNGPs 인권실사 최초 법제화
- 148 **독일** 인권실사 의무화 법률 제정
- 150 **노르웨이** 개별법 제정 통해 의무사항 등 구체화
- 152 **유럽연합** EU기업 협력업체 전반에 영향 미쳐
- 154 **영국** 인권실사 간접적 강제
- 155 **네덜란드** 아동노동 인권실사의무 강제
- 156 **스위스** 환경·인권 전반 비재무정보 공시 의무 부과
- 157 **호주** 의무기업은 인권실사·구제절차 사항 보고해야
- 158 **미국** 강제노동 관여 기업 상품 수입 금지
- 160 **일본** 유니클로 제재 계기로 인권실사 착수
- 162 **한국** 공공기관·공기업 인권경영 제도적 반영
- 163 **태국** 아시아 최초 기업과 인권 별도 NAP 수립

102
: Section 2
CASE STUDY

PART 1
'사업장 중심' 인권경영

- 104 LESSON ① 평등권 및 차별받지 않을 권리(DEI)
- 106 LESSON ② 성평등
- 108 LESSON ③ 소수자 고용
- 110 LESSON ④ 근로자의 경영참여

PART 2
'공급망 중심' 인권경영

- 112 LESSON ① 아동노동
- 114 LESSON ② 강제노동
- 116 LESSON ③ 공급망의 환경권 침해 관리
- 118 LESSON ④ 공급망의 인권 관리

: Closing

- 164 스페셜리스트
- 166 참고문헌

OPENING *Column*

'좋은 기업'과 '착한 기업', 두 마리 토끼를 잡기 위해 고민해야 할 것들

*by*_ 최진석 한국경제신문 사회부 법조팀장

일본의 모터 전문 제조사 일본전산은 특별한 채용문화로 잘 알려져 있다. 지원자 중 빨리 식사를 마친 순서대로 채용했다. 또 화장실 청소 잘하고, 큰 소리로 말하며, 오래달리기 잘하는 사람을 뽑았다. 창업주 나가모리 시게노무 회장이 유능함보다 업무처리 속도, 끈기를 중시했기 때문이다. 그는 기회를 얻기 위해 직원들과 밤낮없이 쉬지 않고 일했다. 퇴근도, 주말도 없었다. 나가모리 회장 특유의 '돌파 경영'으로 일본전산은 세계적으로도 손꼽히는 기업으로 성장했다. 하지만 이 회사가 인권 관리 측면에서도 우수한 기업이라고 말하긴 힘들다. 이처럼 전 세계에 많은 '좋은 기업'이 있지만 이들 모두가 '착한 기업'은 아닐 것이다.

장단점 보유한 인권경영

인권경영은 최근 새로운 경영 화두로 주목받고 있다. 독일, 프랑스 등 선진국에서 인권경영과 관련한 규제를 본격화하고 있다. 점차 다른 국가로 확대될 것이다. 글로벌 공급망에 속한 한국 기업도 예외가 될 수 없다. 예전과 다른 경영 패러다임을 적용해야 하는 시대가 다가온 것이다.

> **❝** 기업은 이윤추구와 인권 존중에 대한 의무 사이에서 균형점을 찾아야 한다. '좋은 기업'은 물론 '착한 기업'으로 거듭나기 위해선 풀어야 할 수많은 과제가 있다. **❞**

인권경영의 장점은 많다. 인권에 대한 관심과 헌신을 통해 기업 이미지를 향상할 수 있다. 소비자들은 착한 기업을 선호한다. 브랜드 경쟁력이 강해지면 기업의 이윤도 극대화될 것이다. 이해관계자와의 관계 개선에도 도움을 줄 것이다. 인권을 존중하고 관련 이슈에 투명하고 책임감 있게 대응하면 직원은 물론 납품사, 거래처와 보다 나은 비즈니스 관계를 형성할 수 있다.

인권경영을 통해 법률 리스크도 줄일 수 있다. 국가별로 기업이 인권을 존중하도록 요구하는 법과 규정을 갖고 있다. 인권 보호는 기업들이 관련 규정을 준수하고, 법적 제재를 피할 수 있도록 도와준다. 인권경영이 지속가능한 기업 운영에 윤활유 역할을 하는 것이다.

문제는 인권경영이 반드시 장점만 갖는 건 아니라는 점이다. 대표적인 것이 비용 증가다. 인권 관리 시스템을 갖추기 위해 인권실사 및 감사 등 관련 체계를 갖춰야 한다. 여기엔 필연적으로 비용이 발생한다. 인권경영이 기업 효율을 저해할 가능성도 있다. 예를 들어 한 기업이 공급업체에 인권경영을 요구하는 과정에서 필요시 공급망을 변경

할 수 있다. 이때 생산효율이 내려가고, 비용은 늘어날 것이다. 또 인권 기준을 준수하기 위해 생산속도를 늦추거나 인력을 추가하는 등 비용 증가 요인이 발생할 수 있다. 이 경우 해당 기업 투자자들은 회사가 경쟁력을 잃고 있다고 느낄 것이다. 직원 근무여건, 권리 보호에 신경 쓰느라 경영진이 변화와 혁신을 주저하는 관료주의 현상도 나타날 수 있는 부작용이다. 일본전산이 1980~1990년대 인권경영 시스템을 도입했다면 오늘날과 같은 거대 기업으로 성장할 수 있었을까.

인권 존중과 이윤추구의 균형점

인권경영이 기업에 타격을 주는 역설적인 현상도 발생할 수 있다. 미국의 완구기업 마텔과 유통기업 월마트는 1990~2000년대 초반 인권 관리 시스템을 도입했다. 하지만 해외 공장의 노동 위반을 적절히 해결하지 못했다는 비판을 받았다. 이로 인한 여론 악화로 브랜드 이미지와 매출에 타격을 입었다. 글로벌 공급망을 운영하는 대기업은 공급망 밑단에 있는 작은 협력사의 인권 관리 현황까지 신경써야 한다. 또 문제 발생 시 이를 신속하고 적절하게 해결하는 능력도 갖춰야 한다. 기업마다 처한 상황과 특성이 다른 만큼 신중하게 접근해야 하는 이유다.

> **인권경영을 하면…**
> ① 인권에 대한 관심과 헌신을 통해 **기업 이미지 향상**
> ② 브랜드 경쟁력이 강해지면 **기업 이윤 극대화**
> ③ 이해관계자와의 **관계 개선에 도움**
> ④ 직원은 물론 납품사, 거래처와 **보다 나은 비즈니스 관계 형성 가능**

인권경영은 앞으로 기업 경영에 중요한 구성 요소로 자리 잡을 것이다. 그리고 이는 보다 나은 사회를 만드는 데 도움을 줄 것이다. 기업은 이윤추구와 인권 존중에 대한 의무 사이에서 균형점을 찾아야 한다. '좋은 기업'은 물론 '착한 기업'으로 거듭나기 위해선 풀어야 할 수많은 과제가 있다. 무엇보다 중요한 건 기업이 보다 책임감 있고 공정한 인권 관리 시스템으로 연착륙할 수 있는 사회적 여건을 조성해야 한다는 것이다. 급격하고 무리한 인권경영 도입은 비효율과 부작용을 키울 것이다.

인권경영 도입 과정에 다양한 이해관계가 얽혀있는 만큼, 정부와 산업계 모두 지혜를 모아 합리적이고 현실적인 인권 관리 시스템을 찾아야 한다. 이번 한경무크는 기업 인권경영에 대한 개념부터 실무까지 폭넓게 다뤘다. 이해를 돕기 위해 다양한 실제 사례도 담았다. 기업마다 가장 알맞은 인권경영을 실현하는 과정에 이번 무크가 도움이 되기를 바란다.

SPECIAL

5FAQ & 5GUIDE

질의응답과 가이드라인으로 인권경영과 친해지기

스페셜 섹션은 기업에 인권경영이 필요한 이유를 설명한 칼럼을 시작으로, 혼동하기 쉬운 인권경영과 ESG의 차이점, 인권실사와 인권영향평가의 비교 등을 풀어 쓴 다섯 개의 FAQ를 담았다. 또 유엔 기업과 인권 이행원칙(UNGPs)을 비롯해 OECD, 국가인권위원회, 법무부 등의 가이드라인을 다뤘다.

일러두기
※ 이 책에 빈번하게 언급된 아래 용어들은 약칭으로 사용하였습니다.
- 유엔 기업과 인권 이행원칙(United Nations Guiding Principles on Business and Human Rights) ▷ UNGPs
- 유엔 이행원칙 보고 프레임워크(UN Guiding Principles Reporting Framework) ▷ UNGPRF
- 기업인권벤치마크(Corporate Human Rights Benchmark) ▷ CHRB
- 덴마크인권기구(Danish Institute for Human Rights) ▷ DIHR

FAQ

1. 인권경영이란?
2. 인권실사와 인권영향평가의 차이점은 무엇일까?
3. 공급망 인권리스크는 어떻게 관리해야 할까?
4. 인권경영의 이해관계자는 누구일까?
5. 금융기관과 투자자도 인권존중책임이 있을까?

GUIDE

1. 유엔 기업과 인권 이행원칙과 OECD의 가이드라인
2. 국가인권위원회와 법무부의 가이드라인
3. 기업인권벤치마크와 노더체인의 평가 기준
4. 유엔 기업과 인권 이행원칙에 따른 보고 프레임워크와 GRI의 공시 기준
5. 커지는 인권경영에 대한 기업의 설명 책임

SPECIAL   FAQ 1

인권경영이란?

인권경영은 영어로 'Business and Human Rights(BHR)'다. 직역하면 '기업과 인권' 또는 '비즈니스와 인권'이다. 기업이 비즈니스를 하는 과정에서 이해관계자의 인권을 존중할 책임이 있음을 의미한다. 인권경영은 다국적기업이 개발도상국에 진출해 현지인의 인권을 침해하는 사례가 늘어나면서 주목받았다. 국가는 국민의 인권을 보호할 의무를 부담한다(대한민국 헌법 제10조). 그런데 개발도상국은 인권을 보호하는 법제가 미비하거나 그 법제가 현실에서 제대로 집행되지 않을 수 있고, 그로 인해 개발도상국의 주민들은 다국적기업에 의한 인권 침해로부터 충분히 보호받지 못할 수 있다. 그렇다고 다른 국가가 관할권 바깥의 제3국에서 발생한 현지인의 인권 침해에 개입하기도 쉽지 않다. 결국 전통적인 국제법상 원칙만으로 개발도상국에서 다국적기업이 연루된 인권 침해 문제를 해결하기 어려웠고, 국제사회는 국가가 아닌 '기업'도 인권을 존중할 책임이 있다는 새로운 접근법을 고안하게 되었다.

BHR vs CSR

- **BHR**: '개인'을 중심에 둔 보텀업(bottom-up) 방식으로 보편적 인권 문제에 접근
- **CSR**: '기업'이 주체가 돼 톱다운(top-down) 방식으로 일부 사회 문제에 접근

BHR vs ESG

- **BHR**: 인권 침해가 발생하면 '기업의 리스크'가 아니라 '사람의 리스크(risk to people)' 관점에서 해결책 모색
- **ESG**: 인권을 기업이 중장기적 수익을 제고하기 위해 관리해야 할 '리스크와 기회' 요소로 생각

기업의 인권경영 책임

인권경영의 주요 원칙은 2011년 유엔 인권이사회가 만장일치로 승인한 '유엔 기업과 인권 이행원칙(UNGPs)'에 담겨 있다. 이행원칙(UNGPs)은 국가가 '인권보호의무'를 부담하는 것과 별개로, 기업은 '인권존중책임'을 이행해야 한다고 선언했다. 기업의 인권존중책임이란 기업이 다른 사람

> **인권경영이란 기업의 이해관계자들인 '사람'을 존중하고 배려하는 경영이며, 기업은 여러 사람과 폭넓게 대화하면서 그들에게 부정적 영향을 미치지 않는 경영 활동 방안을 모색하는 것이 바람직하다.**

의 인권을 침해하지 않고, 기업이 관여된 부정적 인권 영향에 대처하는 것을 의미한다(이행원칙 제11조). 즉, 이행원칙에 따르면 기업은 전 세계 어디에 진출하든 국제적으로 승인된 인권을 침해할 수 없다. 비록 현지법을 준수했더라도 인권 침해에 관여했다면 이를 방지·완화하고 적절한 구제조치를 취해야 한다.

BHR과 CSR의 차이

인권경영(BHR)의 논의는 기업의 사회적 책임(Corporate Social Responsibility, CSR)과 조금 차이가 있다. 그것은 이 논의가 인권이 보편적(universal)이고 불가침의(inalienable) 권리라는 인식에서 출발하기 때문이다. 인권은 인간이라면 누릴 수 있는 당연한 권리로서 누구도 이를 인간으로부터 박탈할 수 없다.

인권경영은 '기업이 어떻게 하면 개인의 보편적 권리를 침해하지 않을 수 있을까'하는 관점에서 기업 활동을 바라본다.

반면 CSR은 기업이 사회에 기여할 이슈를 '선별'해 추진하는 경향이 있다. 사회 문제를 해결하는 방식도 반드시 권리나 규범에 기반하지 않는다. 즉, CSR은 기업이 주체가 돼 톱다운(top-down) 방식으로 일부 사회 문제에 다가가지만, 인권경영은 '개인'을 중심에 둔 보텀업(bottom-up) 방식으로 보편적 인권 문제에 접근한다.

BHR과 ESG의 비교

한편 BHR은 환경·사회·지배구조(Environmental Social and Governance, ESG)와도 다른 측면이 있다. ESG는 2006년 유엔 책임투자원칙(PRI) 발표 후 기관투자가들이 투자의사결정 시 ESG 이슈를 고려하면서 활성화됐다. ESG 중 사회(Social) 분야의 평가·공시 기준에 인권이 포함돼 있다. 다만 ESG는 인권을 기업이 중장기적 수익을 제고하기 위해 관리해야 할 '리스크와 기회' 요소로 생각하는 경향이 있다.

인권 침해 사건이 발생하면 이를 '기업의 리스크(risk to business)'로 인지하고 그 리스크를 감소시킬 방안을 찾는다. 반면 인권경영은 인권을 기업이 침해해서는 안 될 개인의 권리로 인식한다. 따라서 인권 침해가 발생하면 '기업의 리스크'가 아니라 '사람의 리스크(risk to people)' 관점에서 해결책을 모색한다. 이에 인권경영은 기업이 인권 침해를 구제하고, 장래의 인권 침해를 예방하기 위한 고충처리 절차를 갖췄는지를 중요한 평가요소로 고려한다.

최근 ESG 투자와 경영이 확산하면서 국내 기업들도 인권 이슈에 대해 보다 관심을 갖게 됐다. 다만 글로벌 수준의 인권경영을 실천하려면 기업이 '인권존중 책임'을 지닌다는 의미와 그 책임을 이행하는 '원칙'(UNGPs)에 대해 숙고할 필요가 있다. 결국 인권경영이란 기업의 이해관계자들인 '사람'을 존중하고 배려하는 경영이며, 기업은 여러 사람과 폭넓게 대화하면서 그들에게 부정적 영향을 미치지 않는 경영 활동 방안을 모색하는 것이 바람직하다.

SPECIAL

FAQ 2

인권실사와 인권영향평가의 차이점은 무엇일까?

인권경영에 관한 자료를 읽다 보면 '인권실사(Human Rights Due Diligence, HRDD)'와 '인권영향평가(Human Rights Impact Assessment, HRIA)'라는 단어를 자주 접하게 된다. 일부 경영진이나 실무자는 '인권실사'를 인권에 대한 현장조사 또는 감사(audit)로 이해하기도 하고, '인권영향평가'를 인권실사와 동일한 개념으로 인식하기도 한다. 또한 국내 공공기관들은 매년 인권영향평가를 실시하고 그 결과에 대해 경영평가를 받고 있는데, 국가인권위원회의 체크리스트에 '예·아니오' 표기를 하는 행위(tic-box exercise)가 인권영향평가의 전부라고 생각하기도 한다.

> 국내에서는 인사팀 등 실무부서 담당자가 체크리스트에 표기하는 관행이 있다.
> 이 경우 이들의 의견이 다른 이해관계자 또는 잠재적 피해자의 입장까지 포괄하기 어려운 측면이 있다. 인권영향평가는 그동안 기업이 인지하지 못했던 인권 리스크를 새롭게 '발견'하는 과정이므로 다양한 이해관계자들과 대화하는 것이 바람직하다.

인권실사(HRDD)의 4단계 절차

HRDD와 HRIA 비교

'유엔 기업과 인권 이행원칙(UNGPs)'이 제시하는 인권실사 또는 인권영향평가의 개념은 이러한 인식과 차이가 있다.

첫째, 인권실사(HRDD)는 인권 침해 사건에 대한 감사(audit) 절차와 다르다. 일반적으로 감사는 위법행위가 발생했을 때 그 원인을 조사하고 위반자를 적발·징계하는 '사후적 대응 절차'이지만, 인권실사는 장래에 발생 가능한 인권 침해에 대처하기 위한 '사전적 예방 절차'다. 이행원칙(UNGPs)은 인권실사를 '부정적 인권 영향을 식별, 예방, 완화하고, 이에 어떻게 대처하는지 설명하는 절차'라고 정의하면서, 기업은 '잠재적 영향에 대해서는 예방과 완화를 통해 대처하고, 실제적 영향은 구제해야 한다고 설명했다(이행원칙 제17조 및 주석).

이에 따르면, 인권실사는 기업이 자신의 활동이나 사업관계에서 인권 침해를 일으킬 가능성을 미리 식별하고, 식별된 인권 리스크에 대해 선제적으로 예방·완화 조치를 하는 과정이라고 해석할 수 있다.

둘째, 인권영향평가(HRIA)는 인권실사(HRDD) 절차의 일부다. 이행원칙(UNGPs)은 인권실사의 세부 절차를 왼쪽의 그림과 같이 네 단계로 제시하고 있다. 인권실사는 ①기업이 인권에 미치는 부정적 영향을 식별(identify)하고(인권영향평가) ②인권영향평가 결과를 기업의 의사결정구조와 기능에 통합(integrate)하고 내재화하며 ③이해관계자들로부터 피드백을 추적하여 기업이 취한 조치가 효과적이었는지 검증(verify)하고 ④대내외적으로 소통(communicate)하면서 그 결과를 다양한 이해관계자들과 공유하는 계속적 절차(이행원칙 제18조 내지 제21조)다.

인권영향평가는 인권실사의 첫 단계로서, 기업이 자체 활동 사업관계를 통해 관여된 실제적 또는 잠재적 인권 영향을 발견하고 평가하는 중요한 과정이라고 볼 수 있다.

셋째, 인권영향평가는 단순히 체크리스트에 '예·아니요' 표기를 하는 행위에 그치지 않는다.

이행원칙(UNGPs)은 인권영향평가를 할 때 이해관계자들과 '의미있는 대화(meaningful consultation)'가 반드시 있어야 하며, '취약성과 주변화의 위험이 더 큰 그룹에 특별한 관심을 둬야 한다고 명시했다(이행원칙 제18조 및 주석). 국내에서는 인사팀 등 실무부서 담당자가 체크리스트에 표기하는 관행이 있다. 이 경우 이들의 의견이 다른 이해관계자 또는 잠재적 피해자의 입장까지 포괄하기 어려운 측면이 있다. 인권영향평가는 그동안 기업이 인지하지 못했던 인권 리스크를 새롭게 '발견'하는 과정이므로 다양한 이해관계자들과 대화하는 것이 바람직하다.

SPECIAL

FAQ 3

공급망 인권리스크는 어떻게 관리해야 할까?

기업은 이해관계자의 인권을 직접 침해할 수도 있고, 제3자를 통해 간접적으로 인권 침해에 연루될 수도 있다. 예를 들어 기업은 자사 임직원에게 임금을 체불할 수도 있고, 공급업체에 하도급대금을 지급하지 않거나 공급업체 사장의 하도급대금 횡령을 묵인하는 방법 등으로 해당 공급업체의 임금체불에 관여할 수도 있는 것이다.

유엔 기업과 인권 이행원칙(UNGPs)은 기업이 직접 야기한(caused) 인권침해뿐만 아니라, 인권침해에 기여했거나(contributed to) 사업관계를 통해 직접 연결된(directly linked to) 경우에도 인권존중책임을 다해야 한다고 규정했다(이행원칙 제13조). 여기서 사업관계(business relationship)란 기업의 사업 활동, 제품 또는 서비스와 관련된 여러 행위자를 포함하는 것으로 동업자, 자회사, 공급업체, 소비자, 국가 등을 모두 포괄한다. 오늘날 기업이 인권에 미치는 부정적 영향은 복잡다단하다.

특히 다국적기업의 글로벌 공급망에서 인권 침해가 빈번하게 발생하고 있다. 이에 이행원칙(UNGPs)은 기업이 직접 야기한 인권침해 이외에 공급망과 사업관계에서 발생한 인권침해에 대해서도 인권존중책임을 다해야 한다는 원칙을 선언한 것이다.

야기, 기여, 직접 연결의 차이

이행원칙(UNGPs)이 제시하는 세 가지 유형의 인권침해는 단순히 기업이 어떻게 직·간접적으로 인권침해에 영향을 미치는지를 식별하기 위한 것만은 아니다. 이행원칙(UNGPs) 제19조와 제22조에 따르면, 기업이 부담해야 할 책임과 이행해야 할 대응 조치는 인권침해의 유형에 따라 달라질 수 있다.

첫째, 기업이 직접 인권침해를 야기한 경우 즉시 침해행위를 중지하고 피해에 대해서 구제를 제공해야 한다. 그리고 다음부터는 잠재적 영향에 대한 방지 조치도 필수로 취해야 한다.

둘째, 기업이 인권침해에 기여한 경우에도 즉시 그 행위를 중지하고 추후 구제 및 방지 조처를 해야 한다. 나아가 기업은 가능한 한 최대한으로 남은 영향의 완화를 위해 기업의 영향력(leverage)을 행사해야 한다.

셋째, 기업이 인권침해에 직접 연결된 경우 이러한 침해행위가 지속하거나 재발하지 않도록 기업의 사업관계상의 인권 리스크를 면밀히 검토해야 한다. 아울러 기업의 영향력을 통해, 공급망 내의 협력회사 및 공급업체가 인권침해를 발생시키지 않도록 추가 조처를 할 필요가 있다. 그 추가 조치란 협력사 행동규범(Supplier's Code of Conduct)을 배포해 협력사가 자사의 인권정책을 준수하도록 하는 것, 필요시 협력사 행동규범을 준수하겠다는 이행서약서(Written agreement)를 수령하는 것, 인권리스크 자가진단 체크리스트(Self-Assessment Questionnaires, SAQs)를 배포하는 활동, 협력사의 노동자 및 관련 이해관계자를 대상으로 고충처리절차를 운영하고 홍보하는 것 등을 의미한다.

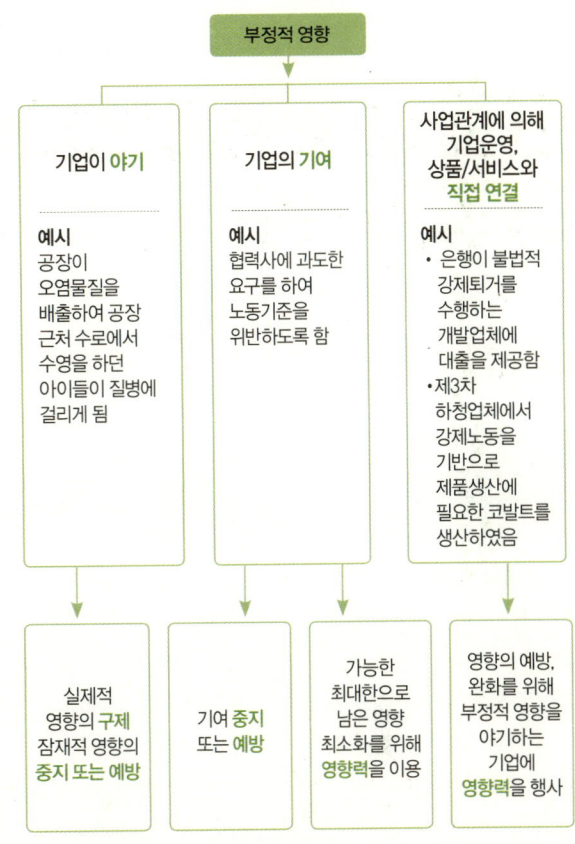

인권침해 유형별 예시 및 처리 방안

> 유엔 기업과 인권 이행원칙(UNGPs)은 기업이 직접 야기한(caused) 인권침해뿐만 아니라, 인권침해에 기여했거나(contributed to) 사업관계를 통해 직접 연결된(directly linked to) 경우에도 인권존중책임을 다해야 한다고 규정했다.

SPECIAL　　　　　　　　　　　　　　　　**FAQ 4**

인권경영의 이해관계자는
누구일까?

인권경영의 주된 목적은 노동자, 소비자, 협력회사, 지역사회 등을 비롯한 여러 이해관계자의 인권에 위해를 발생시키지 않는 것이다. 이는 최근 주요국에서 기업에 법적 의무화되고 있는 인권실사에서도 마찬가지이다.

그렇다면 인권경영의 이해관계자는 누구인가. 유엔 기업과 인권 이행원칙(UNGPs)은 이해관계자를 '기업의 활동에 영향을 받거나 받을 가능성이 있는 개인 또는 집단'으로 정의하고 있다. 정부, 자사 노동자, 협력업체, 노동조합, 노동자대표, 투자자 및 주주, 소비자, 시민단체, 산업단체, 인권옹호자, 지역주민 등이 이해관계자에 해당한다.

DIHR이 분류한 이해관계

덴마크인권기구(DIHR)는 다양한 이해관계자를 권리 보유자(Rights-holders), 의무 보유자(Duty-bearers), 기타 관련 당사자(Other relevant parties)의 세 유형으로 분류하고 있다. 권리 보유자는 사업 활동으로부터 실제적 또는 잠재적으로 불리한 영향을 받는 사람에 초점을 맞춘다.

의무 보유자는 인권 보호의 의무가 있는 행위자 또는 권리 보유자에 대한 책임자이다. 한편, 이해관계자와 달리 권리 보유자란 용어를 별도로 사용하는 이유는 사업 활동으로부터 부정적 영향을 받는 권리 보유자가 그 권리를 존중받을 자격이 있다는 것을 인정하기 위함이다. 이에 인권영향평가의 이해관계자 참여 절차에서 권리 보유자는 특별히 중요한 의미를 지닌다. 유형별 이해관계자의 예시는 아래와 같다.

인권영향평가에서 이해관계자의 참여는 단순히 수동적으로 정보를 수집하는 것이 아니라 평가 과정 전반에서 이해관계자의 적극적 참여권을 보장하는 형태여야 한다.

또한 이해관계자 참여는 인권영향평가 프로세스뿐만 아니라 사업활동 전반에 걸쳐 상시로 보장하는 것이 바람직하다. 기업 입장에서 이와 같은 이해관계자 참여가 사전 예방적이고 지속적인 방식으로 이뤄질 수 있도록 진지한 고민이 필요하다.

권리 보유자
- 노동자 및 노동조합
- 소비자 및 고객
- 여성, 어린이, 원주민을 포함한 잠재적으로 영향을 받을 수 있는 지역사회 구성원
- 인권옹호자
- 소비자 및 최종 사용자

의무 보유자
- 대표를 포함한 기업 대리인
- 사업장의 국가 및 정부기관
- 협력회사, 공급업체를 비롯한 비즈니스 파트너
- 투자자와 주주

기타 관련
- 당사자
- 시민사회
- 국제조직
- 본사 정부기관
- 국가인권위원회 등 인권 관련 기관
- 전문가 및 언론
- 산업 이니셔티브

> 인권경영의 주된 목적은 노동자, 소비자, 협력회사, 지역사회 등을 비롯한 여러 이해관계자의 인권에 위해를 발생시키지 않는 것이다. 이는 최근 주요국에서 기업에 법적 의무화되고 있는 인권실사에서도 마찬가지이다.

SPECIAL

FAQ 5

금융기관과 투자자도 인권존중책임이 있을까?

금융기관이나 기관투자가도 '기업'이므로 유엔 기업과 인권 이행원칙(UNGPs)에 따라 '인권존중책임'을 다할 필요가 있다. 즉, 금융기관도 자신이 고용한 임직원들의 인권을 침해하지 않아야 하고, 자신의 사업장이나 공급망에서 인권침해가 발생했을 때 적절한 구제 수단을 제공할 책임이 있다. 다만 금융기관과 기관투자가는 일반적인 기업과 다른 특징이 있다. 금융기관은 자신이 보유하거나 운용하는 자금을 제3자에게 제공하고, 그에 대한 대가로 이자수익이나 투자수익을 수취하는 것을 본업으로 한다. 만약 금융기관이 대출하거나 투자한 자금으로 진행된 사업에서 인권 침해가 발생했다면 금융기관은 어떠한 책임을 부담하게 될까. 개발도상국의 대규모 개발 프로젝트에서 인권 침해가 늘어나면서, 이러한 프로젝트에 자금을 제공한 금융기관의 인권존중책임에 대한 논의가 확산했다.

아직 미비된 투자자 인권존중책임

유엔 인권이사회가 2011년 발족한 '기업과 인권 실무그룹(Working Group on the issue of human rights and transnational corporations and other business enterprises, 이하 실무그룹)'은 2021년 6월 이행원칙(UNGPs) 채택 10주년을 맞아 향후 10년 동안 주목할 행동 방침을 계획하는 새로운 프로젝트를 시작했다. 실무그룹은 인권에 대한 투자자의 존중이 가속화되고 확대되지 않는 한 경제 전반에 이행원칙(UNGPs)을 광범위하게 구현하려는 노력에 한계가 있을 것이라고 판단했다. 현재 기관투자가를 포함한 대다수의 투자자는 아직 인권존중책임을 유의미하게 이행하지 못하고 있고, 투자자 집단에서 인권의 정의, 인권이 ESG 요소 전반에 미치는 영향, 효과적인 인권 실사에 대한 이해 또한 제한적이라고 봤다.

이에 실무그룹은 '유엔 기업과 인권 이행원칙의 투자자 이행 검토(Taking Stock of investor implementation of the UN guiding principles on business and human rights)'를 발간했다. 이 보고서는 지난 10년 동안 인권에 대한 존중을 촉진하고자 했던 배경을 개략적으로 설명하고 향후 투자자 행동을 확산하기 위한 일련의 권장 사항을 제공한다. 여기에서 제시한 기관투자가를 비롯한 투자기관에 대한 권고사항은 아래와 같다.

투자기관에 대한 인권경영 권고사항

먼저, 투자기관은 인권 존중에 대한 약속을 명시하고 그 약속을 기업지배구조 및 모든 투자 활동에 접목해야 한다. 투자하기 전에 피투자자의 실제적 및 잠재적 인권 영향을 평가하는 절차를 도입한다. 피투자자의 인권 영향을 판단하기 위해 관련 이해관계자, ESG 보고 프레임워크 또는 데이터 제공 전문기관과 협력한다. 피투자자가 인권정책, 거버넌스, 효과적인 인권실사 및 고충처리 메커니즘을 채택하도록 촉진하며, 투자자가 피투자자의 인권 침해에 연루되는 일을 방지하기 위해 예방을 위한 고충처리 메커니즘 및 피해자에 대한 구제조치를 마련한다. 또한 투자 활동과 관련한 중요한 인권 리스크 및 영향을 어떻게 다루고 있는지 공개해야 한다.

투자자 간 이니셔티브를 통해 인권 존중 투자에 대한 내부 역량을 강화하고 투자자의 인권 존중 책임에 대한 지침을 지속해서 제공할 필요가 있다. 여기에 투자자의 신탁 의무와 인권존중책임을 조화시키는 방법, 투자 포트폴리오에 인권 영향에 대해 식별하고 우선순위를 지정할 수 있도록 하는 방법, 자산군 전반에 걸쳐 이행원칙(UNGPs)에 따른 인권 실사를 실시하는 사례 등을 구체화해야 한다.

> **투자자 간 이니셔티브를 통해 인권 존중 투자에 대한 내부 역량을 강화하고 투자자의 인권 존중 책임에 대한 지침을 지속해서 제공할 필요가 있다. 여기에 투자자의 신탁 의무와 인권존중책임을 조화시키는 방법, 투자 포트폴리오에 인권 영향에 대해 식별하고 우선순위를 지정할 수 있도록 하는 방법, 자산군 전반에 걸쳐 이행원칙(UNGPs)에 따른 인권 실사를 실시하는 사례 등을 구체화해야 한다.**

더 나아가 보고서는 각국 정부가 투자자의 인권 존중 투자를 촉진하기 위해 인권 실사 의무화를 법제화하고 투자자의 단기주의를 해결하기 위해 인센티브 등으로 장기 투자를 장려하는 정책을 채택하도록 권고한다.

기관투자가뿐 아니라 중소 투자기관도 투자에서 인권 존중을 위해 참고할 수 있는 지침을 개발하고 투자 활동에 있어 인권 리스크를 해결하기 위해 이해관계자 간에 대화를 촉진하는 플랫폼을 지원할 필요가 있다고 밝혔다.

SPECIAL

GUIDE 1

유엔 기업과 인권 이행원칙 및 OECD의 가이드라인

유엔 기업과 인권 이행원칙(UNGPs, 2011)

유엔 인권이사회는 2011년 6월 '유엔 기업과 인권 이행원칙(UNGPs)'을 만장일치로 승인했다. 이행원칙(UNGPs)은 기업의 인권 책임에 관해 유엔이 처음으로 '승인(endorse)'한 공식 문서다. 시민사회와 노동계뿐만 아니라 기업계로부터 폭넓은 지지를 받아 '만장일치'로 채택됐다는 점에서 큰 의의가 있다.

이행원칙(UNGPs)은 보호·존중·구제라는 세 가지 축으로 구성돼 있다. 국가는 인권을 '보호'할 의무를 부담하고, 기업은 인권을 '존중'할 책임을 지며, 인권 침해에 대한 실효적 '구제' 절차가 제공돼야 한다. 여기서 핵심은 국가의 '인권보호의무'와 기업의 '인권존중책임'을 구분한 것이다. 전자는 국가의 '의무(duty)'이지만, 후자는 그렇지 않다. 기업은 국가처럼 개인의 인권을 적극적으로 '보호(protect)'할 법적 의무까지 부담하지는 않는다. 다만, 기업 활동으로 인해 개인의 인권이 침해되지 않도록 인권을 '존중(respect)'할 '책임(responsibility)'을 다해야 한다.

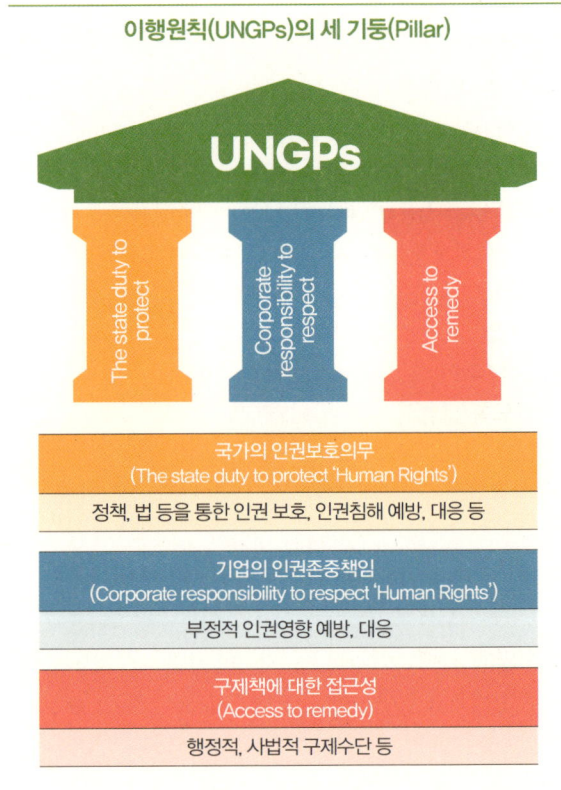

이행원칙(UNGPs)의 세 기둥(Pillar)

이행원칙(UNGPs)이 기업에 주문하는 인권존중책임(responsibility to respect human rights)이란 기업이 인권정책을 공개적으로 선언하고, 인권실사를 실시해 발생가능한 인권침해를 예방하며, 인권침해에 대한 구제절차를 제공하는 것이다. 이행원칙(UNGPs)은 인권실사(HRDD)의 방법론을 처음으로 제시했다는 점에서 의의를 지닌다.

OECD 다국적기업 가이드라인(2011)

경제협력개발기구(OECD)는 1976년 'OECD 다국적기업 가이드라인'을 제정했다. 다국적기업이 경제·사회·환경적 측면 등에서 미치는 긍정적 영향력을 높이고, 부정적 영향을 최소화할 수 있도록 모범적인 행동규범을 제시한 것이다. 이 가이드라인은 2000년과 2011년 두 차례 개정됐다. 2011년 개정 가이드라인에서 인권에 관한 장(제4장)이 신설됐고 인권정책 선언, 인권실사, 구제절차에 관한 내용이 추가됐다. 이행원칙(UNGPs)과 보호·존중·구제 프레임워크를 반영해 기업이 인권존중책임을 이행하도록 명시한 것이다.

나아가 2011년 개정 가이드라인은 일반정책에 관한 장(제2장)에서 다국적기업이 "리스크에 기반한 실사를 수행"해 "실제적, 잠재적 부정적 영향을 식별, 예방, 완화하고, 이 부정적 영향이 어떻게 처리됐는지 파악해야 한다"고 제시했다. 기업의 실사(due diligence) 대상을 인권뿐만 아니라 노동, 반부패, 환경 등 다른 리스크 전반으로 확대하도록 권고한 것이다. OECD 가이드라인은 법적 구속력이 없지만, 개별 국가에 OECD 다국적기업 가이드라인 이행을 위한 국내연락사무소(National Contact Point, NCP)를 설치하고 이해관계자들이 NCP에 다국적기업의 가이드라인 위반에 대한 이의를 제기할 수 있도록 규정했다. 국내에도 산업통상자원부 내에 NCP가 설치돼 있다.

> 이행원칙(UNGPs)은 보호·존중·구제라는 세 가지 축으로 구성돼 있다.
> 국가는 인권을 '보호'할 의무를 부담하고, 기업은 인권을 '존중'할 책임을 지며, 인권침해에 대한 실효적 '구제' 절차가 제공돼야 한다. 여기서 핵심은 국가의 '인권보호의무'와 기업의 '인권존중책임'을 구분한 것이다.

실사(Due Diligence) 6 Steps

1. 책임 있는 기업 행동을 기업의 정책 및 관리 시스템에 포함시킨다.
2. 책임 있는 기업 행동 문제에 대한 실제 또는 잠재적·부정적 영향을 확인하고 평가한다.
3. 부정적 영향들을 중지시키고 예방하고 축소한다.
4. 실행과 결과들을 추적한다.
5. 부정적 영향들이 어떻게 해결되는지에 대해 의사소통한다.
6. 적절한(필요한) 경우 구제를 제공하거나 이에 협력한다.

SPECIAL **GUIDE 2**

국가인권위원회와 법무부의 가이드라인

국가인권위원회 발간 자료

국가인권위원회는 그동안 '인권경영 가이드라인 및 체크리스트'(2014), '공공기관 인권경영 매뉴얼'(2018), '인권경영 보고 및 평가 지침'(2022)을 발표하고 공공기관 등에 이를 적용할 것을 권고해 왔다. '인권경영 가이드라인 및 체크리스트'는 유엔 기업과 인권 이행원칙(UNGPs) 등 국제 규범의 국내 이행을 강화하고, 기업들이 인권경영 관련 세계적 추세에 적극적으로 발맞춰 나갈 수 있도록 발간했다. 기업들이 인권경영을 도입, 실천할 때 지켜야 할 일반원칙 및 운영원칙을 제시한다. 기업 경영활동 과정에서 실제적 또는 잠재적으로 발생할 수 있는 다양한 인권침해의 문제점들을 기업 스스로 점검할 수 있도록 자가 점검 항목을 제공했다.

인권경영 가이드라인 및 체크리스트

'공공기관 인권경영 매뉴얼'은 공공기관이 인권경영을 실행하고, 정부 및 지방자치단체가 공공기관 경영평가 시 인권경영에 대한 구체적 평가를 할 수 있도록 했다.

매뉴얼은 인권경영 전 단계를 포괄한다. 인권경영체계 구축, 인권영향평가 실시, 인권경영 실행 및 공개, 구제절차의 제공 등 총 4단계로 구성된다.

공공기관 인권경영 매뉴얼

인권경영 가이드라인 및 체크리스트 주요 10개 이슈

1 인권경영 체제의 구축

2 고용상의 비차별

3 결사 및 단체교섭의 권리

4 강제노동의 금지

5 아동노동의 금지

6 산업안전

7 공급망 관리

기업이 참고하면 좋은 인권경영 관련 자료

국가인권위원회
- 인권경영 가이드라인 및 체크리스트
- 공공기관 인권경영 매뉴얼
- 인권경영 보고 및 평가 지침

법무부
- 기업과 인권 길라잡이
- 기업의 인권존중책임 해설서
- 성 평등 관점에서 본 기업과 인권 이행원칙

───── '인권경영 보고 및 평가지침'은 각 부처 경영(실적)평가 항목마다 상이한 인권경영에 대한 평가제도를 통일적으로 운영하는 한편, 보다 세분화한 정량적 요소를 반영한 평가를 위해 만들어졌다.

본 지침뿐 아니라 인권위가 앞서 발간한 '공공기관 인권경영 매뉴얼'은 그 적용 대상을 인권경영을 실천해야 하는 공기업·공공기관으로 하고 있지만, 업종이나 규모와 관계없이 모든 기업이 인권경영의 기초를 이해하는 데 유용하다.

법무부 발간 자료

───── 법무부는 2021년 기업과 인권(Business and Human Rights)에 관한 국제 기준이 무엇이고, 기업의 규모와 상황에 맞춰 어떻게 이를 단계별로 잘 실천할 수 있는지 안내하는 '기업과 인권 길라잡이'를 발간했다. 기업과 인권 길라잡이는 기업과 인권 경영체계의 구축부터 인권실사 절차의 이행, 구제절차의 수립 방안 등을 설명하고 있다. 산업별 주요 인권 이슈와 해외 인권실사 법제의 국문 번역본도 제공하고 있다.

기업과 인권 길라잡이

또한 법무부는 2021년 유엔인권최고대표사무소(OHCHR)가 발표한 '기업의 인권존중책임 해설서'와 '성평등 관점에서 본 기업과 인권 이행원칙'의 국문본을 발간하기도 했다.

법무부는 이 자료에서 ①유엔 기업과 인권 이행원칙(UNGPs)의 주요 개념(인권실사, 인권위험 등)과 ②기업이 인권존중을 위해 시행해야 하는 정책·과정을 구체화한 '운영 원칙'을 설명하는 한편, ③기업이 인권존중책임을 실천할 때 성인지 관점이 반영될 수 있도록 '기업과 인권 실무그룹'이 발표한 실천적 기준도 함께 제시했다.

기업의 인권존중책임
성평등 해설서

8 현지주민의 인권

9 환경권

10 소비자인권

SPECIAL

GUIDE 3

기업인권벤치마크와 노더체인의 평가 기준

국제적으로 권위가 있는 자료 또는 지침이란 국제연합(UN), 경제협력개발기구(OECD), 유럽연합(EU) 등에서도 널리 참고되며 유엔 기업과 인권 이행원칙(UNGPs)을 비롯한 국제적으로 승인된 인권규범을 근간으로 만들어진 것을 의미한다. 인권경영의 이행과 그 성과에 대해 보고 및 공시할 경우 다수의 기업이 유엔 기업과 인권 이행원칙 보고 프레임워크(UNGPRF)를 참고하고 있다. 인권실사(HRDD)의 가장 핵심이 되는 인권영향평가(HRIA)의 경우는 덴마크인권기구(DIHR)의 인권영향평가 지침 및 툴박스(Human Rights Impact Assessment Guidance and Toolbox)를 널리 참고한다. 그러나 인권경영의 이행 및 성과를 더욱 고도화하기 위해서는 어떻게 해야 할까?

WBA, CHRE 등이 주된 벤치마킹 기준

━━━ 기업들의 경우 주로 경쟁력을 제고할 때 경쟁사와 모범 기업을 분석해 성과 비교를 한다. 이러한 분석을 통해 도출된 우수사례를 기준점(benchmark)으로 삼아, 이를 벤치마킹(benchmarking)하는 것이 기업의 주된 경쟁력 제고 전략이다. 이때 인권경영에서 주로 참고하는 것이 세계벤치마킹얼라이언스(World Benchmarking Alliance, WBA)에서 만든 기업인권벤치마크(Corporate Human Rights Benchmark, CHRB)와 국제 비영리기구인 기업과 인권 리소스 센터(Business & Human Rights Resource Centre), 글로벌 지속가능경영 평가기관인 서스테이널리틱스(Sustainalytics) 등이 함께 협력해 만든 노더체인(KnowtheChain)이다. 두 벤치마크는 다국적기업의 인권경영 이행 및 성과를 평가하기 위해 만들어졌다. 평가의 목적은 인권경영 이행 및 성과를 기업별로 비교하여 바람직한 사례를 식별해 인권경영에서의 고도화를 달성하기 위함이다.

먼저 기업인권벤치마크(CHRB)는 국제연합(UN), 경제협력개발기구(OECD), 유럽연합(EU) 등에서도 주로 참고하고 있는 인권경영의 대표적인 지표 중 하나다. 특히 2020년에 유럽연합 집행위원회(European Commission)에서 공급망에서의 실사의무를 부과하는 법안을 만들기 위한 기초 연구(Study on due diligence requirements through the supply chain)에서 많은 기업이 여전히 적절한 인권실사 절

기업인권벤치마크(CHRB) 평가내용 개요

측정주제	지표	내용
A. 거버넌스 및 인권정책	A.1	인권정책선언
	A.1.1	인권 존중 선언
	A.1.2	근로자의 인권 존중 선언
	A.1.2.a	일터에서의 기본원칙과 권리에 관한 국제노동기구 선언
	A.1.2.b	안전 및 보건, 근로시간
	A.1.3	특정 산업 관련 인권 존중 선언
	A.1.3.a	산업별로 상이함
	A.1.3.b	취약집단
	A.1.4	구제에 대한 선언
	A.1.5	인권 옹호자 권리 존중에 대한 선언
	A.2	이사회 수준의 책임
	A.2.1	이사회의 인권 존중 선언
	A.2.2	이사회의 책임
	A.2.3	이사회의 인권 이행 관련 인센티브 및 성과 관리
	A.2.4	비즈니스 모델 전략 및 리스크 관리
B. 인권 존중과 인권실사의 내재화	B.1	기업 문화와 경영관리 시스템에 인권 존중 내재화
	B.1.1	상시적 인권 관리를 위한 책임과 가용자원
	B.1.2	인권 관리자 인센티브 및 성과 관리
	B.1.3	전사 리스크 관리 체계에의 인권 리스크 통합
	B.1.4.a	정책선언의 배포 및 소통: 근로자 및 외부 이해관계자
	B.1.4.b	정책선언의 배포 및 소통: 사업관계
	B.1.5	인권 교육
	B.1.6	인권정책 이행 모니터링 및 시정 조치
B. 인권 존중과 인권실사의 내재화	B.1.7	사업관계 수립 및 중단
	B.1.8	영향을 받은 이해관계자들의 참여를 위한 접근법
	B.2	인권실사
	B.2.1	인권 리스크 및 영향 식별
	B.2.2	인권 리스크 및 영향 평가
	B.2.3	인권 리스크 및 영향 평가의 통합 및 조치
	B.2.4	인권 리스크 및 영향 대응을 위한 조치의 효과 추적
	B.2.5	인권 영향에 대한 소통
C. 구제 및 고충처리 메커니즘	C.1	근로자를 위한 고충처리 메커니즘
	C.2	외부 이해관계자 및 지역사회를 위한 고충처리 메커니즘
	C.3	이용자들의 구제 및 고충처리 메커니즘 설계와 이행에 참여
	C.4	고충 처리 관련 절차는 공정하고, 공개적으로 이용가능하며, 설명이 제공됨
	C.5	진정 또는 우려 제기에 대한 보복 금지
	C.6	국가 기반 사법적 및 비사법적 고충처리 메커니즘에의 참여
	C.7	부정적 영향의 구제
	C.8	고충처리 제도의 효과성 평가 및 개선사항에 대한 소통
D. 기업 인권 관행	D.X	측정주제 D의 경우는 산업군별로 상이함
E. 심각한 혐의에의 대응	E.1	기업은 혐의에 대해 공개적으로 대응함
	E.2	기업은 조사를 진행하고 적절한 조치를 취함
	E.3	기업은 구제책을 제공하거나 구제에 협력하기 위해 영향을 받은 이해관계자와 소통함

차를 갖추지 못하고 있음을 증명하기 위해 기업인권벤치마크(CHRB)의 결과를 인용한 바 있다. 기업인권벤치마크는 전체 산업용인 핵심 유엔 기업과 인권 이행원칙 지표가 있고 이외 다섯 개의 고위험 산업군(농식품, ICT, 의류, 채굴, 자동차)에 대한 기업인권벤치마크 방법론을 제공하고 있다. 나아가 이런 방법론을 기초로 다국적기업의 인권경영 체계, 이행 및 성과 등을 평가하고 그 순위를 산업별로 공개하고 있다.
이에 반해 노더체인(Knowthechain)의 경우는 공급망에서의 강제노동 이슈에 초점을 맞춘 지표로서 강제노동 리스크가 높은 세 가지 산업(ICT, 식품 및 음료, 의류 및 신발)의 기업을 주로 평가하여 그 순위를 공개하고 있다. 2년에 한 번 평가기준을 개정하고 기업평가를 공개한다.

노더체인(KnowtheChain) 평가내용 개요

측정주제	내용
인권정책선언 및 거버넌스	1. 협력사 행동규범 및 역량강화
	2. 경영관리 및 책임
	3. 이력 추적 장치 및 공급망 투명성
	4. 리스크 평가
	5. 공급망 리스크 데이터
	6. 구매 관행
채용	7. 채용 관련 수수료
	8. 책임 있는 채용
노동자의 의사	9. 결사의 자유
	10. 고충처리 메커니즘
모니터링	11. 모니터링
구제	12. 구제 프로그램 및 혐의 대응

SPECIAL

GUIDE 4

유엔 기업과 인권 이행원칙에 따른 프레임워크와 GRI의 공시기준

UNGPRF에 따른 보고 프레임워크

기업과 인권 분야의 주요 NGO인 시프트(Shift)는 2015년 마자르(Mazar) 등과 합작하여 '유엔 기업과 인권 이행원칙(UNGPs)'에 따라 기업이 인권존중 책임을 이행하기 위한 보고서를 작성할 때 참고할 수 있는 종합적인 가이드라인을 발간했다. '유엔 기업과 인권 이행원칙 보고 프레임워크(UN Guiding Principles Reporting Framework, UNGPRF)'가 그것이다. 인권 보고 프레임워크(UNGPRF)는 기업이 그들의 책임에 따라 인권을 존중하고 있음을 보고할 수 있는 포괄적인 지침을 최초로 제공했을 뿐 아니라 현재까지도 권위 있는 글로벌 표준으로 기능하고 있다.

인권 보고 프레임워크는 기업이 인권을 존중하며 사업을 수행하고 있는지를 파악하고 진행 상황을 보여주기 위해 기업이 답변해야 하는 일련의 질문으로 구성된다. 단답식 질문보다는, 기업이 인권존중책임에 대해 알고 있다는 것을 보여줄 수 있는 서술형 질문으로 이루어져 있으며, 이에 대해 명확하고 투명한 답변을 하기 위한 지침을 제공하고 있다. 회사의 활

> 기업은 인권 보고 프레임워크의 질문에 충실한 답변을 제공함으로써 회사의 인권에 대한 전략, 문화 및 접근에 대해 주요 이해관계자와의 소통 또한 강화할 수 있을 것으로 보인다.

> **UNGPRF의 특징**
>
> ✓ 기업이 인권을 존중하고 있음을 보고할 수 있는 포괄적인 지침 최초 제공, 권위 있는 글로벌 표준으로 기능하고 있음
>
> **권위 있는 글로벌 표준**
> ① 서술형 질문으로 이루어져 있음
> ② 가장 심각한 부정적 인권 영향에 초점
> ③ 내부 감사 또는 외부 보증기관을 위한 '보증 지침' 제공
>
> **GRI 표준 특징**
>
> ✓ 유엔 기업과 인권 이행원칙(UNGPs)이 제시한 인권실사 등 수용해 기업 공시에 활용하도록 했다는 점에서 의의
>
> **잠재적인 부정적 영향을 식별, 예방, 완화, 설명하는 전 과정**
> ① 중대한(material) 주제를 식별하는 프로세스 제시
> ② 실제 또는 잠재적인 영향을 식별하여 영향의 중요도 평가
> ③ 영향을 식별하고 중요도를 평가하는 과정은 관련 이해관계자와 전문가의 참여를 통해 진행

동과 사업 관계에서 가장 심각한 부정적 인권 영향에 초점을 맞추는 한편, 내부 감사 또는 외부 보증기관을 위한 '보증 지침' 또한 제공한다. 이러한 지침은 인권 정책과 과정을 설계하거나 개선하고자 하는 기업에 유용한 가이드라인으로 활용될 수 있다.

기업은 인권 보고 프레임워크의 질문에 충실한 답변을 제공함으로써 회사의 인권에 대한 전략, 문화 및 접근에 대해 주요 이해관계자와의 소통 또한 강화할 수 있을 것으로 보인다.

GRI Standard 2021에서 말하는 인권실사

GRI(Global Reporting Initiative)는 기업이 지속가능보고서를 공시할 때 참고할 표준(standard)을 제공한다. GRI의 표준은 2021년 전면 개정되었는데, '유엔 기업과 인권 이행원칙(UNGPs)'이 제시한 핵심 개념인 인권실사 등을 수용하여 기업 공시에 활용하도록 했다는 점에서 의의를 지닌다.

GRI 표준에서 실사(due diligence)는 기업이 인권을 포함한 경제, 사람, 환경에 대한 실제적이고 잠재적인 부정적 영향을 식별, 예방, 완화, 설명하는 전 과정을 의미한다. 기업은 자체 활동을 통해 부정적인 영향을 초래하거나 기여하는 것을 피하고, 완화 또는 예방을 통해 잠재적인 부정적 영향을 해결해야 한다. 또한 기업은 부정적인 영향을 유발하거나 그에 기여한 것으로 확인된 경우 합법적인 절차에 따른 개선조치를 통해 실제적인 부정적 영향을 해결해야 한다.

조직의 운영, 제품 또는 서비스와 직접 연결된 부정적 영향의 경우 사업 관계에 기여하지 않은 경우에도 이러한 영향을 예방하거나 완화하는 조치를 모색한다.

기업이 확인된 경제, 환경 및 사람에 대한 모든 영향을 한 번에 해결할 수 없는 경우 잠재적인 부정적 영향의 심각성과 발생가능성에 따라 그 해결의 순서를 결정해야 한다.

잠재적 부정적인 인권 영향의 경우, 영향의 심각성 기준이 발생가능성 기준보다 우선한다. GRI는 이와 같이 중대한(material) 주제를 식별하는 프로세스를 제시하고 있다. 기업의 맥락에 대한 이해를 기반으로, 실제 또는 잠재적인 영향을 식별하여 영향의 중요도를 평가하며, 보고를 위한 가장 중요한 영향을 식별하는 절차를 거친다. 영향을 식별하고 중요도를 평가하는 과정은 관련된 이해관계자와 전문가의 참여를 통해 진행한다.

SPECIAL GUIDE 5

커지는 인권경영에 대한 기업의 설명 책임

기업들은 법률에 기반해 정보 이용자(주로 투자자)와 제공자(상장기업)가 서로 합의된 기준대로 매년 사업 성과를 공시하고 있다. 재무제표에 기초한 사업보고서 등의 공시 제도는 상장기업들이 공식적으로 약속한 활동에 대해서 충분한 설명을 제공하는 설명책임(Accountability)의 주요 수단이다. 사회적 책임에 대한 가이던스 ISO 26000에 의하면, 설명책임이란 '조직이 자신의 의사결정과 활동에 대해서 조직의 집행기관, 법률 당국, 더 넓게는 조직의 이해관계자들에게 답변할 수 있는 상태'를 말한다. 설명책임은 기업을 대상으로 한 모든 외부 공시 및 보고의 이론적 근거이기도 하다.

의무화되는 ESG 성과 보고

과거에는 기업이 재무적 성과에 대해 각국의 회계기준과 법률로 정해진 방법에 따라 공시를 하면 됐는데, 이제는 다양한 이해관계자들로부터 ESG 성과 공시에 대한 압력을 받고 있다. 다양한 평가기관들이 기업 ESG를 나름의 방법으로 평가해 이를 투자자들에게 제공하고 있으며, 일부 개도국은 물론 많은 선진국에서는 기업들의 ESG 성과 보고를 의무화하고 있다. 요컨대, 기업 설명책임의 범위가 ESG 비재무 영역으로까지 확대된 것이다.

확대된 기업의 설명책임에 대한 논의들 중 하나는 기업의 지속가능성 공시에 기준을 제정하는 것이다. 기준 제정 작업의 향방은 크게 두 가지인데, 하나는 투자자 관점에서 기업의 중장기적 가치 창출에 영향을 미칠 수 있는 지속가능성 이슈들에 대한 공시를 표준화(재무 중요성 관점)하는 것이고, 다른 하나는 투자자를 포함한 다양한 이해관계자들의 관점에서 기업이 외부의 환경과 사회에 미치는 영향에 대한 공시를 표준화(영향 중요성 관점)하는 것이다.

유럽은 이 두 가지 관점을 모두 통합해(이중 중요성 관점) 지속가능성 보고 기준을 제정하고 있다. 두 가지 관점 중에 어떤 것에 무게를 두느냐에 따라 기업이 관리해야 하는 ESG 성과와 설명책임의 일환으로 외부에 보고해야 하는 지속가능성 이슈들이 구체적으로 정해진다. 특히, 유엔 및 전 세계 시민사회에서는 기업이 외부에 미치는 영향 관점의 기업 공시 표준 및

> 기업과 인권의 문제는 외부의 정책 동향들의
> 향방에 나침반이 있는 것이 아니고,
> OECD나 유엔 등 국제기구들에서
> 지속적으로 강조해 왔던 '책임 있는 기업
> 행동(Responsible Business Conduct)'을
> 실현하는 것이다.

EU 기업 지속가능성 실사 지침을 비롯해 유럽의 많은 국가에서는 아동노동 및 분쟁광물과 관련된 특정 이슈에 대한 실사뿐 아니라, 환경 및 인권 전반에 대한 포괄적인 실사를 의무화하는 법률들이 도입되고 있다.

아울러 보고 범위에 있어 기존의 재무 보고와 달리, 기업의 자체 운영 영역을 넘어서, 기업이 영향력을 발휘할 수 있는 공급망에서의 인권문제에 대한 관리 및 성과 보고를 의무화하는 법률이 도입되고 있다.

전 가치사슬에서의 인권 영향 고려해야

EU 기업 지속가능성 보고 지침안에 의하면, 기업은 자체 운영뿐 아니라 전 가치사슬에서 부정적 영향에 대한 실사 체계 운영 현황 및 결과를 보고해야 한다.

또한, 인권 영향에 대한 설명책임은 자체 사업장은 물론이고 공급망을 포함한 전 가치사슬에서 벌어지고 있는 부정적인 인권 영향을 파악하고, 이를 관리하기 위한 체계, 그리고 운영에 대한 평가 및 결과를 공개하는 것을 의미한다.

한편, 인권에 미치는 영향에 대한 기업들의 관리 및 보고는 법률 도입 등 외부 정책의 향방에 좌우될 문제는 절대 아니라는 인식이 필요하다. 기업과 인권의 문제는 외부의 정책 동향들의 향방에 나침반이 있는 것이 아니고, OECD나 유엔 등 국제기구들에서 지속적으로 강조해 왔던 '책임 있는 기업 행동(Responsible Business Conduct)'을 실현하는 것이라는 점을 간과하지 않아야 할 것이다.

ESG에 대한 논의들과 이에 상응하는 다양한 기업 약속의 실체성 여부는 기업이 환경문제와 더불어 인권에 대해 벌이는 실사, 그리고 외부 공개 활동에 대한 평가로 쉽게 가늠해 볼 수 있을 것이다.

인권경영

의무화에 대한 요구가 많고, 이러한 요구는 주요 환경 문제와 함께 인권에 대한 실사(Due Diligence)가 기반을 이루고 있다.

두 가지 관점 중 어떤 것을 택하든 기후변화를 비롯한 다양한 환경 이슈들과 인권 문제는 기업의 설명책임 대상에 포함돼 논의되고 있다.

SPECIAL

SME TIP

중소기업 필독!
알아두면 쓸모 있는
HOW TO 인권경영

기업의 인권 존중 책임은 그 규모를 따지지 않는다.
유엔 기업과 인권 이행원칙(UNGPs)은 제15조에서 기업의 크기와 여건을 불문하고,
인권존중 책임을 이행하기 위한 정책과 절차를 마련해야 한다고 말한다.
이에 따라 SME(Small and Medium-sized Enterprises) 역시
인권실사 의무화 시대에 미리 준비할 필요가 있다.

인권정책 선언

— POINT —

기업의 최고 의사결정 단위가
인권정책에 책임이 있다는 점을
명시하는 것이 핵심!

기업의 인권 존중 책임은 그 규모를 따지지 않는다. 유엔 기업과 인권 이행원칙(UNGPs)은 제15조에서 기업의 크기와 여건을 불문하고, 인권존중 책임을 이행하기 위한 정책과 절차를 마련해야 한다고 말한다.

중소기업도 인권존중책임을 이행하기 위한 첫 단계로 기업 활동에서 인권을 존중한다는 정책을 선언할 필요가 있다. 그렇게 함으로써 임직원과 관련된 이해관계자들에게 기업을 경영하는 데 명확한 지침을 제공하고 권한을 부여할 수 있다. 이후에는 선언된 정책이 조직문화와 현실에 적합하게 반영될 수 있도록 내부 시스템에 통합할 필요가 있다. 대기업에서도 인권정책이 몇 문단에 지나지 않는 경우가 종종 있으며, 이것이 모범 사례가 되는 경우도 있다. 중소기업 또한 그들의 구체적 필요와 상황에 따라 인권정책을 개발하면 된다.

핵심적인 것은 기업의 최고 의사결정 단위가 인권정책에 책임이 있다는 점을 명시하고, 주요 인권 이슈를 식별하기 위한 절차에 있어 다양한 부서뿐 아니라 기업 활동으로 인해 영향을 받을 것으로 보이는 이해관계자들과의 소통과 같은 내용을 담는 것이다.

인권정책은 독립적인 선언이 될 수도 있고, 기업 비전 등의 내용으로 포함될 수도 있다. 내규나 행동 강령, 계약 조건 등에 인권정책의 취지를 담을 수도 있다. 인권정책을 수립하는 것뿐 아니라 다른 정책이나 절차가 인권 존중에 반하지 않도록 일관성을 유지하고 그 내용을 임직원뿐 아니라 협력 회사들에 교육해 작동하게 하는 것이 중요하다.

인권영향평가

— POINT —

산업군 또는
사업의 특성에 따른
인권 이슈를 중심으로 접근

글로벌 규범에 따르면, 기업은 원칙적으로 사업 활동 및 사업 관계 전반에 대해 인권영향평가를 실시하여 부정적 인권 영향을 식별해야 한다. 중소기업이 임직원뿐만 아니라 공급망 전체에 대해 인권영향평가를 하기는 어렵다.

따라서 중소기업은 한정된 자원을 효과적으로 활용해 인권영향평가를 실시할 필요가 있다. 우선, 산업군 또는 사업의 특성에 따라 어떠한 인권 '이슈가 주로 문제되는지 살펴볼 수 있다. 중소기업은 특정한 상품이나 서비스를 제공하는 경우가 많은데, 그와 관련하여 자주 발생하는 인권 이슈가 있기 마련이다.

우리 기업이 중소기업이 통상 마주칠 수 있는 인권 이슈가 무엇이고, 이 이슈가 어떠한 이해관계자에게 주로 발생하는지를 살펴 인권영향평가 계획을 수립할 수 있다.

다음으로, 정부 또는 산업별 이니셔티브 등이 제공하는 안내서나 도구(tool)를 잘 활용할 필요가 있다. 예컨대 법무부의 길라잡이와 국가인권위원회의 체크리스트를 통해 인권영향평가를 실시해 보고, 같은 업종의 중소기업이 겪는 이슈가 우리 회사에도 발생하는지 등을 진단할 수 있다.

나아가, 인권영향평가는 회사의 사정을 잘 아는 임원이 주도하는 것이 바람직하다. 중소기업은 전사적 인권 리스크를 식별하기 위한 기초자료 확보나 부서 간 협조 절차가 상대적으로 원활할 수 있다. 권한 있는 임원이 의지를 갖고 인권영향평가 절차를 주도한다면, 오히려 대기업보다 효과적으로 사업에 내재한 인권 리스크를 발견할 수 있을 것이다.

SPECIAL

SME TIP

통합과 조치

─ POINT ─

여러 부서와 담당자가 함께
인권경영에 유기적으로 대응할 수 있도록
인권경영체계를 갖추는 것이 좋다.

중소기업의 경우, 인권경영만을 전담하는 팀을 구성하거나 전담자를 지정하기가 어렵다. 따라서 기업을 구성하는 여러 부서와 담당자가 함께 인권경영에 유기적으로 대응할 수 있도록 인권경영체계를 갖출 필요가 있다. 개별 부서 및 조직에서 어떠한 역할과 기능을 담당해야 하는지 살펴보고 체계를 세울 필요가 있다.

상대적으로 중소기업의 의사결정체계가 신속하기 때문에 무엇보다 경영진의 인권경영 실천의지가 매우 중요하다. 경영진 차원에서의 인권경영 선언을 공표해, 내부 의지를 결속할 필요가 있다.

마지막으로 기업 내부 교육팀이나 별도 인권경영 전담부서에 의해 체계적인 인권경영 교육을 하기 어렵다면, 외부 전문기관을 통해 인권경영 교육을 정기적으로 실시할 필요가 있다. 특히 인권경영 교육을 우선순위에 두고 지속해서 한다면, 내부 구성원들의 전문성 향상으로 인권경영을 추진하는 데 중요한 기반이 마련될 수 있다.

추적과 검증

─ POINT ─

접근 가능한 이메일이나 전화번호 등
상시로 피드백을 받을 수 있는
창구를 제공할 필요가 있다!

중소기업의 경우에도 인권에 미치는 잠재적 또는 실제적인 부정적 영향에 효과적으로 대응하기 위해 그 대응에 대한 추적과 기록이 필요하다. 대응이 잠재적 부정적 영향을 예방했는지, 또는 실제로 일어난 부정적 영향을 시정했는지 점검해야 한다. 이를 위해 측정할 수 있는 정량적 지표와 사람들의 인식과 태도 등을 밝힐 수 있는 정성적 지표가 필요하다.

지표를 설정함에 있어서는 먼저 안전보건 영향평가, 직원 설문조사와 같이 이미 기업에서 사용하고 있는 도구들을 활용하는 것을 고려해볼 수 있다.

정성적 지표로 문제가 완전히 해결됐는지 알아보기 위해 고충처리시스템을 통해 취합된 결과를 평가해보는 것도 도움이 될 수 있다. 인권에 대한 부정적인 영향을 피하고 해결하기 위한 기업의 노력이 어느 정도 효용성이 있는지에 대해 임직원 뿐 아니라 고객, 협력회사 등 이해관계자로부터 피드백을 받는 것도 필요하다.

이처럼 추적 과정에 특히 영향을 받는 사람이나 이해관계자를 참여시키는 것을 권장한다. 상시로 피드백을 받을 수 있는 창구를 제공할 필요가 있는데, 부정적 인권 영향이 적은 소규모 기업의 경우 접근 가능한 이메일 주소나 전화번호를 제공하는 것으로도 충분하다.

중소기업의 경우 정기적 팀 회의에서 소통하는 등 신속하고 간단한 방법을 추진할 수 있고, 빠른 의사결정이 가능하므로 추적과 개선 절차가 효율적으로 작동할 수 있다.

소통과 보고

— **POINT** —

반드시 보고서를 작성하는 것보다는
이해관계자와의 소통에
방점을 두는 것이 중요!

이 단계의 핵심은 기업이 인권을 존중함을 보여주는 데 있다. 그러나 이것이 기업이 어떤 인권 리스크와 영향을 식별했고 그것에 대해 어떻게 대응했는지 일일이 밝혀야 한다는 의미는 아니다. 다만, 특히 부정적 영향을 받은 이해관계자로부터 공개의 요구를 받은 경우 개인정보나 기업 영업비밀은 보호하는 한편, 특정한 인권 영향에 대한 정보를 공개할 준비가 되어 있어야 한다. 따라서 중소기업의 경우 반드시 보고서를 작성하기 보다는 '소통'에 방점을 두는 것이 좋다.

중소기업은 대기업에 비해 이해관계자의 범위가 좁고, 가치사슬이 단순할 가능성이 크다. 이에 협력회사 또는 자사의 임직원과 같은 인권 영향을 받는 이해관계자와 소통을 하는 것에 집중할 필요가 있다.

이 때, 대상에 따라 먼저 어떤 소통 방식을 취할 것인지 정할 필요가 있다. 비공식적인 회의 등을 통해 직접 소통할 수도 있고, 공식적이고 공개적인 보고서의 형식을 취할 수도 있다.

예컨대 지속가능경영보고서나 환경안전보고서와 같이 다른 목적으로 연간 보고서를 발행하는 경우 여기에 인권 이슈에 관한 내용을 포함할 수도 있을 것이다. 업데이트된 사항이 있다면, 홈페이지나 소셜미디어를 통해 간단히 공시할 수 있다. 소통의 내용에 있어서는 잠재적 또는 실제로 영향을 받는 대상을 위해 어떤 대응책을 마련하고 있는지에 관한 사항을 포함해야 한다.

구제절차

— **POINT** —

외부 위탁이 부담스럽다면
동종 산업군 간 연합체를 꾸려
외부에 함께 위탁하는 방법도 있다.

대부분의 중소기업은 인권경영 전담 부서 또는 담당자가 부재한 경우가 많다. 설사 있다 하더라도, 다른 업무와 병행하는 경우가 많다. 더욱이 인권침해 구제 절차의 경우는 고도의 전문성이 요구되는 만큼, 기업 내부에서 구제 절차를 수립하고 운영하기 위해서는 전담 부서 또는 담당자를 위한 별도의 전문 교육이 필수적이다. 아울러, 중소기업의 경우는 상대적으로 임직원의 수가 많지 않기 때문에 구제절차의 비밀 유지와 피해자 보호 등이 충분히 보장되지 않을 경우, 2차 피해가 발생할 가능성이 농후하다. 따라서 내부 상황을 고려하여, 필요시 외부 독립된 전문기관에 구제절차를 위탁할 필요가 있다.

외부 독립 전문기관에 구제절차를 위탁하는 비용 차원의 부담이 있다면, 동종 산업군의 중소기업 간 연합체를 꾸려 함께 외부에 위탁하는 것도 하나의 방법이다. 실제로 인권실사 법제의 간접적 영향권 내에 속한 해외 중소기업의 경우, 이런 방법을 도입하여 규제에 대응하는 사례가 다수 있다.

SECTION 1

MANUAL

차근차근 따라 해보는 UNGPs 인권경영 매뉴얼

섹션1에서는 기업과 인권 관련 대표 국제인권규범인 유엔의 기업과 인권 이행원칙(UNGPs)을 바탕으로 인권존중책임의 프레임워크와 인권실사를 인권정책 선언, 인권영향평가, 통합과 조치, 추적과 검증, 소통과 보고, 구제절차까지 6단계로 나누어 개념부터 사례, 경영자와 실무자가 꼭 알아야 할 체크포인트로 설명한다.

1단계
인권정책 선언
인권 존중에 대한 회사의 약속은 정책 선언에서 출발한다.

구제절차
기업의 운영기반 고충처리 메커니즘이 중요한 까닭은 정부기반의 사법적, 비사법적 고충처리 메커니즘보다도 더욱 신속하게 피해를 식별하고 대응할 수 있기 때문이다.

2단계
인권영향평가
효과적인 인권영향평가를 수행하여 원하는 결과를 성취하기 위해서는 구체적이고 적절한 계획과 범위 설정이 필수다.

3단계
통합과 조치
인권경영의 근간이 되는 인권존중책임이 기업문화에 내재화되어야 인권경영 정책과 사규는 생명력을 가질 수 있다.

4단계
추적과 검증
기업의 자사 인권정책이 최적으로 이행되고 있는지, 식별된 인권영향에 효과적으로 대응하고 있는지를 파악하고 개선하기 위해서는 추적이 필요하다.

5단계
소통과 보고
소통은 기업의 인권 영향을 반영하는 동시에 타깃이 된 대상에게 접근가능한 형식과 빈도로 이루어져야 한다.

SECTION 1 | PART 1 인권정책 선언 | CONCEPTION

인권정책 선언의
필요성과 소통

> **한 줄 POINT!** 인권경영의 첫 걸음이라고 할 수 있는 '인권정책선언'은 최고위 단위에서 승인되어야 대내외적으로 신뢰와 구속력을 보증할 수 있다.

> 기업이 인권을 존중할 책임은 개별 국가들의 능력 또는 의지와 무관하게 모든 기업에 적용되는 글로벌 표준이며, 국가의 의무와는 독립적인 지위에 놓인다.
> 이는 법률 및 규정을 준수하는 것만으로 충족되는 것이 아니다.

인권 존중에 대한 회사의 약속은 정책 선언에서 출발한다. 인권정책은 기업이 인권존중책임을 충분히 이해하고 준수하겠다는 것을 외부적으로 표현하는 계기일 뿐 아니라, 기업의 모든 경영 과정에 인권 존중에 대한 책임의 기틀을 제공하고, 이해관계자들의 기대에 부응하여 신뢰관계를 강화하는 데 기여한다. 또한 인권정책 선언 수립 과정에서 내부적으로 인권 리스크 파악을 촉진하고 실제로 그동안 간과하고 있던 인권 리스크를 발견하는 계기가 될 수 있다.

기업의 인권 존중책임

예컨대 환경정책은 기술적 해결방안을 모색하는 데 한정될 수 있는데, 인권정책을 수립하는 과정을 통해 환경정책이 다루지 않는 커뮤니티와 주민들에게 미치는 인권 영향에 관한 원칙 등을 보완할 수 있다. 인권정책 선언 과정을 통해 기업의 인권경영 역량을 키울 수 있으며, 인권 리스크를 기업의 리스크 관리 과정에 통합시키는 출발점이 된다. 더 나아가 협력업체를 비롯한 비즈니스 파트너들이 인권경영에 함께 참여하도록 촉구하는 효과도 있다.

과거에는 기업들이 인권정책을 선언하는 경우가 거의 없었다. 기업 경영에서 인권이라는 개념이 모호했을 뿐 아니라 정부의 배타적 책임 영역으로 여겨졌기 때문이다. 그러나 유엔 기업과 인권 이행원칙(UNGPs)이 제정되면서 '보호, 존중, 구제' 프레임워크가 확고해지고, 정부뿐만 아니라 기업에도 인권존중책임이 있음이 명백해진 만큼 이제는 오히려 기업이 인권정책을 수립하지 않을 이유가 없어졌다. 기업이 인권을 존중할 책임은 개별 국가들의 능력 또는 의지와 무관하게 모든 기업에 적용되는 글로벌 표준이며, 국가의 의무와는 독립적인 지위에 놓인다. 이는 법률 및 규정을 준수하는 것만으로 충족되는 것이 아니다.

지속적 보완 필요한 인권정책

인권정책 선언을 수립할 때 첫술에 배부르려고 해서는 안 된다. 많은 기업이 그들의 인권 영향을 파악하고 다루는 과정을 통해 인권정책을 지속적으로 보완한다.

한편, 이행원칙(UNGPs) 제16조는 인권정책 선언이 최고위 단위(at the most senior level)에서 승인되어야 한다고 규정한다. 이를 통해 내부적으로 정책이 구속력 있게 적용될 것이라는 확신을 줄 수 있고, 외부 이해관계자들에게도 신뢰할 만한 선언이라는 보증을 제공한다.

UNGPs 제정으로 확고해진 기업의 인권존중 책임

정책이나 선언이 수립된 이후에는 회사 홈페이지나 인트라넷에 이를 게시하고, 제3자와의 계약에 반영하는 등 개별 문서로만 인식을 높이기 위한 대내외적 소통을 강화하는 것도 중요하다. 정책과 선언을 소통할 때 주요 고려 사항 중 하나는 상대방의 접근성이다. 예를 들어, 홈페이지나 회사 인트라넷에 접근성이 높은 이해관계자가 있을 수도 있지만, 문서로만 접근 가능하거나 아니면 문맹인 경우도 있을 수 있다. 이를 고려하여 소통 방식을 섬세하게 설계할 필요가 있다.

한편 간과하지 말아야 할 점은 기업이 인권 보호 및 증진을 위해 인권정책 선언을 했다고 해서, 기업활동에서 인권에 반하는 사례가 발생했을 때 이를 상쇄하는 역할을 하는 것은 아니라는 점이다. 인권정책 선언은 인권경영의 출발점일 뿐이다.

SECTION 1　　PART 1 인권정책 선언　　ISSUE BRIEF

새 공급사와 계약할 때 반드시 'OOO'를 확인하는 유니레버

유니레버의 12가지 책임 있는 소싱 정책(RSP)

유니레버의 RSP에는 유엔 비즈니스 및 인권지침원칙을 포함한 국제적으로 인정된 표준에 근거한 12가지 기본원칙이 포함되어 있다.

 ① 정직하고 합법적인 사업
 ② 고용 조건
 ③ 동등한 대우와 존중
④ 자율 작업
 ⑤ 아동 노동 금지
 ⑥ 정당한 임금
 ⑦ 근무시간
 ⑧ 노동조합의 자유
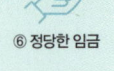 ⑨ 노동자의 건강과 안전
 ⑩ 정당한 절차 및 구제책
⑪ 원주민을 비롯한 지역사회의 토지권
 ⑫ 환경 영향 감소 방식

유니레버는 도브, 바셀린 등 여러 유명 제품을 판매하는 글로벌 소비재 기업이다. 세계적인 인권경영 선도 기업 중 하나로도 꼽힌다. 유니레버 경영진은 2014년 '유엔 기업과 인권 이행원칙(UNGPs)'을 준수하겠다고 공개적으로 선언했다. 2015년에 이행원칙을 바탕으로 한 독립된 형식의 인권 보고서를 최초로 발간하기도 했다.

해외사업장에서도 인권영향평가 실시

유니레버는 독자적으로 '주요 인권 이슈'를 선정한 뒤 경영 및 공급망 전반에 걸쳐 해결하고자 하는 인권 이슈의 우선순위를 정했다. 유니레버의 주요 인권 이슈는 차별, 공정 임금, 강제 노동, 결사의 자유, 괴롭힘, 건강과 안전, 토지권, 근로시간 등 8가지다. 이와 함께 유니레버는 "주요 인권 이슈 목록은 완전하지 않으며 모든 종류의 인권 침해 문제를 해결하기 위해 최선을 다해야 한다"며 "주요 인권 이슈 목록은 사회, 기술 등의 변화에 따라 계속해서 재검토해야 한다"고 강조했다.

유니레버는 기업의 인권존중책임과 인권실사를 모범적으로 내재화한 기업이라는 평가를 받는다. 이 회사는 "기업이 관련되거나, 관련될 수 있는 잠재적이고 현실적인 부정적 인권 영향을 사전에 관리하기 위해 인권실사가 필요하다"고 강조한다.

유니레버의 인권실사 중 주목할 만한 부분은 여러 해외 사업장이나 공급망을 대상으로도 인권영향평가를 실시한다는 점이다. 이들은 2016년 미얀마, 2019년에 과테말라, 태국, 터키에서 인권영향평가를 실시했다. 2016년 미얀마 인권실사 사례를 구체적으로 살펴보면, 이 회사는 인권실사를 통해 일부 공급업체 내에서 규칙적 패

턴의 차별적 관행이 존재한다는 사실을 밝혀냈다. 공급업체에서 결혼 여부, 종교, 성별에 대한 질문이 포함된 표준 입사 지원 양식을 사용함에 따라 이 정보가 고용 결정에 사용될 수 있는 위험을 초래하고 있었던 것이다. 또한 야자 설탕의 수확 과정 중에서 일부 아동노동이 이뤄지고 있다는 사실, 야자수 열매 채집자의 안전 문제도 확인했다. 유니레버는 이 문제를 해결하기 위해 지역 공급업체를 대상으로 회의를 개최했으며, 교육을 위한 간담회를 열었다. 또한 외부 전문가와 협력하여 비즈니스 및 인권에 관한 지역 수준의 특정 문제를 해결하기 위한 직원 교육 프로그램을 개발했다. 총 5단계로 구성된 '기업과 인권 교육 프로그램'은 인권 문제에 대한 대응과 인식 제고를 위한 학습 프로그램으로 활용돼 직원들이 인권을 본질적으로 이해할 수 있도록 지원했다.

타협할 수 없는 가치, 인권

유니레버는 협력회사를 상대로도 인권 및 노동권에 대한 유니레버의 '책임 있는 소싱 정책(Responsible Sourcing Policy, RSP)' 및 '책임 있는 비즈니스 파트너 정책(Responsible Business Partner Policy, RBPP)'을 준수하도록 강조하고 있다. RSP는 공급업체를 대상으로 하는 반면, RBPP는 유통 네트워크를 대상으로 한다. 이를 통해 유니레버는 160여 개 국가의 협력회사 약 5만 4000곳을 상대로 인권, 노동, 반부패, 건강·안전, 윤리, 환경 관련 12개 원칙을 제시했고, 이를 계약서에 포함해 의무적으로 준수하도록 한다. RSP 및 RBPP 외에도 예컨대 '지속가능한 농업 코드'와 같은 특정 상품 공급 업체를 평가하는 기준을 제시하기도 한다.

나아가 유니레버는 2021년에 'RSP(Responsible Sourcing Policy) First' 프로그램을 도입했다. 이 정책에 따르면 유니레버는 새로운 공급업체가 유니레버의 RSP 요구 사항을 충족할 수 있는지를 먼저 확인한 후, 기준을 충족할 경우에만 새 공급업체와 계약을 체결한다.

이와 같은 노력에도 유니레버는 가치사슬 내에 여전히 존재하는 인권 침해와 관련해 여러 차례 비판을 받았다. 그럼에도 '인권은 타협할 수 없는 가치'라는 원칙 아래 보편적인 인권과 노동권, 환경적 지속가능성을 존중하면서 정직하고 투명하게 사업을 수행하겠다는 유니레버의 선언과 구체적인 노력은 많은 기업에 귀감이 되고 있다.

> **기업은 불공정과 착취의 문제에 대처하기 위한 조치를 취해야 한다: 인권을 존중하는 것이 모든 사업의 기초가 되어야 한다.**
> – 레이첼 코번 월든(Rachel Cowburn-Walden) 유니레버 인권 책임 이사

SECTION 1   PART 1 인권정책 선언   CHECKUP

인권정책 선언

인권경영 1단계

경영자가 꼭 알아야 할 체크포인트

 '해를 끼치지 않는(Do No Harm)' 기업활동이 인권경영의 목표인가?

'유엔 기업과 인권 이행원칙(UNGPs)' 제11조에 의하면, 기업이 인권을 존중한다는 것은 "타인의 인권에 해를 끼치지 않고(avoid infringing), 자신이 관여된 부정적 인권 영향에 대처해야 한다"는 것을 의미한다. 즉, 이행원칙(UNGPs)은 기업 활동을 통해 직간접적으로 발생할 수 있는 인권 리스크 요소를 파악하고 사전에 방지하는 'Do No Harm' 접근을 취하고 있다.

Do No Harm 원칙은 정책 및 사업 수행 전반에 인권 이슈를 효과적으로 반영하는 최소한의 원칙이다. 의료나 개발협력, 환경사회평가에서도 통용된다. 예컨대 개발협력 분야에서 Do No Harm 원칙이란 사업의 전 과정에서 취약계층에 어떠한 해도 끼치지 않음을 의미한다. 개발협력 사업과 활동이 취약계층에 부정적 영향을 미칠 수 있는지 사전 평가하고 잠재적 위험을 경감시키기 위해 노력해야 한다.

환경사회평가(Environmental and Social Assessment)에서는 Do No Harm 원칙의 준수를 위해 영향조사 시 사업 수행에 따른 부정적 영향을 예측하고 예방과 저감을 위한 관리계획을 수행해야 한다.

그러나 기업은 인권정책 선언을 통해 부정적 영향을 예방하는 'Do No Harm'에서 나아가, 적극적인 인권경영을 통해 기회를 모색하는 'Do Good' 접근으로 전환할 필요가 있다. 예컨대 글로벌 기업 유니레버는 모든 기업활동과 비즈니스 파트너와의 관계에서 인권 존중을 내재화하고 기업의 리스크와 기회를 분석하는 단계에 이르렀으며, 이를 통해 비로소 'Do No Harm' 접근에서 'Do Good' 접근으로 단계적으로 나아가게 되었다고 밝히고 있다.

우리 기업들도 인권정책 선언 수립 시 인권경영에 대해 최소한의 기준 준수를 넘어 신뢰받는 파트너가 되고자 하는 비즈니스를 위한 전략으로 접근하는 것이 필요하다.

UNGC의 How to Develop a Human Rights Policy

✓ 인권정책은 어떻게 선언할까?

이행원칙(UNGPs) 제15조에서 '인권존중 책임을 충족하기 위해 기업은 정책과 절차를 수립해야 한다'고 규정한다. 기업이 정책 선언을 공식화하지 않으면, 그 기업의 인권 존중 여하를 알기 어렵기 때문에 인권정책 선언은 필수적이다.

다만, 그 인권정책의 형식은 다양하다. 이행원칙(UNGPs)은 정책 선언의 형식에 어떤 것도 제한하고 있지 않고, 인권정책은 기업의 현실에 잘 맞게 구현될수록 그 효용성도 높다. 따라서 인권정책 선언은 회사의 미션이나 가치, 헌장과 같은 높은 단계의 선언문에 포함될 수도 있고, 인권 관점에서 임직원이나 이해관계자들에게 기대하는 바를 담아 독립적인 정책선언문을 만들 수도 있다. 또는 임직원 행동강령, 윤리기준, 환경보건안전에 관한 지침, 책임경영 정책 등 더 넓은 범주의 표준적인 문헌에 통합되기도 한다. 특정한 기업의 기능 또는 특정 지역에서의 기업활동이 인권에 심각한 리스크를 발생시킬 위험이 있는 경우 이에 대한 지침을 별도로 수립할 수 있다.

인권정책 선언을 수립할 때 기업의 기준이 지역 또는 국제 기준과 다를 경우 임직원들이 딜레마에 빠질 수 있다는 점을 미리 고려하고, 임직원이 이런 경우 어떤 기준을 따라야 하는지에 관한 일반적인 지침을 제공할 수 있어야 한다. 한편, 인권정책 선언에서 특정 인권을 기업 활동과 관련성이 낮다고 판단해 배제하거나 반대로 특정 인권에 특히 주목하는 경우 이는 '주요 인권 이슈'를 식별하는 절차와 같은 근거에 의해 뒷받침되어야 할 것이다.

✓ 인권정책은 누가 선언할까?

이행원칙(UNGPs)은 인권정책은 최고위 단위(at the most senior level)에서 승인되어야 한다고 규정한다. 승인뿐만 아니라 인권정책 수립의 과정 또한 최고경영자 또는 고위직 임원 단위에서 주도해야 하고, 수립된 이후 인권 정책 실행의 주체 또한 마찬가지다. 즉, 선언과 관련한 정책 및 절차를 내부에서 소통할 때는 책임 라인과 체계를 명확히 해야 한다. 이는 정책선언이 기업의 정점에서부터 모든 기능부서에 이르기까지 정착되기 위함이다. 그렇게 되지 않으면 기업 구성원은 인권에 대한 인식이나 고려 없이 행동할 것이다.

정책 초안을 마련하기 전에 고위 경영진 보고를 위해 인권정책 수립의 효용성을 식별하고 요약하는 비즈니스 케이스(business case)를 준비하는 것은 내부적 동의를 얻고 강화하는 데 큰 도움이 될 수 있다. 여기에는 정책을 준비함에 있어 주요 비즈니스 가치 동인 및 이점, 기업이 야기하거나 기여하거나 연결된 실제 또는 잠재적인 인권 영향의 예시, 정책을 추진하지 않았을 때 잠재적인 영향과 비용, 동종업계 벤치마킹 등이 담긴다. 또한 인권 정책이 기업의 이해관계자에 대한 책임에 관해 더 넓은 범주의 로드맵에 어떻게 기여하는지도 포함한다.

한편, 인권정책 수립은 한 부서가 담당하는 것이 아니라, 인사, 법무, 조달, 보안 등 부서의 경계를 초월한 조직이 담당하는 것이 바람직하다. 또한 관련 기능을 수행하는 직원에게 필요한 모든 훈련을 제공함으로써 통합적 접근이 가능하도록 뒷받침해야 할 것이다.

인권정책 선언

실무자가 꼭 알아야 할 체크포인트

✓ 신뢰할 만한 인권정책을 위해선 어떤 절차가 필수일까?

인권정책을 수립하기 전에 먼저 회사의 다른 정책을 검토하는 과정이 필요하다. 기존 정책이 포괄하고 있는 인권 범주와 누락된 인권 이슈를 파악한다.

이어서 기업의 주된 인권 이슈가 무엇인지 사전 평가를 통해 식별하는 절차를 거쳐야 한다. 대내외 이해관계자들과의 소통을 통해 내부 및 외부 인권 전문 지식을 파악하고 활용해야 한다. 인권 선언문 작성과정에서 임직원, 노동조합, 협력업체, 지역주민, 고객, 인권전문가 등 다양한 이해관계자 의견을 적극적으로 수렴해 기업과 인권의 필요성에 대한 공감대 형성을 유도할 필요가 있다. 내부 참여는 추상적인 인권 개념을 업무와 밀접한 원칙으로 받아들이게 하고, 회사의 인권 책임에 대한 내부적 이해도를 높일 수 있다. 따라서 그 과정에는 계획과 협의가 포함되어야 한다. 정책선언은 기업의 정점에서부터 모든 기능부서에 이르기까지 정착되어야 하며, 그렇게 되지 않으면 기업 구성원은 인권에 대한 인식이나 고려 없이 행동할 것이다.

정책이 수립되면 이사회, 대표이사 등 기업의 최고 의사결정기관의 승인절차를 거친다. 또한 대내외적으로 이를 알리고 소통하며, 기업 운영 과정에 인권정책을 반영한다.

국제권리장전
인권에 관한 2개의 국제 조약과 1개의 유엔 총회 결의를 비공식적으로 부르는 말이다.

✓ 인권정책은 어떻게 선언할까?

인권정책에는 최소한 국제권리장전과 ILO의 '1998년 노동 기본원칙과 권리선언(기본권선언)'을 포함한 모든 국제 인권기준을 존중한다는 내용이 포함되어야 한다.

국제권리장전은 세계인권선언, 시민적 및 정치적 권리에 관한 국제규약(A규약), 경제적·사회적 및 문화적 권리에 관한 국제규약(B규약)으로 구성된다.

기업활동이 특정 그룹에 악영향을 미쳐 취약성이나 소외의 위험이 높아질 수 있는 가능성이 있다면, 여성, 아동, 원주민 등 특정 소수자에 관한 국제인권기준을 추가하는 것을 고려할 필요가 있다.

잘 작성된 인권정책은 해당 기업이 인권을 존중한다는 것의 의미와 가치에 관한 메시지도 포함한다.

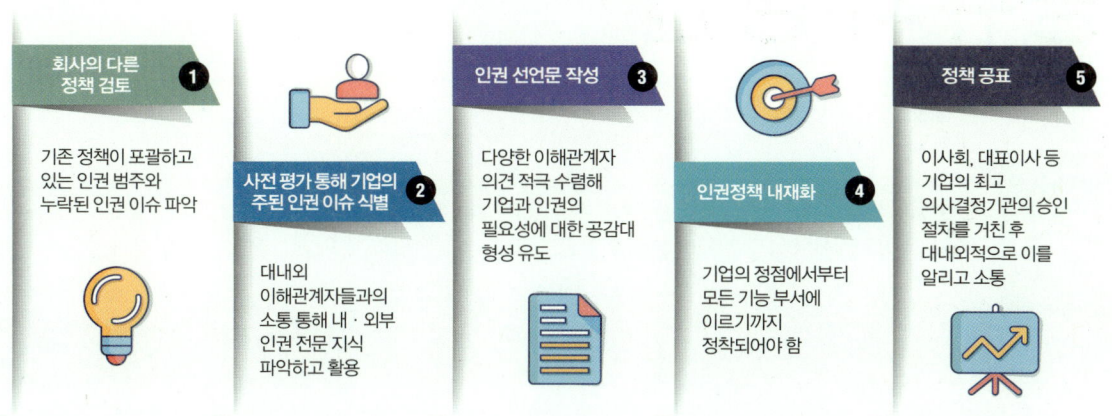

인권정책 수립 전 필요 절차

1. 회사의 다른 정책 검토
기존 정책이 포괄하고 있는 인권 범주와 누락된 인권 이슈 파악

2. 사전 평가 통해 기업의 주된 인권 이슈 식별
대내외 이해관계자들과의 소통 통해 내·외부 인권 전문 지식 파악하고 활용

3. 인권 선언문 작성
다양한 이해관계자 의견 적극 수렴해 기업과 인권의 필요성에 대한 공감대 형성 유도

4. 인권정책 내재화
기업의 정점에서부터 모든 기능 부서에 이르기까지 정착되어야 함

5. 정책 공표
이사회, 대표이사 등 기업의 최고 의사결정기관의 승인 절차를 거친 후 대내외적으로 이를 알리고 소통

또한, 인권정책의 적용 범위를 명시해야 한다. 예컨대 그룹사 전체에 적용될 경우 그 범주를 분명히 하는 것이 좋다. 회사가 지배 지분을 가지고 있는 모든 비즈니스 단위에 적용되는데, 경우에 따라서는 비즈니스 단위별로 별도 또는 추가 정책을 수립할 수도 있다. 더불어 정책이 협력회사 등에 어떻게 적용되는지도 명확하게 기술해야 한다.

인권 선언문 작성과정에서 임직원, 노동조합, 협력업체, 지역주민, 고객, 인권전문가 등 다양한 이해관계자 의견을 적극적으로 수렴해 기업과 인권의 필요성에 대한 공감대 형성을 유도할 필요가 있다.

그리고, 기업의 임직원, 협력회사를 비롯한 관련 당사자에 대한 인권 존중 준수 기대 사항을 담을 필요가 있다. 예컨대 임직원이 본인이나 타인의 행위가 인권정책을 위반하는 경우를 발견하는 경우 담당부서에 이를 즉시 신고하는 등의 조치를 취해야 한다거나, 협력회사 또한 인권 존중 책임을 다할 필요가 있고 현저한 위반 등의 경우 관계를 단절할 수도 있다는 내용 등이 이에 해당한다. 마지막 필수 사항으로 인권정책이 리스크 관리, 모니터링 메커니즘 등 회사 경영 과정에서 누구에 의해, 어떻게 실행될 것인지에 관한 정보를 담아야 한다. 여기에는 인권실사도 포함된다.

인권정책에는 종종 노동자의 인권에 관한 개별조항이 포함되는데, 여기에는 아동노동 및 강제노동 금지, 차별 금지, 괴롭힘 금지, 장애인의 접근권, 안전보건, 결사의 자유 및 단체교섭권 보장, 지역주민 인권보호 등이 포함된다.

SECTION 1 | PART 2 인권영향평가 | CONCEPTION ①

인권영향평가의 종류와 방법

> **한 줄 POINT!**
> 인권영향평가의 영향 방지, 완화, 구제 단계는 가장 핵심이 되는 단계다.
> 가장 심각한 영향을 우선하여 대처할 필요가 있다.

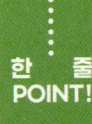

> 인권영향평가 절차와 결과를 투명하게 보고하는 것은 인권경영 이해관계자의 참여권을 보장하는 매우 중요한 과정이다. 특히 인권영향평가 보고 및 평가 내용에 다양한 이해관계자가 쉽게 접근할 수 있도록 적절한 방법을 고민해야 한다.

덴마크인권기구(DIHR)가 2020년에 발간한 인권영향평가 지침 및 툴박스(Human Rights Impact Assessment Guidance and Toolbox)는 아래와 같이 인권영향평가 절차를 구체화하고 있으며, 그 상세 내용은 아래와 같다.

❶ 계획 및 범위 설정

효과적인 인권영향평가를 수행하여 원하는 결과를 성취하기 위해서는 구체적이고 적절한 계획과 범위 설정이 필수다. 주로 (i) 사업 프로젝트 또는 활동 (ii) 해당 국가 및 지역의 인권 상황 (iii) 이해관계자를 중심으로 인권영향평가의 범위를 설정한다. 특히 범위를 설정하는 단계에서는 일련의 상황에 대해 경험적 지식이 많은 내·외부 이해관계자와 소통하는 것이 큰 도움이 될 수 있다. 다음으로는 위탁요지서(Terms of Reference, ToR)를 작성하여 인권영향평가의

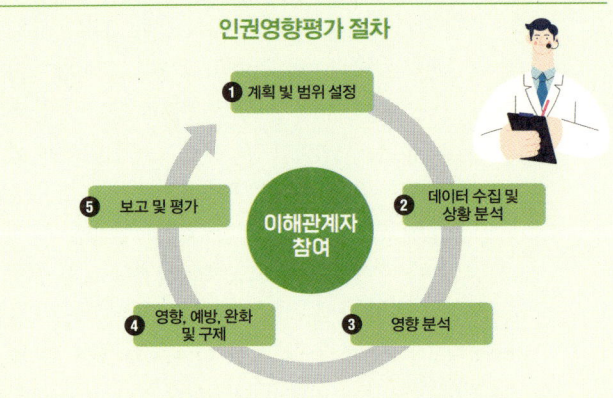

인권영향평가 절차
① 계획 및 범위 설정
② 데이터 수집 및 상황 분석
③ 영향 분석
④ 영향, 예방, 완화 및 구제
⑤ 보고 및 평가
이해관계자 참여

범위와 목적을 구체적으로 정리할 필요가 있다. 이 단계에서는 인권영향평가를 수행하기 위한 팀을 구성해야 하는데, 외부 전문가를 포함해 팀을 구성하면 독립성, 전문성, 신뢰성을 담보할 수 있다는 점에 주목할 필요가 있다.

❷ 데이터 수집 및 상황분석
인권영향평가 수행팀이 다양한 이해관계자를 대상으로 초점집단인터뷰(Focus Group Interview, FGI), 설문조사, 현장실사 등을 통해 1차 데이터를 수집한다. 특히 식별된 영향에 대한 방지, 완화 및 구제를 위한 충분한 근거를 마련하기 위해 구체적인 인권영향평가 체크리스트와 인권 목록을 참고할 필요가 있다.

❸ 인권영향 분석
인권에 대한 실제적·잠재적 영향을 식별하고, 개별 영향의 심각성을 평가한다. 이를 위해 이전 단계에서 수집한 자료, 정보 등을 면밀히 분석할 필요가 있다. 특히 기업과 야기(cause), 기여(contribute), 직접 연결(directly linked)된 영향을 분류할 필요가 있다. 추후 방지, 완화, 구제 조치를 수립할 경우에는 이 분류를 기초로 하게 된다.

❹ 영향 방지, 완화, 구제
기업, 인권영향평가 수행팀, 이해관계자가 모두 협의해 부정적 인권영향을 방지하고 완화하며 구제 계획을 수립하는 단계다. 앞선 단계에서 식별된 인권영향에 모두 대처해야 하나, 가장 심각한 영향을 우선하여 대처할 필요가 있다. 식별된 인권영향에 실질적인 대처 방안 및 조치를 마련하고 이행하는 단계인 만큼 인권영향평가에서 가장 핵심이 되는 단계다. 아울러 이 단계에서 수립한 영향 방지, 완화, 구제 방안과 조치의 실행력을 제고하기 위해서는 기업 내의 여러 유관 부서(법무팀, 컴플라이언스팀, 지속가능성팀, 인사팀, 구매·조달팀, 감사팀 등)와의 긴밀한 협력이 필수다.

❺ 보고 및 평가
인권영향평가 절차와 결과를 투명하게 보고하는 것은 인권경영 이해관계자의 참여권을 보장하는 매우 중요한 과정이다. 특히 인권영향평가 보고 및 평가 내용에 다양한 이해관계자가 쉽게 접근할 수 있도록 적절한 방법을 고민해야 한다. 아울러 인권영향을 방지, 완화, 구제 조치의 측면에서 이행한 효과를 모니터링하는 절차가 필요하다. 이를 통해 효과가 부족한 조치에 대해서는 보완하면서, 기업의 인권 존중 책임을 제고할 수 있다.

FGI
면접진행자가 7~8명의 면접 대상자들을 한 장소에 모이게 한 후, 비체계적이고 자연스러운 분위기에서 조사목적과 관련된 토론을 함으로써 대상자들의 생각, 태도, 의향 등을 파악하는 조사 방법.

SECTION 1　　PART 2 인권영향평가　　CONCEPTION ②

인권 영향의 분석 기준:
심각성과 발생가능성

한 줄 POINT! 　인권 영향평가를 분석할 때는 발생가능성보다는 심각성이 높은 이슈에 먼저 대응해야 한다는 점을 유념할 것!

> 인권 영향 및 이슈에 대한 우선순위를 정할 때 두 가지 핵심 요소를 고려해야 한다고 규정하고 있다. 바로 심각성(severity)와 발생가능성(likelihood)이다.

인권영향평가 체크리스트 등을 통해 회사에 발생하였거나 발생가능한 인권 리스크의 목록과 유형을 '식별'하였다면, 그 인권 리스크를 '분석'하여 대응의 우선순위를 정할 필요가 있다. '기업책임경영을 위한 OECD 기업실사 지침(OECD Due Diligence for Responsible Business Conduct)'은 가장 심각한 영향이 의심되거나 신속한 대응이 필요한 인권 영향 및 이슈에 대한 우선순위를 정할 때 두 가지 핵심 요소를 고려해야 한다고 규정하고 있다. 바로 심각성(severity)과 발생가능성(likelihood)이다.

심각성(severity)란 무엇을 의미하는가?

리스크의 심각성은 ① 리스크의 규모(scale, 영향의 정도), ② 리스크로 인해 영향을 받은 범위(scope, 영향을 받은 개인의 수), ③ 리스크가 실현될 경우의 구제 불가능성(irremediability, 영

향을 받은 사람들의 상황을 적어도 영향을 받기 이전의 상태로 구제하는 것의 어려움) 각각에 부여하는 가치의 평균값으로 계산될 수 있다.

규모(scale)는 무엇을 의미하는가?

규모는 (i) 인권 침해의 본질과 맥락, (ii) 인권 침해가 이뤄진 방식, (iii) 피해자의 지위를 고려한 전체 상황을 측정한 것이다.
예를 들어, 인권 침해의 본질을 파악하기 위해서는 다음 요소들을 고려해야 한다.

- ✓ 인권을 침해한 행위의 물리적인 영향. (예컨대 해당 행위가 생명의 손실, 평생의 신체적 쇠약 또는 일시적인 부상을 야기하였는지 여부)
- ✓ 정신적 또는 정서적 영향. (예컨대 해당 행위가 영구적인 정신질환 또는 굴욕적인 감정을 유발했는지 여부)
- ✓ 가족 및 공동체의 관계를 훼손하는 정도. (예컨대 해당 행위로 인해 일부 집단의 근로자들이 다른 근로자들을 적대시하게 되거나, 가정에서 근로자들 자녀의 삶의 질이 영향을 받는지 여부) 또한, 영향 또는 피해의 규모는 피해자의 지위에 따라 달라지므로, 다음의 요소들도 함께 고려할 필요가 있다.
- ✓ 남성, 여성, 젠더퀴어 또는 트랜스젠더
- ✓ 성적 지향 및 성적 지향성, 레즈비언, 게이, 양성애자 또는 트랜스젠더
- ✓ 나이, 성인 또는 어린이
- ✓ 피해자의 정신 건강을 포함한 건강 상태
- ✓ 장애 여부
- ✓ 경제적·사회적 취약계층
- ✓ 학대, 폭력, 차별 등의 경험으로 인한 고위험(취약) 집단

특히, 규모 측정은 너무나도 많은 요소를 고려해야 하므로 그 수치를 정량화하기 매우 어렵다. 따라서 가능한 한 기업의 산업 특성, 규모, 사업장 지역 등을 적절히 고려하여 측정할 필요가 있다.

영향 또는 피해의 규모 평가 기준

상	문제 행위는 사람 또는 공동체의 신체적, 정신적, 정서적 상태에 심각한 영향을 미치며, 취약 집단이 주요하게 영향을 받음
중	문제 행위는 사람 또는 공동체의 신체적, 정신적, 정서적 상태에 중간 정도의 영향을 발생시켰음
하	문제 행위는 취약한 사람들에게 주요하게 영향을 미치지 않았고, 피해자들의 생활에 장기간에 걸친 상당한 정도의 영향을 미치지는 않음

범위(scope)는 무엇을 의미하는가?

범위는 영향을 받은 개인의 수를 측정한 것이다. 통상 범위를 파악하기 위해 가장 먼저 영향을 받은 노동자의 수를 측정한다. 때에 따라서는 영향을 받은 여러 공동체의 규모도 범위 측정에 포함하기도 한다.

영향을 받은 범위 평가 기준

상	많은 사람들이 영향을 받으며, 노동자뿐만 아니라 주변 지역사회의 구성원 또한 영향을 받음
중	많은 사람들이 영향을 받되 그중 대부분이 노동자임
하	적은 수의 사람이 영향을 받음

구제 불가능성(irremediability)은 무엇을 의미하는가?

구제 불가능성은 개인의 권리를 구제할 수 있는지에 대한 여부를 측정하는 것이다. 나아가 구제 불가능성 측정 과정에서는 영향을 받은 개인의 상태 및 상황을 그 이전으로 구제 및 복원할 수 있는 조치의 신속성을 측정하는 것도 필요하다.

구제 불가능성 평가 기준

상	지체 없는 조치가 취해지지 않을 경우, 인권 침해로 인한 영향은 항구적으로 구제될 수 없음
중	조치가 빠르게 취해지지 않을 경우, 인권 침해로 인한 영향이 구제될 가능성이 낮음
하	인권 침해로 인한 영향을 완전히 구제하기 위해 지체 없는 조치가 요구되지 않음

발생가능성(likelihood)은 무엇을 의미하는가?

발생 가능성은 인권에 영향을 미치는 사건이 추후 발생 또는 재발할 우려에 기초하여 측정된다. 사건이 인권에 위해를 초래할 가능성이 높을수록 발생 가능성 수치가 더 증가하며, 위해 발생의 방지와 경감을 위해 신속한 조치가 요구된다.

심각성과 발생 가능성을 평가하고 난 후, 각각을 X, Y축으로 두어 인권 영향 열 지도(Heat Map)를 그려볼 수 있다. 아래쪽의 그림과 같은 열지도를 통해, 즉각적인 대처가 필요한 이슈가 무엇인지 식별할 수 있다. 다만 발생 가능성보다는 심각성가 높은 이슈를 먼저 대응할 필요가 있다는 점을 유념해야 한다.

발생가능성 평가 기준

상	사건은 사업 운영 과정에서 매년 여러 차례 발생한 적이 있으며, 재발 가능성이 매우 높음
중	사건은 사업 운영 과정에서 몇 차례 발생한 적이 있으며, 과거 해당 산업에서도 발생한 적이 있음
하	사건은 사업 운영 과정에서 한 번도 발생한 적이 없으나, 과거 해당 산업에서 발생했을 가능성이 있음

사건이 인권에 위해를 초래할 가능성이 높을수록 발생 가능성 수치가 더 증가하며, 위해 발생의 방지와 경감을 위해 신속한 조치가 요구된다.

인권 영향 열지도(Heat Map)

인권 리스크 정도/우선순위 측정

심각성(Severity) = Scale(중대성) + Scope(범위) + Irremediability(구제불가능성)

유엔 기업과 인권 이행 원칙(UNGPs)에 기초한 측정

유엔 기업과 인권 이행 원칙(UNGPs) 14조 주석에는 영향의 심각성을 ①규모(중대성) ②범위, 그리고 ③구제불가능성을 기초로 판단할 수 있다고 명시되어 있다. 또한 이행원칙 해설서는 아래와 같이 3가지 심각성 판단 근거에 대해 구체적으로 서술하고 있다.

규모(중대성)	인권에 미치는 영향의 중대성
범위	영향을 받거나 받을 수 있는 개인/집단의 수
구제불가능성	영향을 받은 당사자들이 이전의 권리 향유를 다시 누릴 수 있는 가능성

ⓒ UNDP(2021), Trainning Facilitation Guide:Human Rights Due Diligence

SECTION 1 | PART 2 인권영향평가 | ISSUE BRIEF ①

인권경영의 첫걸음, 인권영향평가 실시한 풀무원

풀무원의 인간 존중 경영

풀무원은 경영활동으로 인해 영향을 받는 모든 이해관계자가 인간으로서 존중 받고, 정신적 또는 신체적으로 비인격적 대우가 발생하지 않는 환경 조성을 목적으로, 아래 원칙을 풀무원뿐만 아니라 공급망 전반으로 확산하고 있다.

- 인간존중
- 차별금지
- 여성 차별관행 개선
- 강제노동 금지
- 아동노동 금지
- 근로(노동) 시간 준수
- 임금과 복리후생
- 결사 및 단체 교섭의 자유보장

인권경영의 첫걸음은 기업이 인권정책을 선언하고 인권영향평가를 실시하는 것이다. 인권영향평가란 기업이 비즈니스의 모든 과정에서 어떠한 사람들과 관계를 맺고 있는지, 그 사람들의 인권에 미치는 부정적 영향이 구체적으로 무엇인지 '발견'하는 과정이다. 문제를 '알아야' 해결할 수 있기에 인권영향평가는 인권경영의 필수 절차라고 할 수 있다.

풀무원은 2018년 인간존중경영을 선언하고 '풀무원 인간존중경영 규정'을 제정했다. 선언문과 규정에 풀무원이 인권경영의 국제기준(UNGPs 등)을 지지하고, 인권영향평가를 실시하며, 인권경영 전담부서 및 고충처리절차 등을 마련한다는 내용이 담겨 있다. 풀무원은 국내 다른 민간기업에 비해 상대적으로 이른 시기에 인권정책을 수립한 것이다.

인권영향평가 통해 인권 이슈 개선

풀무원은 2019년 공급업체 4곳을 대상으로 파일럿 형태의 인권영향평가를 실시했다. 공급망에서 차별금지·근로시간·산업안전 등 9개 영역과 관련한 인권 리스크가 있는지 평가했다. 평가 결과 일부 공급업체가 초과근로에 대한 개별 동의를 받지 않은 점, 외국인 노동자에게 모국어 또는 영어로 된 급여명세서나 안전보건표지 등을 제공하지 않은 점, 노사협의회 또는 안전보건관리체제를 갖추지 않은 점 등을 발견했다. 풀무원은 공급업체에 인권경영 교육 및 컨설팅 등을 지원하는 방법으로 문제 해결에 참여했다. 공급업체는 초과근로 동의서 양식을 만들었고, 외국인 노동자들이 이해할 수 있는 언어로 된 안전보건표지를 제작했으며, 고충처리담당자 등을 새롭게 지정했다. 공급업체 4곳 중 1

충북 음성에 위치한 풀무원의 생산 공장.

내부 직원 이슈가 더 민감

풀기 어려운 숙제는 가까운 곳에 있다. 다른 회사의 인권 문제를 점검하는 것보다, 회사 내부 직원들이 겪는 인권 이슈를 들여다보기 위해 좀 더 많은 용기가 필요하다. 풀무원은 2022년 국가인권위원회가 추진한 민간기업 인권경영 시범사업에 지원했다. 풀무원의 대표 제품인 두부를 생산·유통하는 모든 과정에 대해 인권영향평가를 실시했다. 평가 대상에 인권경영체계, 공급망, 소비자, 지역사회뿐만 아니라 두부공장의 근로자들도 포함돼 있었다.

풀무원 인권경영 전담조직은 국가인권위원회 자문단 및 유관부서들과 함께 회사의 인권정책을 다시 점검하고, 충북 음성 두부공장에 방문해 직원들을 만났다. 직군별, 연령별, 고용형태별 대표 직원들과 한자리에 모여 그들의 관점에서 인권 이야기를 들었다. 정작 작업자들은 본사에서 정성 들여 설계한 고충처리시스템의 이용 방법을 잘 모르고 있었다. 현장에서 사람과 마주하면서 비로소 인권 이슈를 '발견'할 수 있었다.

인권경영은 정책과 절차만 잘 만든다고 실천할 수 있는 게 아니다. 인권 이슈는 수면 아래로 잠재된 경우가 많다. 경영진이 이해관계자들의 인권을 존중하겠다는 마음으로 그들에게 한걸음 먼저 다가갈 때, 그동안 놓치고 있던 인권 이슈를 발견하고 해결할 수 있다.

곳은 2019년 말 CSR 우수기업으로 선정돼 중소벤처기업부장관상을 수상하기도 했다. 물론 인권영향평가를 통해 공급망의 인권 이슈를 모두 개선한 것은 아니다. 공급업체마다 처한 상황과 역량이 다르고 공급업체가 독자적으로 의사결정을 해야 하는 부분도 있다. 다만 풀무원이 자사의 인권경영 정책을 공급업체에 설명하고, 인간존중의 핵심 가치를 공급망 전체로 확산하려고 한 시도는 의미가 있다. 공급망 끝단으로 내려갈수록 정부의 행정력이 미치기 어려운 인권 사각지대가 존재할 수 있는데, 선도 기업이 비즈니스 관계에서 영향력(leverage)을 사용해 인권 개선을 유도할 수 있기 때문이다. 실제 풀무원은 인권영향평가를 통해 공급망 노동자들의 인권 침해 예방에 일부 기여했다. 나아가 이 경험을 토대로 '풀무원 인간존중경영 실천을 위한 협력기업 행동규범'을 제정해 인권경영을 비즈니스 관계 전반으로 확산하기 위한 규범적 토대와 방법론을 정비했다.

UNGPs
인권, 다국적 기업 및 기타 기업체 문제 관련 유엔의 '보호, 존중 및 구제 방법' 체제를 시행하는 31가지 원칙으로 구성된 기구.

SECTION 1　　PART 2 인권영향평가　　ISSUE BRIEF ②

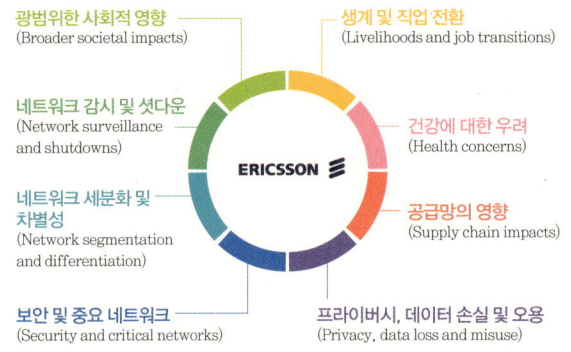

어느 날 우리 삶에 등장한 스마트폰은 어느덧 일상의 필수품이 됐다. 스마트폰 없는 삶을 상상할 수 없게 됐다. 이렇게 신기술은 우리의 삶에 착근돼 일상의 양태를 전환하기 때문에 한번 익숙해진 기술을 떼어내는 것은 매우 어렵다. 하지만 신기술이 의도치 않게 인권에 부정적 영향을 미친다면 어떻게 해야 할까.

스마트폰이 처음 출시됐을 때 시각장애인 가수 스티비 원더는 "접근성이 부족한 기술"이라고 지적했다. 스마트폰 이전 플립폰의 경우 버튼을 촉각으로 인식해 사용할 수 있었지만, 스마트폰은 그럴 수 없었기 때문이다. 스마트폰이라는 신기술이 표준이 되는 순간, 플립폰에 익숙한 시각장애인은 상대적으로 소외될 수밖에 없었다.

특정 기술에 초점 둔 인권영향평가

2019년 유엔인권이사회에서 '신기술과 인권' 결의를 채택한 이후, 유엔 인권최고대표사무소(UN OHCHR)의 기업과 인권팀은 'B-테크 프로젝트(B-Tech Project)'라는 표지의 연구를 시작했다. 의류, 조선, 제강 등 전통적인 고위험 산업군에 대해 경제협력개발기구(OECD), 유엔 등 국제·지역기구에서 인권실사에 관한 지침과 연구보고서를 발간한 바 있다. 하지만 신기술 산업에 대해서는 구체적인 대응 방안이 충분히 마련되지 못했다고 판단한 것이다. 특히 특정 산업군에 국한되지 않고 전 산업군에서 활용되는 신기술의 경우, 그 영향력이 탈산업적이다. 이러한 신기술로 인해 야기된 부정적 영향은 회복 및 구제가 쉽지 않기 때문에 사전 예방조치가 더욱 중요하다.

이런 맥락에서 덴마크인권기구(DIHR)는 2020

년 말 '디지털 사업활동에 관한 인권영향평가 지침'을 발간했다. 그리고 오랫동안 인권경영에서 모범을 보여온 기업 중 하나가 이 지침을 참고해 4차 산업혁명의 핵심기술인 5G에 초점을 맞춘 사전예방적 인권영향평가를 진행했다. 바로 유엔 인권최고대표사무소의 'B-테크 프로젝트'에서 모범사례로 소개된 스웨덴의 에릭슨이다.

에릭슨의 인권영향평가 사례가 특별하고 널리 모범사례로 소개된 이유는 이례적으로 특정 기술에 초점을 둔 인권영향평가였기 때문이다. 코로나19 팬데믹으로 인해 신기술 기반의 비대면 시대가 예상보다 빨리 도래했다. 그리고 신기술을 기초로 한 화상 교육, 회의, 재택근무 등이 일상에 자리잡았다. 하지만 신기술이 주는 편익에 도취된 나머지 신기술 남용으로 인한 부작용과 인권 이슈는 충분히 숙의되지 않았다. 이러한 이유로 에릭슨은 비대면 시대를 더욱 활성화할 5G 기술에 대한 인권영향평가를 진행했다.

B-Tech project

기술 분야에서 유엔 기업과 인권 이행원칙(UNGPs)을 구현하기 위한 권위 있는 지침과 리소스를 제공한다.

아울러 에릭슨은 덴마크인권기구의 '디지털 사업활동에 관한 인권영향평가 지침' 책임연구원인 에밀 린드블러드 커넬을 영입해 내부적으로도 인권경영팀을 확충했다. 외부전문기관과 협력하되 절대적으로 의존하지 않기 위해 인권경영에 관한 내실을 다졌다. 신기술의 잠재적이고 실재적인 인권영향을 적극적으로 식별해 이를 개발 단계에서 최대한 예방하기 위해, 에릭슨은 새로운 인권영향평가의 문법을 도입한 것이다.

신기술과의 공생을 위한 고민

에릭슨은 인권영향평가를 통해 디지털 기반의 자동화 등으로 인한 인력감축을 조사하기도 했다. 신기술에 의한 산업 패러다임 전환이 발생할 부정적인 영향을 최소화하고 신기술과의 사회적 공생을 위해 다양한 이해관계자들과 소통과 협의를 시도했다. 에릭슨은 일자리 전환을 위한 평생직업교육과 고용서비스 등의 세부 지원방안을 마련했다. 취약 노동자와의 지속적인 소통도 약속했다.

디지털 전환으로 플랫폼 노동과 무인 자동화 등이 더욱 활성화됐다. 그 과정에서 전통적인 노동자 보호망은 더욱 취약해졌다. 비대면 중심의 서비스는 신기술에 익숙하지 않은 고령층 등을 더욱 소외시키는 결과를 낳았다. 에릭슨의 인권영향평가는 신기술과의 공생을 위한 고민에서 출발했다. 한국 기업은 인권경영체계에 대한 점검에 국한된 기초적인 인권영향평가 이후의 단계로 나아가고 있다. 이런 기업에 에릭슨의 인권영향평가가 방향타가 될 수 있을 것이다.

KT와 에릭슨 임직원이 LTE와 5G 안테나가 결합된 무선 유닛 성능을 테스트하고 있다.

SECTION 1 | PART 2 인권영향평가 | CHECKUP

인권영향평가

인권경영 2단계

경영자가 꼭 알아야 할 체크포인트

✓ **언제 인권실사를 진행해야 하는가?**

인권실사는 경영활동 전반에 걸쳐 지속적으로 반복되는 절차다. 따라서 인권실사와 인권영향평가는 최소한 매년 정기적으로 실시할 필요가 있다. 다만, 정기적인 인권실사와 인권영향평가 이외에도 기업이 신제품을 출시하거나, 새로운 프로젝트나 사업영역을 착수할 경우 또는 공급망의 주요 변화 및 확대가 있으면 상황에 따라 추가적인 인권실사와 인권영향평가를 시행해야 한다. 이는 유럽연합, 독일 등 주요국에서의 주요 입법 사항이기도 하다.

다만 오늘날의 다국적기업은 초국적 자본으로서 사업활동이 특정 국가에 국한되는 것이 아니기 때문에, 모든 사업장과 사업 프로젝트에 인권영향평가를 하는 것은 현실적으로 불가능하다. 따라서 사전 예비조사와 내·외부 이해관계자와의 협의를 통해 인권영향평가를 실시할 대상이 되는 사업 프로젝트와 사업장을 선정하는 것이 매우 중요하다. 덴마크인권기구(DIHR)에서 2020년에 발간한 인권영향평가 지침 및 툴박스(Human Rights Impact Assessment Guidance and Toolbox)에 따르면, 아래의 경우에는 별도의 인권영향평가를 할 필요가 있다.

✓ 자금 조달자 또는 투자자가 계약조건의 일부로 인권실사를 요구하는 경우

✓ 사업 파트너(예: 합작 투자 파트너)가 인권침해에 연루된 경우

✓ 이미 알려진 인권 문제(예: 강제 노동, 표현의 자유 제한 또는 보안군의 폭력 행위)가 있는 특정 국가에서 사업 프로젝트 또는 활동을 시작하고자 할 때

✓ 시민 단체, 인권 단체 또는 기타 내부 고발자가 사업 프로젝트 또는 활동에서 발생하는 인권 영향에 대해 우려를 제기하는 경우

✓ 영향력이 큰 고위험 사업 프로젝트를 시작할 때 (예: 새로운 광산, 댐 또는 대규모 건설 프로젝트)

✓ 사업 프로젝트 또는 활동이 보호지역 또는 취약 계층이 거주하는 지역(예: 선주민 공동체 인근 지역, 열대우림 보호지역 또는 난민 캠프)에서 진행될 경우

✓ 내부 리스크 식별 절차를 통해 추가 검토 및 조사가 필요하다고 판단한 지역과 사업이 있을 때

✓ 인권침해에 연루될 위험이 있을 때

✓ 사업 프로젝트 또는 활동이 전체 지역사회에서 사용하는 공유자원(예: 지하수, 방목지 또는 어장)에 영향을 미칠 것으로 우려되는 경우

✓ 소비자를 위험에 처하게 할 우려가 있는 새로운 시장이나 산업에 진입할 때(예: 조제분유)

> ✓ 인권실사 미이행으로 인한 OECD 국내연락사무소 제소 사례는 무엇인가?

다국적 이동통신사인 텔레노르(Telenor)는 미얀마 시장에 진출하기 전인 2012년에 인권영향평가를 진행했다. 미얀마는 이미 두드러진 인권 문제가 산재해 있던 국가인 만큼, 미얀마에서 이동통신사업을 진행할 경우 어떠한 인권침해 이슈에 연루될 위험이 있는지를 검토하기 위한 사전예방적 차원에서 인권영향평가를 한 것이다. 이는 시의적절한 인권영향평가 모범사례로 널리 알려졌다.

최근 미얀마 쿠데타로 인해, 텔레노르는 현지 사업 철수를 결정했다. 그러나 매각 과정에서 텔레노르의 현지 사업을 매수하고자 하는 기업이 미얀마 군부 세력과 결탁한 사실이 드러남에 따라, 2021년 7월 노르웨이 소재 비영리단체인 다국적기업 연구센터(The Centre for Research on Multinational Corporations, SOMO)와 미얀마 소재 474개 시민단체가 텔레노르를 OECD 다국적기업 가이드라인 위반으로 노르웨이 OECD 다국적기업 가이드라인 이행을 위한 국내연락사무소(National Contact Point, NCP)에 제소했다.

텔레노르가 미얀마 현지 이동통신사업을 매각할 때 매수 기업에 가입자 개인정보, 통화기록 등이 넘어갈 경우, 인권운동 탄압 등에 악용될 우려가 있다는 것이 진정 제기의 구체적 사유다. SOMO를 비롯한 시민단체가 텔레노르에 요구하는 것은 사업 매각 시 우려되는 인권 영향을 식별하고 대처할 인권실사 및 인권영향가의 시행이다.

아울러 텔레노르의 주요 투자자 중 하나인 노르웨이의 최대 자산운용사 스토어브랜드(Storebrand Asset Management)도 텔레노르에 분쟁 등으로 영향받는 지역에서 '책임 있는 철수(responsible exit)'를 하기 위해 필요한 인권실사 및 인권영향평가를 시행하라고 권고했다.

DIHR

덴마크의 국가 인권 기관으로, 인종, 민족, 성별에 관한 국가평등기구다. 인권에 관한 분석과 연구를 진행하며, 평등한 사회를 위한 프로젝트를 수행한다

> ✓ 인권실사는 꼭 외부 전문가를 포함해야 하는가?

덴마크인권기구(DIHR)는 인권실사와 인권영향평가 분야에서 국제적으로 권위가 인정되는 지침, 매뉴얼 등을 발간하였고, 네슬레를 비롯한 여러 다국적기업으로부터 인권영향평가를 의뢰받아 모범사례를 만들었다. DIHR은 2020년 발간한 인권영향평가 지침 및 툴박스에서 인권실사와 인권영향평가를 할 때 독립성, 정당성, 전문성에 유의해야 한다고 밝혔다. 그런데 기업 내부 실무자로만 인권영향평가팀을 구성할 경우에는 기업으로부터의 독립성이 충분히 확보되지 않아, 초점 집단 인터뷰(Focus Group Interview), 사업장 및 현지 조사, 인권영향평가 체크리스트 구성 및 검토, 평가 및 분석 등의 단계에서 기업의 관점과 입장이 과도하게 개입될 우려가 있다. 물론 기업의 관점과 입장도 중요하지만, 기업 내부 실무자로만 인권실사를 진행할 경우 간혹 실무적으로 까다로운 이슈나 비용이 많이 드는 대응을 배제하는 경우도 있다. 특히 인권 리스크를 식별하거나, 조치에 대한 모니터링과 효과성을 추적할 때는 신뢰성 확보를 위해 독립적인 제3자 기관의 참여가 필요할 수 있다. 유엔 기업과 인권 이행원칙(UNGPs) 제18조의 주석에서도 잠재적으로 영향을 받는 이해관계자와 협의할 경우, 유의미한 협의와 소통을 위해 신뢰할 만한 독립적인 전문가의 자문과 도움을 받아 인권영향을 식별할 필요가 있다고 명시하고 있

SECTION 1 | PART 2 인권영향평가 | CHECKUP

다. 객관적이고 중립적으로 인권실사와 인권영향평가가 진행되었는지는 매우 중요한 요소다. 왜냐하면 인권실사와 인권영향평가는 진행 절차와 결과를 내·외부 다양한 이해관계자에게 쉽게 접근할 수 있도록 다양한 방식으로 공개하는 것이 핵심이기 때문이다.

따라서, 다수의 글로벌 기업 모범사례에서는 인권실사와 인권영향평가를 시행할 팀을 구성할 때, 외부 전문가를 포함해 독립성, 전문성을 확보하여 객관적이고 중립적인 절차에 따라 인권경영을 실천하고 있다.

기업책임경영을 위한 OECD 기업실사 지침 中, 기업실사과정 및 지원수단

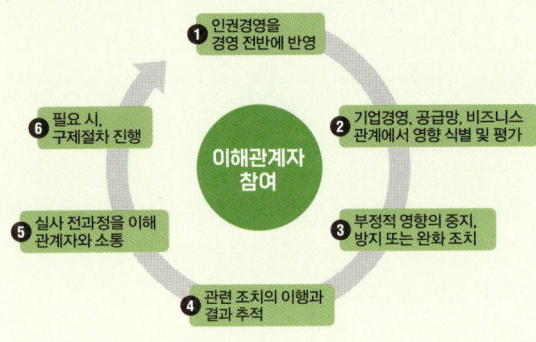

> ✓ 인권실사에서 이해관계자 참여가 필수적인 이유는 무엇인가?

유엔 기업과 인권 이행원칙(UNGPs)은 이해관계자를 '기업 활동에 영향을 받거나 받을 가능성이 있는 개인 또는 집단'으로 정의하고 있다. 정부, 자사 노동자, 협력업체, 노동조합, 노동자대표, 투자자 및 주주, 소비자, 시민단체, 산업단체, 인권옹호자, 지역주민 등이 이해관계자에 해당한다.

인권경영의 목적은 주주의 이익을 위해 경영활동을 하되, 노동자, 소비자, 협력회사, 지역사회 등을 비롯한 여러 이해관계자의 인권에 위해를 발생시키지 않는 것이다. 이는 최근 주요국에서 법적 의무화하고 있는 기업 인권실사에서도 마찬가지다. 이해관계자의 유의미한 참여를 보장하는 것은 인권실사 전 과정에 걸쳐 필수적인 요소다. 인권실사가 단순히 기업의 관점과 입장을 중심으로 내부 이해관계자 위주로 진행될 경우에는 정당성, 신뢰성, 전문성을 의심받을 수 있다는 점에서 그러하다.

특히 인권실사의 목적은 권리주체자인 이해관계자의 인권을 보호하기 위한 것이므로 이해관계자의 입장과 관점을 인권실사의 모든 과정에서 반영할 필요가 있다. 아울러 인권 영향을 정확하게 식별하기 위해서는 잠재적으로 영향을 받을 또는 실제로 영향을 받은 이해관계자들과의 협의가 필요하다.

만약 이해관계자 협의와 참여가 부재할 경우, 기업 입장에서 해결하기 용이한 인권 영향을 선별하였다는 비판을 받을 우려가 있다. 2022년 3월 공개된 유럽연합(EU) 집행위원회의 '기업 지속가능성 실사 지침안(Proposal for a Directive on Corporate Sustainability Due Diligence)'의 경우는 부정적인 영향을 받았거나 받을 수 있다고 믿을 만한 합리적인 근거가 있는 개인, 관련 가치사슬에서 일하는 개인을 대표하는 노동조합 및 기타 노동자대표, 해당 가치사슬과 관련된 분야에서 활동하는 시민사회단체의 고충·이의를 기업이 반드시 청취하도록 해야 함을 명시하고 있다(제9조 제1항). 나아가 기업에 구체적인 후속 조치를 요구하거나 사측 대표와 고충과 이의의 대상인 부정적 영향에 대해서 논의하기 위해 만날 이해관계자의 권리도 구체화하고 있다(제9조 제4항). 인권경영 관련 국제규범의 원칙을 반영하여 주요국에서는 의무적 인권실사법제에서 이해관계자의 권리를 주요 입법사항으로 포함하고 있음을 확인할 수 있다.

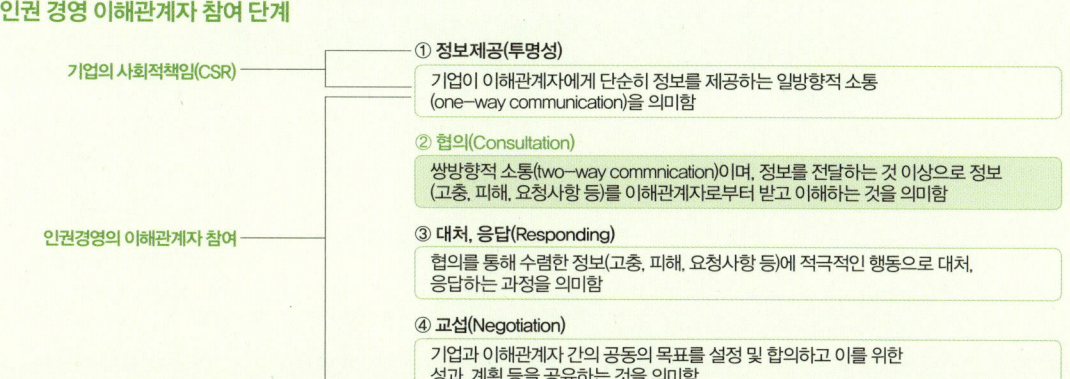

✅ **인권경영에서의 이해관계자 참여는 기업의 사회적 책임에서의 이해관계자 참여와 어떻게 다른가?**

이해관계자 참여는 기업의 사회적 책임(Corporate Social Responsibility, CSR)에서도 주로 사용되는 용어다. 기업이 사회적 책임 활동을 수행할 때 이해관계자의 관점을 이해하고 이들을 활동 과정에 참여시킬 필요가 있다. 인권경영에도 이해관계자 참여가 요구되는데, 특히 인권실사 또는 인권영향평가는 인권을 보호하기 위한 절차이므로 인권경영에서의 이해관계자는 권리주체자(rights-holder)를 포함한다는 특징이 있다.
덴마크인권기구(DIHR)에서 2020년에 발간한 '인권영향평가 지침 및 툴박스'는 이해관계자 참여(stakeholder engagement)의 다양한 방법을 소개하고 있고, OECD가 2017년 발간한 유의미한 이해관계자 참여를 위한 OECD 채굴산업 실사 지침에도 유사한 이해관계자 참여 방법론을 설명하고 있다. 이를 종합하여 정리하면 아래와 같다.
통상 기업의 사회적 책임에서 이해관계자 책임은 주로 투명성 차원에서 이해관계자에게 정보를 제공하는 일방향적 소통을 의미한다. 두 번째 형태의 이해관계자 참여는 협의(consultation)이며 정보를 공유하는 것과 함께 이해관계자로부터 그들의 관점, 기대, 우려, 요청사항 등을 청취하는 것을 의미한다. 이를 통해, 기업은 이해관계자 또는 권리주체자의 관점에서 자사의 사업 프로젝트 및 경영활동이 사회에 어떠한 실제적·잠재적 영향을 미치는지 검토할 수 있다. 세 번째 형태의 이해관계자 참여는 대처·응답(responding)으로 협의 과정을 통해 청취한 이해관계자의 우려, 고충, 피해 상황 등에 구체적으로 대응하는 것을 의미한다. 2022년 3월에 공개된 유럽연합의 공급망 실사법의 경우도 기업이 이해관계자의 고충과 우려를 청취한 후에, 이에 대한 후속조치를 취해야함을 명시하고 있다. 네 번째 형태의 이해관계자 참여인 교섭(negotiation)은 쌍방향적 소통을 지향하며, 기업과 이해관계자 간 소통을 통해 공동의 목표를 설정 및 합의하고 이를 위한 성과, 계획 등을 공유하는 것을 의미한다. 2021년 6월에 제정된 독일 공급망 실사법의 경우 매년 최소 1회의 리스크 분석(인권영향평가), 식별된 리스크에 대한 예방조치 및 시정, 구제조치를 취하고 조치의 효과성도 검토하도록 하고 있다. 이때 예방, 시정조치 등을 수립하고 이행 및 검토하는 과정에서 공히 이해관계자의 참여를 보장하고 교섭의 과정을 거쳐야 할 필요가 있다.

SECTION 1 | **PART 2 인권영향평가** | **CHECKUP**

인권영향평가

인권경영 2단계

실무자가 꼭 알아야 할 체크포인트

☑ 심각성(Severity)과 중대성(Materiality)은 어떤 차이가 있으며, 심각성 평가의 기준은 무엇인가?

많은 기업이 인권을 비롯한 비재무정보를 보고할 경 많은 기업이 인권을 비롯한 비재무정보를 보고할 경우 중대성(Materiality) 평가 및 분석을 사용한다. 그러나 어떤 이해관계자를 주요 대상으로 상정했느냐에 따라 비재무정보 보고 및 공시에서의 중대성 평가 기준은 다를 수 있다. 예컨대, 주주를 위해 준비된 비재무정보 보고 및 공시의 경우 대체로 기업에 미치는 중대한 영향에 초점을 맞춰 중대성 평가의 기준이 마련될 수 있다. 물론 기업이 직면한 리스크를 중심으로 비재무정보를 보고 및 공시하는 것은 투자자의 결정을 돕기 위한 목적에는 부합할 수 있다. 다만 인권경영 맥락에서의 비재무정보 보고 및 공시의 목적은 기업에 의해 영향을 받을 또는 받는 이해관계자를 위한 것이다. 따라서 '기업' 자체에 미치는 중대한 영향에만 국한해 보고하는 것은 인권경영의 목적에 부합하지 않을 수 있다.

심각성(Severity) 판단 기준

규모(scale)	인권에 미치는 영향의 중대성 또는 심각성
범위(scope)	영향을 받거나 받을 수 있는 개인의 수
구제 불가능성(irremediability)	영향을 받은 권리주체자의 상황을 적어도 영향을 받기 이전의 상태로 복원할 가능성

☑ UNGPs가 제시한 심각성의 개념은?

유엔 기업과 인권 이행원칙(UNGPs)은 인권에 대한 부정적 영향을 평가 및 보고하는 기준으로 중대성(Materiality)이 아니라 심각성(Severity)을 제시한다. 심각성은 '이해관계자에게 미치는 부정적 인권 영향의 크기와 정도 등을 분석하는 기준이다. 기업은 심각성 평가를 통해 자신의 경영활동이나 사업 관계가 이해관계자들의 인권에 어떻게 연결되는지, 부정적 영향은 무엇인지를 이해할 수 있다. 이행원칙(UNGPs) 제14조 주석은 심각한(severe) 영향을 (i) 리스크의 규모(scale) (ii) 리스크로 인해 영향을 받았거나 받을 범위(scope) (iii) 리스크가 발생할 경우 구제 불가능성(irremediability)을 기초로 판단한다고 설명하고 있다.

> **심각성은 '이해관계자'에게 미치는 부정적 인권 영향의 크기와 정도 등을 분석하는 기준이다. 기업은 심각성 평가를 통해 자신의 경영활동이나 사업 관계가 이해관계자들의 인권에 어떻게 연결되는지, 부정적 영향은 무엇인지를 이해할 수 있다.**

 중대성과 심각성의 차이점은?

중대성(Materiality)은 비재무정보 또는 지속가능경영 전반을 평가하는 개념이다. 이에 비해 심각성(Severity)은 인권에 초점을 맞췄다는 것이 가장 큰 차이점이다. 예컨대, 최근 국내 기업 지속가능경영보고서에서 환경, 윤리경영, 준법경영, 대기오염, 조직문화 등 여러 가지 이슈를 선별해 중대성 평가를 진행하고 있다. 이 경우에 기업의 평판 또는 재무 성과 관리에 더 밀접한 사항을 우선시하거나, 내외부 인식 및 공감대 부족으로 도외시되는 이슈가 있기 마련이다. 이러한 이유로 다수의 국내 기업 지속가능경영보고서에서는 인권경영과 인권 관련 이슈가 상대적으로 과소 대표되는 경향이 있다. 이에 반해 심각성은 인권경영을 비롯한 잠재적·실제적 인권 이슈에 중점을 두고 있다. 따라서 기업이 심각성 평가를 실시하면 이해관계자의 인권에 미치는 부정적 영향을 정확히 분석할 수 있으며, 인권 이슈가 의도적으로 과소대표될 가능성이 낮아지게 된다.

심각성 평가의 세부 방법론은 이행원칙(UNGPs), OECD 다국적기업 가이드라인, 독일연방경제수출관리청(BAFA)의 리스크 관리 지침 등에 있다. 다만 아직 국내 기업 중 일부는 인권경영의 현황과 수준을 평가·공시할 때 리스크의 규모, 범위, 구제 불가능성을 제외하고 기업의 평판, 재정적 손실, 준법 정도 등과 같은 기준을 포함하기도 한다. 이처럼 자의적 기준을 적용해 인권 리스크를 평가하는 것은 인권경영의 목적과 괴리가 있을 뿐만 아니라, 국제 원칙에 입각한 것이 아니므로 유의할 필요가 있다.

 인권이슈 대응의 필수인 우선순위 도출은 어떤 기준을 따라야 하는가?

최근 기업의 규모, 운영 환경, 소유 구조, 공급망의 복잡성 등으로 인해, 공급망을 포함한 전체 기업운영에 대한 인권실사가 현실적으로 어려운 상황이다. 유엔 기업과 인권 이행원칙(UNGPs) 제24조와 그 주석에 따르면, 식별된 인권에 대한 부정적 영향 전체에 대처하는 것이 어려운 경우 대응의 우선순위를 설정해 대처할 수 있다. 또한 '기업 책임경영을 위한 OECD 기업실사 지침(OECD Due Diligence for Responsible Business Conduct)'은 가장 심각한 영향이 의심되거나, 신속한 대응이 필요한 인권 영향 및 이슈에 대한 우선순위를 정할 때 두 가지 핵심 요소를 고려해야 한다고 명시했다. 바로, 심각성(Severity)과 발생가능성(Likelihood)이다.

앞서 살펴봤듯이 심각성은 (i) 리스크의 규모(scale) (ii) 리스크로 인해 영향을 받았거나 받을 범위(scope) (iii) 리스크가 발생할 경우 구제 불가능성(irremediability)을 기초로 판단한다. 발생가능성은 인권에 대한 부정적 영향을 주는 사건이 추후 발생하거나 재발할 가능성을 말한다. 발생가능성이 높을수록 자연히 더욱 긴급한 대응 조치가 필요하다.

우선순위 도출이 필요한 또 다른 이유는 바로 심각성 판단을 비롯한 인권 상황에 대한 분석 결과와 정보 등을 기초로 구체적인 행동 계획(Action Plan)을 수립하기 위해서다. 우선순위 도출은 기업의 한정적인 역량, 자원, 시간 등을 고려해 가장 효과적으로 심각한 이슈에 적시 대응하기 위해 꼭 필요한 과정이다. 이행원칙(UNGPs) 제24조가 밝히고 있듯, 가장 심각한 영향에 대응이 늦어지면 그 영향이 구제가 불가능한 수준으로 악화할 수 있기 때문에 우선순위 도출은 필수적이다. 2017년 제정된 프랑스 실사법의 경우에도 리스크의 심각성 평가 및 분석 이후 우선순위를 도출하도록 하고 있다.

 주요 인권 이슈(Salient Human Rights Issues)는 무엇인가?

'주요 인권 이슈(Salient Human Rights Issues)'는 기업이 우선순위로 대응할 인권 리스크다. 즉, 기업의 자체 운영 또는 사업 관계에서 발생하는 '인권에 대한 부정적 영향' 중 가장 심각하고 발생가능성이 높은 것을 주요 인권 이슈라고 부른다. 주요 인권 이슈에 실제로 발생한 인권 리스크뿐만 아니라 잠재적으로 발생가능한 인권 리스크도 포함된다.

주요 인권 이슈는 기업의 산업군과 주요 사업 및 운영 환경 등에 따라 상이하다. 예컨대 ICT 산업군에 속한 기업은 프라이버시권, 표현의 자유 등이 주요 인권 이슈가 될 확률이 높다. 의류 기업은 통상 강제노동, 아동노동, 물과 위생에 대한 인권 등이 주요 인권 이슈가 된다.

글로벌 인권경영 공시·평가 기준인 '유엔 기업과 인권 이행원칙 보고 프레임워크(UNGPRF)'와 '기업인권벤치마크(CHRB)'는 기업이 인권정책 선언문(Policy Commitment)에 주요 인권 이슈를 열거하도록 안내하고 있다. 선언문에 기업이 열거한 인권 이슈가 왜 '주요(salient)'한지에 대한 설명도 덧붙일 필요가 있다. 또한, 글로벌 기준은 기업이 주요 인권 이슈를 선정한 절차도 투명하게 공개하도록 요구한다. 아래에서 살펴보듯이, 미국 포드사는 ① 식별한 부정적 인권 영향 중 ② 우선순위로 대응할 인권 리스크를 설정하고 ③ 이에 대한 내외부 이해관계자들의 검증·승인을 거친 후 ④ 비로소 인권보고서에 '주요 인권 이슈'를 공시하고 있다.

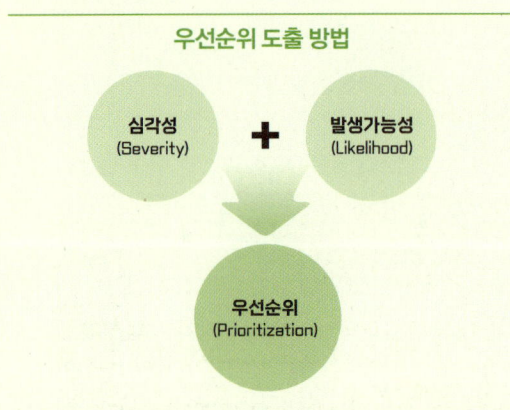

우선순위 도출 방법

포드의 주요 인권이슈 도출 절차

① 식별

사업관계(공급망) 또는 기업의 직접적인 사업활동으로 인해 실제적·잠재적으로 부정적인 영향이 야기될 수 있는 인권을 식별한다. 그 구체적인 방법은 아래와 같다.
- ✓ 문헌조사/연구
- ✓ 주요 이해관계와의 소통 및 협력을 통해 부정적 영향을 받을 가능성이 있는 이해관계자의 입장/관점을 파악
- ✓ 설문조사, 인터뷰 등의 방법

② 우선순위

잠재적인 부정적 영향의 우선순위 설정.
① 잠재적 심각성을 기초로 우선순위를 설정하며 심각성 판단 기준은 아래와 같음
  - ✓ 얼마나 영향이 중대한가
  - ✓ 얼마나 영향이 광범위한가
  - ✓ 얼마나 구제가 어려운가
② 발생가능성 판단
③ 공급망에 따라 각 영향을 매핑해
  (i) 식별된 영향이 어디서 발생하는지와
  (ii) 각 영향에 기업의 영향력이 얼마나 미칠 수 있는지(연루 정도와 해결가능성 판단)를 확인함

③ 검증·승인

검증·승인 과정은 내부 및 외부 이해관계자와의 소통과 협력을 통해 진행되며 이를 통해 아래의 내용을 성취해야 함.
- ✓ 영향평가의 주요 결과를 설명
- ✓ 평가 과정에서 충분히 고려하지 못한 사항이 있는지 확인
- ✓ 시급히 대응할 인권 이슈 목록을 협의 및 승인

④ 보고

검증·승인한 인권 이슈들을 바탕으로 인권 보고서를 작성하며, 아래 내용을 반드시 포함해야 함.
- ✓ 각 이슈에 대한 설명
- ✓ 해당 이슈가 중대한 이유
- ✓ 주요 (영향을 받은) 이해관계자
- ✓ 기업의 대응·대처 방안
- ✓ (기한이 있는) 앞으로의 우선순위

SECTION 1 | PART 3 통합과 조치 | CONCEPTION ①

내재화와 통합:
인권존중 경영체계의 정비

한 줄 POINT! 사규 마련이나 인권영향평가 실시만으로 인권경영이 성취될 것이란 생각은 금물! 기업의 모든 경영활동과 문화에 스며들 수 있도록 전 부서의 유기적인 대응이 중요하다.

> 기업을 구성하는 부서별로 인권경영 차원에서의 책임이 무엇인지 정확하게 인지하고 이를 본인의 실무 레벨에서 반영하고 고려하는 것이 대단히 중요하다.

인권경영은 사규를 마련하거나 인권영향평가를 실시하는 것만으로 성취되지 않는다. 인권경영의 근간이 되는 인권존중책임이 기업문화에 전이되어야 인권경영 정책과 사규는 생명력을 가질 수 있다. 아울러, 인권실사의 결과가 기업의 정책, 예산, 의사결정과정 등에 반영되어야 한다.

이런 이유로 인권경영에서의 내재화와 통합 과정은 기업의 DNA를 진화시키는 일련의 활동이라고 여겨지곤 한다. 실제로 OECD 다국적기업 가이드라인, 덴마크인권기구(DIHR)의 인권영향평가 매뉴얼 등에서는 인권경영의 내재화를 강조하고 있다. 인권경영에서 내재화(embedding)와 통합(integrating)이란 인권정책 선언(policy commitment)과 인권존중책임이 기업의 모든 경영활동과 문화에 스며들 수 있도록 일련의 체계와 절차 등을 수립하는 것이다. 즉, 내재화와

통합은 기업의 정책선언과 인권존중책임을 실제로 구현하는 핵심이 된다.

내재화와 통합을 위한 검토사항

- ✓ 기업의 인권정책 선언을 내·외부 다양한 이해관계자가 가장 접근하기 용이하도록 공개하고 적극적으로 전달한다.
- ✓ 기업 내 인권경영 유관부서에 구체적인 역할과 기능을 부여한다. 단, 이 경우에는 기업의 인권정책 선언을 기초로 한다.
- ✓ 기업의 인권정책을 이행하고 성과 향상을 이끌어 낼 책임을 지는 고위 관리자를 임명한다.
- ✓ 최고경영진을 비롯한 이사회에서 인권정책과 이슈, 개선과제 등을 보고하고 논의한다.
- ✓ 인적 자원, 조달, 법적 문제, 대외 홍보, 지속가능성 등 인권경영과 관련 있는 부서 간 협의체를 구성하거나 부서별 기능
- ✓ 과 역할을 인권경영 정책을 반영하여 재구성한다.

내재화와 통합이 중요한 까닭은, 인권경영 목표를 달성하기 위해서는 법무, 인사, 구매, 계약, 지속가능성(ESG) 등 유관부서와의 수평적 차원의 협업은 물론 최고경영진과 실무진 간의 수직적 차원의 소통이 원활하게 이뤄져야 하기 때문이다. 유엔 기업과 인권 이행원칙(UNGPs)도 내재화와 통합을 말한다. 기업 내의 기능과 절차가 인권실사와 인권영향평가의 결과를 반영하고, 식별된 영향을 방지 및 완화할 수 있도록 효과적인 대응을 위한 의사결정 체계와 절차가 인권경영의 이행을 위해 재구성될 필요가 있다는 것이다. 이를 위한 예산 배정과 감독 절차 등도 함께 보완되어야 한다.

EMBEDDING & INTEGRATING
내재화와 통합.
인권존중책임이 기업의 모든 경영활동과 문화에 스며들 수 있도록 체계와 절차 등을 수립하는 것.

내재화와 통합은 왜 중요한가?

인권경영은 기관의 공동 목표로 여러 유관부서 간의 긴밀한 협력이 필수적이다. 이행원칙(UNGPs)은 환경, 차별금지, 노동, 재산, 프라이버시, 반부패 등을 비롯한 국내 실정법이 포섭하는 인권을 초월하여 국제적으로 승인된 인권을 물적 범위로 두고 있다. 다만, 이행원칙 제3조는 인권과 관련 있는 기존 실정법을 온당하게 집행할 것을 요청하며, 법의 역할을 함께 강조하고 있다. 아울러 이행원칙은 인권경영 차원에서는 국제사회, 개별 국가, 시민사회, 기업 등의 다양한 공적·사적 지배구조를 기축으로 상호 보완하는 새로운 규제 역학이 필요하다고 명시하고 있다. 따라서 오늘날 기업은 국내 실정법과 같은 경성규범(hard law)뿐만 아니라 이행원칙과 같은 연성규범(soft law)도 준수해야 할 의무와 책임이 있다. 이러한 관점을 바탕으로, 기업마다 인권경영을 전담하는 부서는 상이하나, 대체로 글로벌 차원에서 거론되는 모범기업은 컴플라이언스 부서 또는 인권경영 부서에서 인권경영을 전담하고 있다.

기업 임직원의 인권경영 이해도와 수용도 및 실행력을 제고하는 작업이 바로 인권경영의 내재화와 통합의 핵심이다. 이를 위해서는 기업을 구성하는 전 부서에서 인권경영에 대한 관심을 가지고 유기적으로 대응해야 한다. 예컨대 구매팀에서는 단순한 계약 체결 업무뿐만 아니라 책임 있는 조달을 위한 방안을 고민할 필요가 있다. 기업을 구성하는 부서별로 인권경영 차원에서의 책임이 무엇인지 정확하게 인지하고 이를 본인의 실무 레벨에서 반영하고 고려하는 것이 대단히 중요하다.

SECTION 1 | PART 3 통합과 조치 | CONCEPTION ②

인권교육의 의미와 필요성

한 줄 POINT! 인권 침해 사전 예방 조치인 인권교육은 모든 임직원을 대상으로 진행한 후, 직급, 직무, 부서 등을 고려한 별도의 교육을 실시할 필요가 있다.

> 결국 인권경영에서 인권교육이란 회사의 인권정책과 절차 전반을 임직원들에게 설명하고 훈련하는 과정이라고 볼 수 있다.

GRI

Global Reporting Initiative. 국제연합환경계획(UNEP)이 미국의 환경단체인 세리즈 등과 설립한 단체. 전 세계에 통용되는 기업의 '지속가능성보고서'의 국제기준을 제안하고 있다. 이 단체에서 발간하는 'GRI보고서'는 경제성, 사회성, 환경성 등 3개축을 고려한 CSR의 성과보고 기준을 제시해 이를 기업의 정보공개 틀로 활용할 수 있도록 했다.

다국적기업의 인권경영 수준을 평가하는 벤치마크로 널리 참고되는 것이 세계벤치마킹얼라이언스(WBA)가 만든 기업인권벤치마크(CHRB)다. CHRB는 총 5가지의 측정 주제로 이뤄져 있다. 그중 가장 높은 비율을 차지하는 것이 측정주제 B에 해당하는 인권존중책임의 내재화와 인권실사다. 그 가운데 B.1.5.가 인권교육(Training on Human Rights)이다. 인권경영의 맥락에서 요구하는 인권교육은 무엇을 의미하는 것일까.

인권정책의 내재화 수단으로써 인권교육

첫째, 인권교육은 회사가 수립한 인권정책을 내재화하는 효과적 수단이다. 유엔 기업과 인권 이행원칙(UNGPs) 제16조에 의하면 인권정책은 모든 임직원과 사업 파트너 등에게 공개적으로 제공하고 내·외부적으로 소통해야 한다. 이

때 소통 방법 중 핵심이 바로 인권교육이다. 이행원칙(UNGPs) 제16조 주석은 인권정책과 절차를 내부에서 소통할 때 책임 라인과 체계를 명확히 해야 한다. 또 관련 기능을 수행하는 임직원들에게 필요한 모든 훈련을 제공해야 한다고 규정하고 있다.

인권정책이 단순한 '선언'에 그치지 않으려면 내부 임직원들에게 인권정책의 의미와 각 담당자의 역할 및 책임을 체계적으로 교육·훈련해야 하는 것이다.

인권정책의 내재화를 위한 인권교육은 국내법상 인권 관련 '법정의무교육'에 그치지 않는다.

이행원칙에 따르면, 인권경영에서의 실사의 물적 범위는 국제적으로 승인된 모든 인권이다. 단순히 국내 실정법에 편입된 인권만을 준수하는 일련의 활동을 인권경영이라고 부르기 어렵다. 즉, 국제기준에 따른 인권경영은 준법경영을 넘어선 것이므로, 국내 실정법에 따라 반드시 해야 하는 장애인 인식개선교육, 성희롱 예방교육, 개인정보 보호교육 등만으로는 이행원칙이 요구하는 인권교육에 부합하지 않는다. 지속가능성보고 가이드라인(GRI), 기업인권벤치마크(CHRB), 유엔 이행원칙 보고 프레임워크(UNGPRF) 등에서도 인권경영 맥락에서의 인권경영 교육은 인권정책, 기업의 인권영향평가 결과, 개선 성과, 구제절차 등에 관한 사항을 교육하는 것을 의미한다고 명시하고 있다. 결국 인권경영에서 인권교육이란 회사의 인권정책과 절차 전반을 임직원들에게 설명하고 훈련하는 과정이라고 볼 수 있다.

인권침해의 사전적 예방조치로써 인권교육

둘째, 인권교육은 회사의 인권침해를 예방하는 기능을 수행한다. 인권침해와 피해는 없던 일로 되돌리기 힘들다. 완전한 구제와 회복도 가능하지 않다. 따라서 사건이 발생한 후에 사후약방문식 대처보다는 사전적 예방이 매우 중요하다. 인권경영에서 인권교육은 사전 예방조치 중 하나다. 기업은 내·외부 이해관계자를 대상으로 인권교육을 실시해 기업문화와 구성원들의 인식을 지속적으로 개선할 필요가 있다.

인권교육은 1차적으로 모든 임직원을 대상으로 진행하고 다음으로 직급, 직무, 부서 등을 고려한 별도의 교육을 고도화해 실시할 필요가 있다. 즉 ①임원 및 사외이사 ②인권경영 전담부서 및 유관부서 실무자와 관리자를 대상으로 실시할 수 있다. 이는 직급, 직무, 개별 부서 및 조직에서 인권경영 이행을 위해 어떤 역할과 기능을 담당해야 하는지를 전달하는 데 주안점을 둔 교육이다. 효과적인 인권교육은 인권경영의 내재화와 통합을 촉진해, 인권존중책임이 기업 전반에 스며들도록 한다는 데 의의가 있다.

마지막으로 장애가 있는 구성원, 다양한 국적과 언어를 배경으로 한 구성원도 쉽게 이해할 수 있도록 인권교육 접근성도 함께 고민할 필요가 있다.

SECTION 1 | PART 3 통합과 조치 | ISSUE BRIEF

HPE, 2030 인권교육 100% 달성을 목표로

인권존중 최우선 가치로 둔 HP

HP는 강력한 다양성, 형평성, 포용성의 문화를 조성하고 생태계 전반에서 인권, 사회 정의, 인종 및 성평등을 진전시키며 모든 요소에 대한 기준을 상향하고 있다.

목표	성과	상황
2015년 초부터 2030년까지 100만 명의 노동자들의 역량 강화 프로그램 참여	2021년까지 34만9000명 참여	
2030년까지 주요 제조 공급업체 및 리스크가 높은 차상위 등급 공급업체 100%에 대한 노동 관련 인권 존중 보장	2021년에도 HP는 주요 제조업체에 대한 인권 평가를 지속 수행. 2022년 평가 결과 보고 예정	
2030년까지 HP 경영진 구성에서 성비 50:50의 성평등 달성	현재 전 세계 이사급 이상의 직책에서 여성의 비율 32.5%(2021년 10월 31일 기준)	
2030년까지 기술 및 엔지니어링 분야에서 여성 인력의 비율을 30% 이상으로 확대	현재 전 세계 이사급 이상의 직책에서 여성의 비율 22.7%(2021년 10월 31일 기준)	
2025년까지 2020년 기준 흑인/아프리카계 미국인 임원의 수 2배 증가	2020년 대비 흑인/아프리카계 미국인 임원 수 33% 증가	

미국 휴렛팩커드엔터프라이즈(HPE)는 2015년 11월 1일 휴렛팩커드의 클라우드 사업과 개인용 컴퓨터 제조 및 판매사업이 분할되면서 설립됐다. PC·프린터 중심의 사업은 별개의 기업인 HP 주식회사가 이어가고 있다. HPE는 인권을 존중하는 문화를 가지고 있으며 모든 비즈니스 관행에서 인권을 옹호하고 지속적으로 프로세스를 개선하기 위해 노력하고 있다. 이러한 노력의 결과 2022년 영국의 비영리기구이자 인권경영 전문기관인 기업인권벤치마크(CHRB)에서 평가한 정보통신기술(ICT) 기업 중 1위를 차지했고, 모든 평가 대상 기업 중 상위 5위 안에 들었다. 특히 인권교육 및 트레이닝 관련한 지표에서 2점 만점을 받아 주목을 받았다. 그 내용을 살펴보자.

모든 직원에게 인권 의무 교육 제공

HPE는 인권에 대해 모니터링하고 의무화하는 것은 기업 전체의 의무라고 보고 있다. 전 세계에 통용되는 인권 정책상에도 모든 신입 임직원에게 의무 교육을 제공하고 관리하도록 규정하고 있다.

이에 따라 모든 직원이 매년 SBC(Standards of Business Conduct) 교육을 이수해야 한다. 특히 신입사원은 입사 후 30일 이내에 이를 이수해야 하는 정책을 갖고 있다. 이사회의 경우 2년에 한 번 교육을 수료해야 한다. SBC는 기업행동에 대해 수립한 기준으로, 협력회사와 비즈니스 파트너를 포함한 모든 사업장에서 특히 아동노동과 강제노동, 그리고 물리적 폭력을 금하고 있다. 2021년에 특정 그룹을 대상으로 인권교육을 별도로 실시했다. 예컨대 조달팀의 경우 책임 구매 관행과 공급망 책임에 대해, 세일즈 및 법무담당 팀을 대상으로는 강제노동과 업무시간 등과 관련한 추가 인권 교육을 실시했다. 또한 고위험 지역의 세일즈와 관련해 강화된 인권 스크리닝 정책을 도입했다. 미얀마 등 특정 지역의 세일즈 파트너를 대상으로 인권 교육도 제공했다. 2022년 초에 직원들을 대상으로 AI 윤리 교육을 도입했으며, 모든 고객을 대상으로 AI 윤리교육을 제공해 기업 전체에 AI 원칙에 대한 인식을 제고하기도 했다.

HPE는 협력회사에 공급망 책임(Supply Chain Responsibility, SCR) 이슈의 주요 쟁점뿐 아니라 SCR을 효율적으로 운영하기 위한 방안에 대해서도 트레이닝 코스를 제공한다. 이 트레이닝은 특히 HPE의 SCR 프로그램에 관련한 업무를 하는 직원들에 초점을 맞추고 있다. 2021년에 직접 협력회사의 대표 직원 313명이 분쟁광물 강제노동, 근로시간, 안전보건 위주의 교육을 받았다. 2차 및 3차 등 협력회사에서도 568명이 수료했다. 또한 한 해 동안 가상 교육 목록을 활용해 HPE의 임직원들을 대상으로 인신매매 인식을 강화하기 위한 트레이닝과 인식개선 활동을 한다.

인권경영 내재화 및 확장에 지속 노력

HPE는 2030년까지 주요 협력업체 직원들 전원을 대상으로 인권 교육을 제공하는 것을 목표로 하고 있다. 2021년 '2030년까지 가장 지속 가능하고 정의로운 IT 기업이 되겠다'는 목표를 달성하기 위해 HP의 글로벌 파트너 대상 지속가능성 교육·평가 프로그램인 'HP 앰플리파이 임팩트(HP Amplify Impact)'를 마련했다. 이를 통해 1만 개 이상의 파트너사와 추가로 협력할 기회를 발굴해 기후변화, 인권, 디지털 형평성 분야에서 유의미한 성과를 창출한다는 계획을 수립했다. 2022년부터는 'HP 앰플리파이 임팩트'를 24개국에 확대 운영했다. 이에 참여하는 파트너사들은 HP의 '지속 가능성 및 규정 센터(Sustainability & Compliance Centre, SCC)'가 보유한 정보에 접근할 수 있으며, 이를 통해 HP가 개발한 인권을 포함한 다양한 교육을 수료할 뿐 아니라 계획과 정책을 수립할 수 있는 프로그램도 받을 수 있다. HPE는 이처럼 교육에서 나아가 공급망 책임 프로그램, 광물의 책임 있는 소싱 프로그램 등 프로그램 개발을 통해 인권경영을 내재화하고, 이를 모든 협력회사로 확장하는 노력을 기울이고 있다.

> **HP Amplify Impact**
>
> HP가 글로벌 파트너를 대상으로 진행하는 지속가능성 교육·평가 프로그램이다. 프로그램 참여를 신청한 파트너사는 HP가 보유한 교육, 영업 툴, 마케팅 분야의 다양한 리소스에 접근할 수 있다.

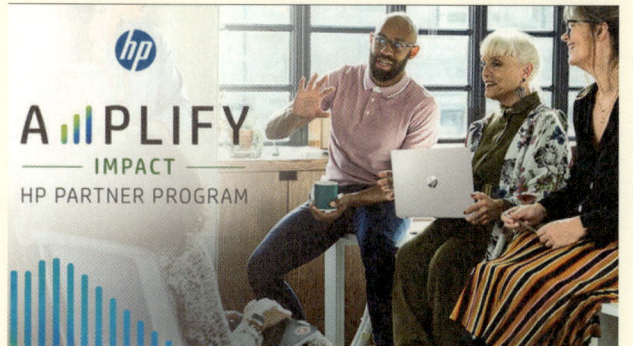

HP 앰플리파이 임팩트 프로그램

> 66
>
> HPE는 '2030년까지 가장 지속 가능하고 정의로운 IT 기업이 되겠다'는 목표를 달성하기 위해 HP의 글로벌 파트너 대상 지속가능성 교육·평가 프로그램인 'HP 앰플리파이 임팩트(HP Amplify Impact)'를 마련했다.
>
> 99

SECTION 1 | PART 3 통합과 조치 | CHECKUP

 통합과 조치

경영자가 꼭 알아야 할 체크포인트

☑ 인권경영 추진을 위한 기업 거버넌스

인권경영을 추진하고 지속해서 이행하기 위해 기업을 지휘하고 통제하는 거버넌스 차원의 개선이 필요하다. 그중 핵심은 이사회의 인권존중책임이다. 이사회 차원에서 기업의 인권 관련 문제, 인권실사 결과, 개선과제, 성과 등을 검토하고 논의하는 절차를 수립하면 경영진에 압력을 줄 수 있다. 이를 통해 경영진도 인권을 비롯한 비재무적 성과를 개선하기 위해 지속해서 기업의 인권정책을 개선할 것이다. 또 영향을 받는 이해관계자 또는 외부 인권 전문가 등과 소통을 시도할 것이다.

이러한 기업 거버넌스 개선을 위해 세계벤치마킹얼라이언스(World Benchmarking Alliance, WBA)에서 만든 기업인권벤치마크(CHRB)는 이사회를 통해 인권전략, 정책, 관리 절차 등에 관한 정기적인 논의 및 점검 여부를 기업의 인권경영 성과에 대한 평가 내용으로 포함하고 있다(A.2.1 이사회의 책임).

고위관리자의 인센티브나 성과 측정을 인권경영과 연동시키기 위해 성과 지표를 수립할 경우, 지표의 정당성과 신뢰성을 담보해야 한다. 이를 위해 글로벌 차원에서 권위 있는 보편적 인권경영 원칙과 표준을 고려할 필요가 있다.

인권실사 관련 비영리단체인 시프트(Shift)에서 수립한 유엔 이행원칙 보고 프레임워크(UN Guiding Principles Reporting Framework, UNGPRF)의 경우도 기업 고위 관리자와 이사회에서 어떤 인권 이슈를 논의하는지 보고하도록 한다(A.2.2).

최고 경영진과 이사회 차원에서 인권경영 거버넌스를 마련한 후에는 수직적 차원의 소통절차도 점검하고 재구성해야 한다. 최고 경영진과 이사회의 지원을 받는 산하 실행위원회, 실무협의회와 같은 조직을 통해 인권경영 정책을 수립하고 인권실사를 진행해야 한다. 이행과 준수 상황도 지속해서 모니터링해야 한다.

GM
단기 인센티브 계획(STIP) 수립
→ 임원 및 이사 성과보수 책정

유니레버
지속가능성 진보 지표(SPI) 수립
→ 최고경영자(CEO) 인센티브 산정 시 활용

✓ 인권경영 인센티브와 성과 관리

인권경영의 통합과 내재화 과정을 견인하는 핵심 요소는 경영진의 의지다. 따라서 기업의 인권정책 이행 또는 인권경영 세부 목표 달성과 연계된 고위관리자의 인센티브 제도를 수립할 필요가 있다. 기업인권벤치마크(CHRB)는 최소한 한 명 이상의 고위관리자 인센티브나 성과 측정 제도를 인권 관련 성과와 연계시킬 것을 권고하고 있다. 인권 관련 성과를 측정할 때는 인권실사와 인권영향평가를 통해 식별된 주요 인권 이슈(Salient Human Rights Issue)와 기업이 속한 특정 산업에서 주요 언급되는 인권 이슈를 명민하게 식별하고, 방지, 완화, 구제조치를 취했는지 고려해야 한다. 다만 주가 하락, 영업이익률 등과 같은 재무적 요소에 비해 인권을 비롯한 비재무적 요소는 상대적으로 명확한 정량적 지표를 마련하기 어렵다. 아울러, 관점과 해석에 따라서 비재무적 성과를 달리 평가할 수 있다는 점도 주의해야 한다. 따라서 고위관리자의 인센티브나 성과 측정을 인권경영과 연동시키기 위해 성과 지표를 수립할 경우, 지표의 정당성과 신뢰성을 담보해야 한다. 이를 위해 글로벌 차원에서 권위 있는 보편적 인권경영 원칙과 표준을 고려할 필요가 있다.

제너럴모터스(GM)의 경우 ESG와 인권경영 성과를 반영한 단기 인센티브 계획(Short-Term Incentive Plan, STIP)을 수립해 임원과 이사들의 성과보수를 책정하고 있다.

단기 인센티브 계획을 구성하는 개별 지표의 상세 측정 기준은 공시하고 있지 않으나, 해당 계획에서 다양성 및 포용성을 고려한 채용, 산업안전을 비롯한 인권 전반 등을 우선순위로 두고 있음을 밝히고 있다.

농식품 산업군 기업인권벤치마크에서 가장 높은 순위를 차지한 유니레버의 경우도 국제 인권규범, 원칙 등을 참고해 지속가능성 진보 지표(Sustainability Progress Index, SPI)를 수립했다. 나아가 이를 최고경영자(CEO) 인센티브를 산정할 때도 활용하고 있다. 제너럴모터스와 달리, 유니레버는 지속가능성 성과를 측정하는 해당 지표와 상세 측정 기준을 모두 투명하게 공개해 모든 이해관계자가 볼 수 있도록 했다. 임원과 이사의 보수를 인권경영 성과와 연결하는 것은 인권경영을 기업의 핵심활동으로 자리 잡게 한다. 인권경영 차원의 개선을 위해 구체적인 전략과 목표를 세우도록 촉구한다는 점에서 매우 중요하다.

SECTION 1 | PART 3 통합과 조치 | CHECKUP

통합과 조치

인권경영 3단계

실무자가 꼭 알아야 할 체크포인트

✓ 인권교육에 어떤 내용을 포함해야 하는가

인권교육에서 다루는 인권은 국내 실정법에 그쳐선 안된다. 국제적으로 승인된 모든 인권이어야 한다. 아울러 인권경영에서 요구하는 인권교육은 기업의 인권경영체계와 성과 등에 관한 것을 반드시 다뤄야 한다.

먼저, 기업의 인권경영 체계 차원에서 기업의 인권정책 선언을 비롯한 인권경영 사규나 매뉴얼 등을 다뤄야 한다. 인권경영 사규나 매뉴얼은 인권침해 구제절차 매뉴얼, 협력사 인권경영 행동지침(Supplier's Code of Conduct) 등을 의미한다.

세계 벤치마킹 얼라이언스(WBA)의 기업인권벤치마크(CHRB)는 인권교육에 반드시 국제노동기구(ILO) 핵심협약에 대한 내용을 포함해야 함을 명시하고 있다. ILO 핵심협약은 아래와 같다.

- ✓ 결사의 자유 및 단결권 보호 협약 (제87호)
- ✓ 단결권 및 단체교섭권 협약 (제98호)
- ✓ 강제노동에 관한 협약 (제29호)
- ✓ 강제노동의 폐지에 관한 협약 (제105호)
- ✓ 동일가치노동 동일보수에 관한 협약 (제100호)
- ✓ 고용 및 직업상 차별금지 협약 (제111호)
- ✓ 취업 최저연령에 관한 협약 (제138호)
- ✓ 가혹한 형태의 아동노동 폐지 협약 (제182호)

다음으로 인권교육은 인권영향평가의 과정 및 결과, 개선과제, 인권영향평가로 도출된 주요 인권 이슈(Salient Human Rights Issue) 등을 다뤄야 한다. 마지막으로, 기업 구제절차의 상세 이용 방법, 구체적인 절차 등을 전달해야 한다. 기업이 어떻게 진정을 접수하고 처리하는지 알려줘야 한다. 진정을 해결하는 데 소요되는 기간과 결과 통지 방법 등에 대한 교육도 실시할 필요가 있다.

✓ 인권교육의 성과는 어떻게 보고 및 공시해야 하는가

기업인권벤치마크(CHRB)는 인권교육의 성과 보고 및 공시를 크게 자사 차원과 사업관계 협력사 차원으로 구분할 수 있다. 먼저 자사 차원으로 인권경영 차원에서 실시한 인권교육이 다룬 내용과 인권교육에 참여한 임직원 수, 비율을 공시해야 한다. 이와 함께 유관부서의 관리자와 실무자가 그들의 역할과 책임에 관한 개별적 인권교육을 받고 있는지 밝혀야 한다. 사업관계 협력사 차원의 경우 회사가 공급업체를 위해 제공하는 인권교육에 대해 명시하고, 해당 인권교육에 참여한 공급업체 비율을 공개할 필요가 있다.

법정의무교육 실시 내용을 인권경영의 인권교육으로 보고 및 공시해도 될까? CHRB는 기업의 인권경영 체계와 성과를 평가할 때 특정 기업이 법정의무교육을 실시한 것을 인권교육 성과로 보고한 경우 이를 인권경영의 인권교육에 해당하지 않는다고 판단하고 있다. 인권교육에서 인권은 국내 실정법이 보장하는 인권을 초월(beyond)해 국제적으로 승인된 모든 인권을 다뤄야 한다. 동시에 기업의 인권정책, 성과, 구제절차 등에 대한 것이라고 정의하고 있다. 따라서 인권경영 차원에서 법정의무교육 이외에 별도의 인권경영 교육을 실시하고 그 성과를 보고 및 공시할 필요가 있다. 국가인권위원회가 지난 2022년 7월 공개한 '인권경영 보고 및 평가 지침'에서도 인권경영 교육은 법정의무교육을 제외하고 기업과 인권의 이행, 인권영향평가 및 실사, 국제인권기준, 인권침해 사례와 구제절차 등에 대한 교육임을 명시하고 있다.

기업인권벤치마크(CHRB)의 인권교육 평가 기준

B.1.5. 인권교육
근거: 유엔 기업과 인권 이행원칙(UNGPs) 제12조, 유엔 이행원칙 보고 프레임워크(UNGPRF)
기업은 노동자들과 협력사(공급업체)를 대상으로 자사의 인권정책선언을 비롯한 인권경영 정책 전반에 대한 교육을 실시해야 한다. 최소한 해당 교육은 ILO 기본협약에 대한 내용을 포함해야 한다.

점수조건 1	점수조건 2
기업은 모든 노동자들이 자사의 인권정책선언을 비롯한 인권경영 정책 전반에 대해 어떻게 교육을 받았는지 설명한다. 또는, 회사는 구매조달부서 실무자를 포함한 인권경영 유관부서 관리자가 본인 직무와 관련해 특화된 인권교육을 어떻게 받고 있는지 설명한다.	기업은 점수조건 1의 두 가지 요건을 충족하면서, 공급업체가 자사의 인권정책선언을 비롯한 인권경영 정책 전반을 준수하는 데 도움을 주는 교육에 대해 설명하고, 해당 교육에 참여한 공급업체의 비율을 공개한다.

✓ 인권경영 교육 공시 주의사례 ①: H, K사

장애인 인식개선 교육, 개인정보보호 교육, 직장 내 성희롱 예방교육, 직장 내 괴롭힘 예방교육 등과 같은 법정의무교육의 경우는 기업의 법적 의무 사항이기 때문에 준법에 국한한 것이다. 따라서 준법 그 이상을 요구하는 인권과 함께 자사의 인권경영 정책 전반을 주된 내용으로 삼는 교육을 실시해야 한다. 그러나 H사의 경우, 법정의무교육을 인권교육으로 갈음하여 지속가능경영보고서에 보고하였으나 이를 기업인권벤치마크(CHRB)에서는 인권경영에서의 인권교육으로 인정하지 않은 바 있다. K사의 경우는 법정의무교육을 비롯해 인권교육을 실시했으나, 그 인권교육이 어떤 내용을 다루고 있는지 명시하지 않았다. 이 역시 CHRB에서는 적절한 인권교육이 실시되지 않았다고 판단했다. 따라서 인권교육을 실시하였다면 그 내용이 인권감수성 교육이 아니라, 인권경영을 목적으로 한 교육으로서 자사의 인권경영 정책, 구제절차, 주요 인권 이슈 등을 다루었음을 명확하게 밝힐 필요가 있다.

✓ 인권경영 교육 공시 모범사례 ②: 포드(Ford Motors)

포드의 경우, 인권경영 정책에 관해 근로자를 대상으로 정기적으로 교육하고 있다. 아울러, 전일고용 근로자를 비롯한 단시간 근로자, 파견 근로자를 대상으로도 교육하고 있으며 추가 온라인 교육도 제공하고 있다. 나아가 포드는 최근 자동차 산업군 관련 이슈와 인권영향평가 등에서 식별된 이슈를 다루기 위해 정기적으로 교육 내용을 수정하고 있다. 구매, 인사 등 인권경영 유관부서를 위한 별도의 교육을 추가로 실시하고 있다. 이 경우에 특정 유관부서 근로자가 얼마나 특정 직무 인권교육을 이수했는지 그 비율과 수를 공시하고 있다.

SECTION 1 | PART 4 추적과 검증 | CONCEPTION ①

인권리스크 예방·완화 조치의 효과성을 평가하는 기준

한 줄 POINT! 인권정책이 잘 이행되는 지를 파악하기 위해 꼭 필요한 '추적'. 추적 시스템은 지표가 명확하고, 효과성에 대한 정보를 수집하는 프로세스가 포괄적일수록 효과적이다.

> 66
> 인권 영향에 대한 기업의 대응을 추적하는 시스템은 간단하게는 기업이 식별된 잠재적 영향에 어떻게 대응했고, 이러한 대응이 그 영향을 어느 정도로 예방했는지를 검토하는 것으로 완성할 수 있다.
> 99

기업의 자사 인권정책이 최적으로 이행되고 있는지, 식별된 인권영향에 효과적으로 대응하고 있는지를 파악하고 계속 개선을 해나가기 위해서는 추적(track)이 필요하다. '유엔 기업과 인권 이행원칙(UNGPs)'은 제20조에서 '부정적 인권영향에 대한 대처가 이루어지고 있는지를 확인하기 위해 기업은 자사가 취한 대응의 효과성을 추적해야 한다'고 규정한다. 이때 추적은, 적절한 정량적 지표와 정성적 지표에 기초해야 하며, 영향받은 이해관계자를 포함하여 내·외부 모두로부터의 피드백을 활용해야 한다.

정량적 지표와 정성적 지표의 필요성

정량적 지표의 경우 정확성과 통합성에 장점이 있다.

통합성이란 다른 비즈니스 영역의 지

표와 쉽게 통합되거나 상호 연관될 수 있다는 의미다.

그럼에도 인권 존중은 인간의 존엄에 관한 것인 만큼, 영향을 받는 이해관계자 그룹의 관점을 담기 위한 정성적 지표를 설정하는 것이 중요하다.

어떤 경우 정성적 지표가 정량적 지표를 정확하게 해석하기 위해 중요한 작용을 할 수도 있다. 예컨대 안전 위반 보고가 감소하였다는 지표는 한 사고의 발생이 실제로 감소한 것을 반영하는 것일 수도 있고, 보고 시스템에 대한 불신 또는 보고를 방해하는 위협과 같은 요소가 증가하였음을 반영하는 것일 수도 있다. 따라서 정량적 지표와 정성적 지표는 각각 필요할 뿐 아니라 통합적으로 해석할 필요도 있다.

대상별 지표 수립 및 추적 필요

적절한 지표 설정에는 기업이 대응해야 하는 주요 인권 이슈가 무엇인지, 이미 그 이슈에 관한 지표가 정립되어 있는지, 기업에 관련 데이터가 축적되어 있는지, 영향을 받는 이해관계자에게 직접적 피드백을 요청하는 것이 얼마나 용이한지 등이 영향을 미친다.

예컨대 노동권 감사에 관한 지표는 비교적 잘 확립되어 있으며, 안전보건환경 영역에 있어서도 어떤 지표를 선택할 것인지가 고민이 될 수는 있지만 국제적 수준의 기술적 표준이 수립되어 있다.

지역사회 협의나 재정착과 관련해서도 신뢰할 수 있는 국제기구 및 기타 기관의 성과 평가에 관한 지침이 증가하고 있다.

이러한 유형의 지침은 기업이 불리한 인권 영향에 대한 대응 효과를 추적하기에 적절한 지표를 만드는 데 도움이 될 수 있다. 특히 대기업이나 심각한 인권 리스크가 있는 기업의 경우 그들은 여성과 남성, 또한 특히 취약계층에게 다르게 미칠 수 있는 영향이 무엇인지 식별할 수 있는 지표를 수립하고 이를 추적하는 것이 중요하다.

인권 영향에 대한 기업의 대응을 추적하는 시스템은 간단하게는 기업이 식별된 잠재적 영향에 어떻게 대응했고, 이러한 대응이 그 영향을 어느 정도로 예방했는지를 검토하는 것으로 완성할 수 있다.

한편 심각한 인권 영향이 발생한 경우 발생 과정과 원인을 식별하기 위해 근본 원인 분석 또는 이에 상응하는 프로세스를 수행할 필요가 있다. 이를 통해 부정적 인권 영향의 재발을 방지하거나 완화할 수 있다. 근본 원인 분석은 기업의 어떤 부문 또는 연결된 영역에서 취한 조치가 원인이 되었는지 정확히 파악하는 데 도움이 될 수 있다.

이를 통해 원인이 충분히 명확해진다면, 분석 결과를 금전적 보상, 승진 등 임직원의 인센티브 또는 징계 등 불이익에 반영함으로써 인권 존중을 기업의 관행에 내재화할 수 있다.

추적 시스템이 기업에 도움이 되려면 신뢰할 수 있고 견고해야 한다. 지표가 명확하고, 효과성에 대한 정보를 수집하는 프로세스가 보다 포괄적일수록 기업이 더 잘 대응할 수 있다. 또한 독립적인 외부 전문가 또는 이해관계자의 참여를 통해 정보의 신뢰성을 강화하는 데 도움을 받을 수 있다.

적절한 지표 설정을 위한 기준

1. 주요 인권 이슈
2. 주요 인권 이슈에 관한 지표 정립 여부
3. 관련 데이터 축적 유무
4. 이해관계자에게 직접적 피드백 요청 시의 용이성

SECTION 1 | PART 4 추적과 검증 | CONCEPTION ②

이해관계자 모니터링과 검증 조치의 효과성 검증

한 줄 POINT!

평가 대상이 자체적인 평가를 할 경우 편향적일 수 있기 때문에 미국공정노동위원회(FLA), 공정의류재단(FWF) 등 이해관계자 이니셔티브를 통해 검증받는 등 내외부적인 평가가 이루어져야 한다.

내부 직원들이 자신과 타인의 노동권 또는 기타 인권에 미치는 영향과 관련한 기업의 문제점을 발견했을 때 적절히 신고할 수 있도록 채널을 제공하는 것 또한 중요하다.

추적에서는 기업 활동으로부터 인권에 영향을 받은 이해관계자를 포함하여 내·외부 모두로부터의 피드백을 활용해야 한다. 그 이유는 이를 통해 비로소 기업이 인권 영향에 얼마나 잘 대응하고 있는지 정확한 그림을 그리는 것이 가능하기 때문이다. 즉, 평가 대상이 평가를 직접 수행할 경우 발생할 수 있는 바이어스(bias)의 위험을 줄이는 데 도움이 된다.

부정적 인권 영향 대응 추적해야

여기에는 다양한 방법을 활용할 수 있다. 먼저 내부 임직원들에게 부정적 인권 영향에 대한 목소리를 낼 수 있는 채널을 제공하는 방법이 있을 것이다.
기업 인권실사의 효과성에 관하여 직접 영향받은 사람으로부터 피드백을 제공받을 수 있어야 한다. 이때 피드백이 부정적일 경우 보복을 당

할 수 있다는 두려움이 생기지 않도록 주의하여야 한다.

기업은 취약하거나 사회적 소외에 놓일 위험이 있는 그룹 또는 개인에 대한 부정적 인권 영향에 효과적으로 대응하고 있는지를 추적하려는 특별한 노력을 해야 한다. 심각한 인권 위험이 있는 기업의 경우 사전예방적 피드백을 요청하는 접근 방식이 적절할 것이다. 이때 운영 단계에서 고충처리 메커니즘을 활용하는 것도 가능하다.

이러한 고충처리 메커니즘은 이해관계자들에 대한 인권 영향이 효과적으로 다루어지고 있는지에 대한 피드백을 받는 채널로 작동할 수 있다. 내부 직원들이 자신과 타인의 노동권 또는 기타 인권에 미치는 영향과 관련한 기업의 문제점을 발견했을 때 적절히 신고할 수 있도록 채널을 제공하는 것 또한 중요하다. 지방정부나 시민사회, 또는 직접적으로 영향을 받는 이해관계자 등을 통해서도 귀중한 통찰을 얻을 수 있다.

'추적 과정', 내부 절차에 통합하는 것도 방법

추적 과정을 통해 인권 존중을 내재화하는 데 기여하고자 한다면, 추적 프로세스는 기업의 더 넓은 범주에서의 기업 시스템과 문화에 통합될 필요가 있다. 그러한 차원에서 추적은 기존 내부 절차에 통합하는 것을 고려할 수 있다. 예컨대 환경보건안전 분야에 효과적인 추적 시스템 모델이 이미 있을 수도 있는데, 여기에 이를 통합할 수 있다.

인권 영향에 대한 대응을 추적하는 절차를 다른 추적 시스템에 통합하는 경우 인권에 대한 점검을 일반화 또는 정례화할 수 있다는 장점

ILO
국제노동기구. 국제적인 협력을 통해 근로자의 지위향상을 꾀하려는 국제기구로, 각국의 노동입법, 적정한 노동시간, 임금, 노동자의 보건, 위생 등에 관한 권고나 지도를 하고 국제노동기준을 제정, 가입국이 그것을 준수하도록 감독하며 노동자의 생활에 관한 조사연구를 한다.

이 있다. 또한 다른 문제와 관련하여 이미 사용하고 있는 조사나 감사 등 기존 도구를 활용할 수도 있다. 다만, 최근의 연구나 기업들의 경험에 의하면, 협력회사의 대응을 추적함에 있어 톱-다운 감사 방식으로만 접근하는 것은 효용성이 떨어질 수 있다.

협력회사나 비즈니스 파트너 스스로가 인권 존중과 그들의 비즈니스가 연결되어 있음을 인식할 때 비로소 구조적 개선을 위한 진정한 투자를 시작한다.

한편, 많은 글로벌 기업들은 추적 절차를 통해 받은 정보를 검증하는 시스템을 구축하고 있다.

이때 다양한 방법들이 활용된다. 먼저, 미국 공정노동위원회(FLA), 책임 있는 비즈니스 연합(RBA), 공정의류재단(FWF) 등과 같은 자체적인 검증 절차를 가지고 있는 이해관계자 이니셔티브에 가입하고 이러한 이니셔티브를 통해 검증받는 방법이 종종 활용된다.

또한 최근에는 검증기관들이 인권 분야의 성과에 대해서도 별도의 검증을 제공하고 있어 이를 활용하기도 한다. 전문 검증기관뿐 아니라 NGO를 비롯해 국제노동기구(ILO) 등 국제기구와 같은 독립적인 기관과 협업해 검증하기도 한다.

효과적이고 지속적인 추적 절차는 궁극적으로 기업의 인권 존중을 개선하는 데 기여한다. 그 결과는 기업의 인권 정책, 부정적 영향의 측정, 또는 인권 목표를 상향하는 데 반영될 수 있다. 또한 구제절차나 구제책에도 영향을 미칠 수 있다.

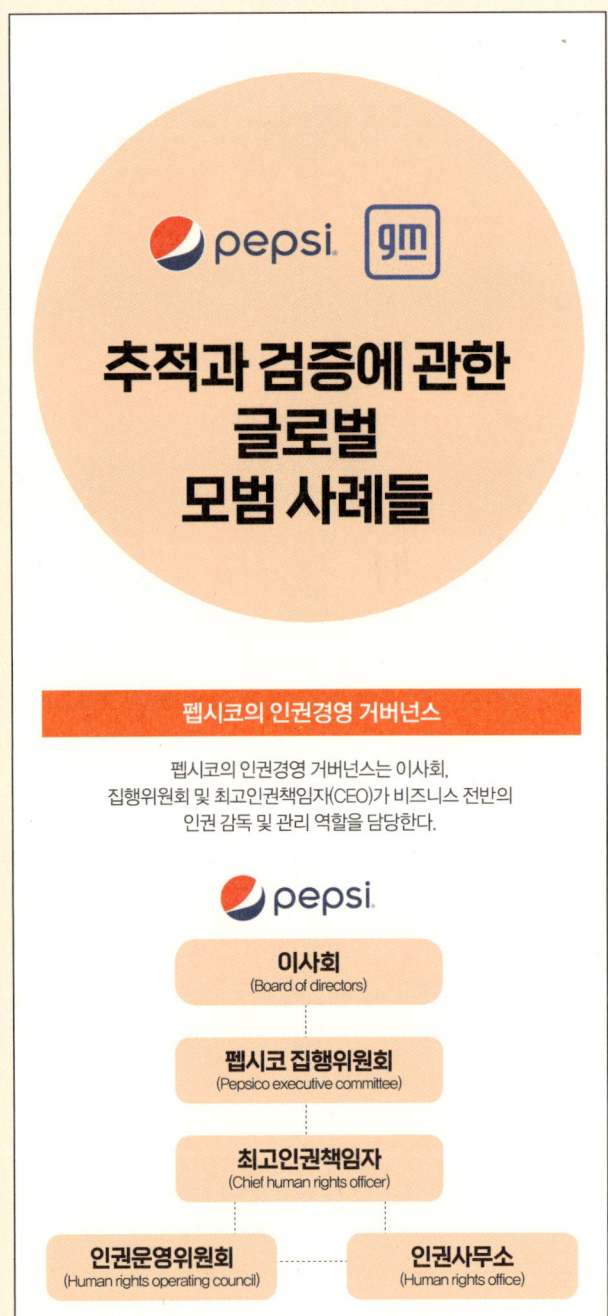

기업의 인권경영 수준을 파악하기 위한 지표 중 인권 리스크 예방·완화 조치에 관한 추적 및 검증 내용은 그 성격상 공개 정도가 낮은 편이다. 이런 이유로 기업인권벤치마크(CHRB) 평가에서도 이 내용과 관련해 만점을 받은 기업을 찾아보기 어렵다. 이에 비교적 우수한 점수를 획득한 몇 개 기업을 분석하여 모범사례를 찾아볼 수 있다.

다양한 방식 활용하는 GM

미국의 자동차 제조사인 GM은 인권 리스크 예방·완화 조치의 효과성을 추적하고 검증하기 위해 다양한 시스템을 갖추고 있다. 직장에서의 포용성에 대한 직원 인식을 조사하기 위해, 임직원을 대상으로 Global Workplace of Choice Survey를 실시한다. 전체를 대상으로는 2년에 한 번씩 조사하고, 1년 주기 동안 수시로 펄스서베이(Pulse survey)를 진행한다. 2021년에는 7만5000명의 직원이 피드백을 제공했다.

GM은 안전 정보를 보고, 수집 및 분석하는 데 사용되는 글로벌 안전 데이터 관리 시스템을 포함해 포괄적인 작업장 안전 시스템을 사용한다. 이런 데이터는 가장 반복적으로 노출되는 위험 유형, 자주 반복되는 부상 유형 등 리스크 완화 계획을 세우기에 유용한 정보를 제공한다. 또한 GM은 내부 시설의 운영 성능을 점수화하기 위한 공정 우수 지수(MEI) 시스템을 활용한다. 실시간 데이터를 활용하여 조직에 성과를 측정하기 위한 전략과 보편적인 도구를 제공함으로써 지속적인 개선을 꾀한다. 이러한 수단 외에도 GM은 잠재적 영향을 모니터링하기 위해 다양한 방식을 활용한다.

협력회사를 모니터링하고 평가하기 위해서는 글

GM 직원들의 'GM Cares Month' 자원봉사 활동

라우드 기반으로 기업의 총체적 지속가능성 평가 서비스를 제공하는 에코바디스(EcoVadis)를 활용하고 있다. 이러한 플랫폼을 통해 협력회사의 개별 성과뿐 아니라 더 광범위한 공급망 트렌드를 파악한다. 한편, GM은 '시스템의 효율성을 검증하여 개선 사항을 발굴하였는가'라는 측면에 대한 평가에서는 아쉬움을 남겼다. 예컨대 인권 실사 결과를 바탕으로 발굴된 주요한 인권 이슈에 대해 취해진 조치의 효율성을 추적하는 활동 등을 공시하고 있지 않기 때문이다.

추적 통한 조치 실행한 펩시코와 유니레버

추적을 통해 개선사항을 발굴한 모범사례는 펩시코 또는 유니레버의 사례에서 찾아볼 수 있다. 펩시코의 경우 고용 중개비, 이주의 자유, 명확한 근로자 계약 등과 같은 주요 인권 이슈와 관련하여 부정적 영향을 어떻게 식별, 대응, 예방할지에 대한 추가적인 지침을 제공하는 등 공급망 행동규범(Supplier Code of Conduct, SCoC) 트레이닝을 강화해야 할 필요성이 대두됐다고 밝히고 있다. 이에 따라 2018년부터 리뉴얼된 SCoC 트레이닝을 시작했다. 추후에도 현장감사, 협력회사 참여, 이해관계자 피드백을 강화해 회사 방침

Pulse survey

빠른 속도로 뛰는 맥박같이 주, 격주, 월 등 짧은 주기 동안 적은 문항을 가지고 진행하는 설문조사로, 조직 구성원을 보다 자주 살펴보기 위한 조사 방법.

을 개선하고 알리는 작업에 힘쓰고 있다. 유니레버의 경우 가장 주요한 인권 이슈인 강제노동을 해결하기 위해서는 고용주 지불 원칙을 수립하고 이미 지불된 과다한 채용 중개료를 이주노동자에게 상환해주어야 한다고 밝히고 있다. 이때 보복에 대한 두려움 때문에 이주노동자는 그들이 지불한 채용 중개비에 대해 밝히기를 꺼린다는 점과 왜 채용 중개비를 상환해주는지에 대한 이해도를 높이지 않으면 현지 노동자와 이주 노동자 사이에 갈등이 발생할 수 있다는 점에 대해서도 지적하고 있다.

유니레버는 '조치에 대한 평가에 이해관계자를 참여시켰는가'를 묻는 지표도 잘 충족하고 있다. 유니레버는 케냐 케리코 지역의 차 농장에서 여성 안전 이슈에 대응하기 위해 마련한 조치와 고충 메커니즘의 한계를 발견했다. 이에 지역 여성들에게 '당신이 안전하게 느껴지려면 어떤 조치가 필요한가요'라는 단순한 설문조사를 시행했고, 독립적인 옴부즈만을 통해 지역에서 발생한 성 기반 폭력에 대한 조사를 실시했다. 이해관계자와 적극적으로 협업한 추적 과정을 통해 현재의 개선된 대응 방안을 도출했다.

SECTION 1 | PART 4 추적과 검증 | CHECKUP

 **인권경영 3단계** **추적과 검증**

실무자가 꼭 알아야 할 체크포인트

✓ 효과성 추적을 위한 지표의 설정 방법은?

효과성 추적을 위한 지표를 개발하는 초기단계는 유엔 기업과 인권 이행원칙(UNGPs)이나 덴마크인권기구(DIHR)와 같은 권위 있는 기관이 제시하는 지표를 참조할 수 있을 것이다. 특히 덴마크인권기구는 기업과 인권과 관련한 정책, 절차 등의 효과성을 추적하기 위해 20개의 질문과 1000개의 지표로 구성된 오픈 소스 데이터베이스를 제공한다. 이 지표를 통해 국제규범에 의해 정의된 인권에 대한 기업의 실질적 존중 여하를 측정할 수 있다.① 또한 유관한 산업협회, 이해관계자 이니셔티브에서 제시하는 지표나 GRI와 같은 익숙한 보고서 가이드라인에서 제시하는 지표를 적절히 활용해볼 수도 있다. 해당 기업에 맞는 맞춤형 지표를 개발할 수도 있을 것이다.

기업의 맞춤형 지표를 개발할 때, 효과성 추적을 위한 지표를 설정하면서 가장 중요한 것은 지표 및 해당 기업 사업과의 관련성이다. 이때 지표는 절차·노력 투입에 관한 지표와 사건·결과에 관한 지표로 분류할 수 있다.

절차·노력 투입(Input)에 관한 지표
- ✓ 인권을 포함한 행동강령에 관한 교육을 받은 노동자의 비율
- ✓ 고충처리 절차를 이용할 수 있는 노동자의 비율
- ✓ 인권영향평가 실시 횟수
- ✓ 노동자를 대표하는 노동조합(협력회사 포함)과의 소통 빈도

사건·결과(Output)에 관한 지표
- ✓ 식별된 성희롱 사건 발생 횟수
- ✓ 정부에 인터넷 사용자 정보를 제출한 횟수 및 그 근거
- ✓ 노동자 산재 사건 발생 횟수
- ✓ 고충처리 메커니즘에 접수된 사건 중 직원에 대한 성차별 사건 비율
- ✓ 사업장이 위치한 지역 지방정부에 신고된 토지권 침해 건수

> 기업의 맞춤형 지표를 개발할 때,
> 효과성 추적을 위한 지표를 설정하면서
> 가장 중요한 것은 지표 및
> 해당 기업 사업과의 관련성이다.
> 이때 지표는 절차·노력 투입에 관한 지표와
> 사건·결과에 관한 지표로 분류할 수 있다.

Eni 인권보고서(2021)

절차, 노력 투입에 관한 지표는 인권교육을 받은 노동자의 비율, 인권영향평가 실시 횟수 등으로 구성되고, 사건, 결과에 관한 지표는 성희롱 사건 발생 횟수, 산재 사건 발생 횟수 등으로 설정한다. 한편, 결과에 관한 지표에 더해 성과(Outcome) 지표를 추가하기도 한다. 성과 지표는 결과지표처럼 노동자 산재 사건 발생 횟수 자체에 주목하는 것이 아니라 인권영향평가 및 이에 따른 조치에 의해 실제로 산재 사건 개선이 일어났는지에 주목한다.

이탈리아 국영 석유기업 에니(Eni)의 경우 실행계획의 효과성을 추적하기 위해 지속가능성 부서에서 최소한 1년에 한 번 주요한 인권 이슈의 구체적인 KPI를 설정해 진행상황과 결과를 점검한다. 또한 평가를 실시하는 협력업체 중 개선 필요성이 있는 협력업체의 수, 관계를 단절한 협력업체의 수를 KPI로 설정해 추적한다. 사회적 기준에 따라 협력업체에 대한 평가를 실시하는 새로운 공급업체의 비율 또한 추적하고 있다. 이를 통해 협력업체 평가의 성과 및 효과성을 추적하고, 회사가 수립한 실행계획의 미진한 점을 개선해 나갈 수 있다.

① https://www.humanrights.dk/projects/human-rights-indicators-business

Eni 핵심 성과 지표

공급자 평가							
연도		2017	2018	2019	2020	2021
사회적 책임 평가 대상 협력사	number	5055	5184	5906	5655	6318
그 중: 중요/개선 영역이 있는 공급업체		1248	1008	898	828	487
그 중: Eni가 관계를 종료한 공급업체		65	95	96	124	34
사회적 기준을 사용하여 평가된 신규 공급업체	%	100	100	100	100	100

SECTION 1　　PART 5 소통과 보고　　CONCEPTION ①

이해관계 소통 방식과 중요성

한 줄 POINT! 인터넷에 접속할 수 없거나 기업의 문건을 이해하는 데 어려움을 겪는 이해관계자도 있다. 따라서 이해관계자별 가장 적합한 소통 방식을 고민해야 한다.

 잘 이루어진 이해관계자와의 강력한 관계는 기업이 다각적인 검토로 의사 결정을 내릴 수 있도록 하여 잠재적인 부정적 영향의 가능성을 줄이는 데 도움이 될 수 있다.

'유엔 기업과 인권 이행원칙(UNGPs)' 제21조는 '기업이 자사의 인권 영향에 어떻게 대처했는지를 설명하기 위해서 그것을 외부로 소통할 준비가 되어 있어야 한다'고 규정한다. 특히 부정적인 인권 영향을 받은 이해관계자들에 의해서 우려가 제기되었거나 그들을 대신해서 우려가 제기된 경우에는 더욱 그러하다.

모든 이해관계자와의 소통 제공해야

모든 경우에 소통은, 기업의 인권 영향을 반영하는 동시에 타깃이 된 대상이 접근가능한 형식과 빈도로 이루어져야 한다. 문제된 특정 인권영향에 대한 기업의 대응이 적절한지 평가하기에 충분한 정보를 제공해야 한다. 한편, 부정적 영향을 받은 직원 등 이해관계자의 인적 정보 또는 정당한 상업적 비밀에 위험을 야기하지 않도록 주의해야 한다.

기업은 인권존중책임을 인지하고, 인지하고 있다는 것을 대내외적으로 보여줄 정책과 절차를 마련해야 한다. 보여주는 것에는 이해관계자와의 소통이 포함된다. 기업은 부정적 인권 영향을 받은 개인이나 집단뿐만 아니라 투자자를 포함한 모든 이해관계자와의 소통을 통해 투명성과 책임성의 척도를 제공해야 한다.

이해관계자별 소통 방식 고민해야

소통은 다양한 형식으로 가능하다. 대면 또는 비대면 소통, 영향을 받은 이해관계자와의 상담, 또는 공식적인 보고서 발간도 포함된다. 공식 보고서 또한 해마다 지속가능경영보고서를 발간하는 전통적인 방식에서 웹사이트를 통한 상시적 업데이트를 하거나 재무·비재무를 통합적으로 보고하는 방식으로 진화하고 있다. 그런데 이행원칙(UNGPs)은 정보를 전달하는 방식이 공식 보고서에 국한되지 않도록 의도적으로 '소통'이라는 표현을 쓰고 있다. 어떤 이해관계자들은 인터넷에 접속할 수 없거나 기업의 문건을 이해하는 데 어려움을 겪을 수도 있다. 따라서 기업은 각각의 이해관계자별로 가장 적합한 소통 방식을 고민해야 한다. 노동자의 경우 내부 뉴스레터 등 회사가 중요한 사항에 대해 알릴 때 사용하는 방법을 통해 소통할 수 있다. 노동자가 관계된 특정 이슈와 관련해서는 노동자협의회나 노동조합이 소통에 활용할 수 있는 중요한 상대방이 된다. 이슈에 따라서는 팀 회의 등 더 비공식적인 방법을 취할 수 있다.

소비자의 경우 상품을 통해 접촉하게 되는지, 아니면 온라인 서비스 등을 통해 접촉하게 되는지에 따라 소통 방식이 달라질 수 있다. 기업

은 또한 지역사회의 주민과 가장 좋은 방법이 무엇인지 섬세하게 고민해야 한다. 이때 지역사회의 엘리트와 일반적 주민 사이에 격차가 있을 수 있기 때문에 엘리트를 통해서만 소통하고 있는 것은 아닌지 주의를 기울일 필요가 있다.

다양한 형식의 소통 가능
① 지속가능경영보고서 발간
② 웹사이트 업데이트
③ 재무 비재무 통합 보고
④ 뉴스레터

잘 이루어진 이해관계자 소통은 기업이 이해 관계자와 긍정적인 관계를 구축하고 유지하는 데 도움이 될 수 있다. 더 나아가 이해관계자와의 강력한 관계는 기업이 다각적인 검토로 의사 결정을 내릴 수 있도록 하여 잠재적인 부정적 영향의 가능성을 줄이는 데 도움이 될 수 있다. 반면, 성공적이지 못한 이해관계자 소통은 이해관계자의 불만과 좌절로 이어질 수 있으며 이러한 불만과 좌절은 향후 장기간의 비용소모적인 분쟁으로 이어질 수 있다. 따라서 이해관계자와 소통시 그의 의견이 기업활동에 있어 존중되고 회사가 이러한 관계를 유지하는 데 시간과 자원을 투자한다는 것을 지속적으로 보여주며 신뢰관계를 형성할 필요가 있다.

SECTION 1 | PART 5 소통과 보고 | CONCEPTION ②

인권보고서의 작성

한 줄 POINT! 인권보고서 작성시 인권영향평가를 통해 식별된 모든 이슈와 대응을 반드시 공개해야하는 것은 아니지만 생략한 정보가 있다면 그와 함께 이유에 대해서 명시할 필요가 있다.

 인권 리스크에 심각한 영향을 미치는 기업의 경우 보다 대중적이고 정기적인 방식인 정식 보고서를 통해 식별한 주요 인권 리스크와 부정적인 영향에 대한 기업의 대응을 공개하고 소통할 필요가 있다.

기업은 인권실사의 전 과정을 문서화하고 부정적 인권영향을 방지하기 위한 기업의 노력을 공유하는 방식으로 인권보고서를 발간할 수 있다. 특히 심각한 인권 영향의 위험이 존재한다면, 그것이 사업활동에 의한 것이든 활동 맥락에 의한 것이든 공식 보고가 이뤄져야 한다.

인권보고서 작성 가이드라인

2015년 기업과 인권 분야의 비정부기구인 시프트(Shift)와 마자르(Mazar) 등이 합작해 '유엔 기업과 인권 이행원칙(UNGPs)'에 따라 기업이 인권존중 책임을 이행하기 위한 보고서를 작성할 때 참고할 만한 종합적인 가이드라인을 발간했다.

'유엔 기업과 인권 이행원칙 보고 프레임워크(UNGPRF)'가 그것이다. 프레임워크는 단답식 질문보다는, 기업이 인권존중책임에 대해 알고

세 파트로 구성된 UNGPRF

구분	보고 원칙	세부 내용
1 인권 존중을 위한 거버넌스	A1. 인권 정책	인권 존중 의지 대외 공개 여부
	A2. 인권 존중 내재화	인권 존중 의지 내재화를 위한 노력
2 중점 보고 분야	B1. 주요 인권 이슈 목록	사업 활동과 연관된 주요 인권 이슈
	B2. 주요 인권 이슈 식별	주요 인권 이슈 선정방법
	B3. 주요 인권 관리 지역	주요 인권 이슈 발생 지역 및 지역 선정 방법
	B4. 잠재적 인권 이슈	주요 인권 이슈와 잠재적 인권 이슈
3 주요 인권 이슈 관리	C1. 주요 인권 이슈를 위한 세부 정책	주요 인권 이슈를 위한 세부 정책
	C2. 이해관계자 참여	주요 인권 이슈별 이해관계자의 참여
	C3. 영향평가	지속적인 주요 인권 이슈 식별
	C4. 인권 이슈 대응	주요 인권 이슈의 의사결정 프로세스 및 활동 반영
	C5. 성과 평가	주요 인권 이슈 해결을 위한 활동의 효과성
	C6. 사후지원	인권 관련 피해자를 위한 사후 지원 활동

있다는 것을 보여줄 수 있는 서술형 질문과 이에 대해 명확하고 투명한 답변을 하기 위한 지침을 제공하고 있다.

프레임워크는 세 파트로 이루어진다. 첫 번째 파트인 '인권 존중을 위한 거버넌스'는 기업의 인권정책과 이를 내재화하기 위한 거버넌스에 관한 질문으로 구성된다. 두 번째 파트인 '중점 보고 분야'에서는 주요 인권 이슈 목록과 식별, 주요 인권 관리 지역과 잠재적 인권 이슈에 대해 밝히도록 하고 있다. 여기에 기업이 어떻게 부정적 인권영향을 식별하고 대응하는지에 관한 지표를 포함해야 한다. 세 번째인 '주요 인권 이슈 관리' 파트에서는 주요 인권 이슈에 관한 세부 정책, 이해관계자 참여, 영향 평가, 결과 반영 및 조치, 성과 추적, 교정 활동에 대한 질문들을 던지고 있다.

기업은 인권 보고 프레임워크가 제시한 보고원칙 또는 GRI(Global Reporting Initiative)와 같은 별도의 비재무정보 공시 방식을 활용해 인권보고서를 작성할 수 있다.

특히 인권 리스크에 심각한 영향을 미치는 기업의 경우 보다 대중적이고 정기적인 방식인 정식 보고서를 통해 식별한 주요 인권 리스크와 부정적인 영향에 대한 기업의 대응을 공개하고 소통할 필요가 있다. 주의할 것은 이행원칙(UNGPs)이 인권영향평가를 통해 식별된 모든 이슈와 대응을 반드시 공개하라고 요구하는 것은 아니라는 점이다. 예컨대, 이해관계자 또는 직원의 인권에 위협이 될 수 있거나 영업비밀 또는 개인정보 이슈가 있는 경우가 있다. 다만, 특별히 생략한 정보와 그 이유에 대해서는 명시할 필요가 있다.

한편, 인권보고에 대한 독립적 검증은 그 내용과 신뢰성을 더욱 강화할 수 있다.

SECTION 1 | PART 5 소통과 보고 | ISSUE BRIEF ①

자동차 제조업계 최초 인권보고서 발간한 포드

포드의 10가지 중대 인권 이슈

포드는 제조업계에서 최초로 인권보고서를 발간했다. 이 보고서는 아동노동, 기후변화, 인신매매, 차별 등 10가지 중대한 인권 이슈를 상세히 다루고 있다.

① 물과 위생에 대한 접근성 (Access to Water and Sanitation)
② 공기 질 (Air Quality)
③ 아동 노동 (Child Labor)
④ 기후 변화 (Climate Change)
⑤ 공정하고 동등한 임금 (Fair and Equal Wages)
⑥ 강제 노동 및 윤리적 채용 (Forced Labor and Ethical Recruitment)
⑦ 괴롭힘 및 차별 (Harassment and Discrimination)
⑧ 인신매매 (Human Trafficking)
⑨ 산업 보건, 안전 및 복지 (Occupational Health, Safety, and Wellbeing)
⑩ 안전과 품질 (Safety and Quality)

포드(The Ford Motor Company)는 2022년 3월 인권보고서(Human Rights Report)를 발간했다. 미국의 자동차 제조업계에서 발간한 최초의 인권보고서다. 포드의 인권보고서는 아동노동, 기후변화, 인신매매, 공정하고 평등한 임금 등 10가지 중대한 인권이슈를 상세히 다루고 있다. 10가지 중대한 인권이슈는 포드가 2022년 실시한 '인권 중대성 평가(Human Rights Saliency Assessment)'를 통해 선정됐다. 인권 중대성 평가는 포드가 기업경영에서 우선순위를 둬야 할 중대한 인권이슈를 선정하는 작업으로, 다양한 전문가와 이해관계자들의 의견이 반영된다. 포드는 2018년 자동차 제조업계 최초로 인권 중대성 평가를 실시했고 2020년에 이어 이번이 세 번째다.

다양한 인권 이슈 아우르는 포드

인권보고서를 살펴보면 중대한 인권이슈에 관한 포드의 구체적인 경영목표와 그 성과, 사회 전반 인권이슈에 대한 포드의 영향력을 잘 알 수 있다. 중대한 인권이슈 중 하나인 아동노동 문제에 대응해, 포드는 '공급사 행동규범(Supplier Code of Conduct)'을 수립하고 아동 노동력 착취 없는 공급망을 구축하고 있다. 그 어떤 경우에도 15세 미만의 아동을 고용하지 않는 원칙을 세우고, 공급망의 공급업체들도 포드의 공급사 행동규범을 준수해 아동노동을 근절하도록 요구하고 있다.

포드는 기후변화 이슈에도 주목했다. 파리 협정에 따라 CO_2 배출량을 줄이기로 약속하고, 2050년까지 탄소중립을 달성하겠다고 선언했다. 탄소중립목표 실현을 위해 2021년 11월 25억 달러 규모의 녹색채권을 발행했고, 머스탱

마하-E 전기차를 시작으로 F-150 라이트닝, E-트랜짓 등 전기차를 생산하고 있다. 전기차 시대로의 전환을 대비해 전기차의 대중화를 위한 기술 연구와 개발에도 매진하고 있다. 그 외에도 포드는 내부의 인권정책에 따라 성별, 인종 및 여러 차별 요소에 관계없이 공정한 보상을 제공하는 동일노동 동일임금(Equal Pay for Equal Work) 원칙을 선언하고 있다. 코발트 공급망의 투명성을 위해 블록체인 기술을 활용하고 있는 점도 흥미롭다. 코발트를 광산에서 채굴해 정련 및 배터리 제조 등을 거쳐 전기차에 최종 탑재되기까지 모든 과정이 블록체인 시스템에서 투명하게 공개된다. 하나의 인권이슈에 치우치지 않고 다양한 인권이슈에 대한 기업의 구체적 목표와 성과를 모니터링할 수 있다는 점에서 포드의 인권보고서가 갖는 의미가 크다.

더 나은 세상을 위한 선도적 행보

인권보고서가 보여주듯 포드는 자동차 업계에서 인권경영을 선도적으로 이끌고 있다. 영국의 비영리 기구인 기업인권벤치마크(CHRB)가 2020년 글로벌 기업 199개 사의 '유엔 기업과 인권 이행원칙(UNGPs)' 준수를 평가한 결과에 따르면, 포드는 자동차 부문에서 2위와 매우 큰 격차로 1위를 했다. 2022년 4월에 저스트 캐피털(JUST Capital)이 선정하는 환경분야의 업계 선두주자 32개 기업 중 하나로 뽑히기도 했다. 기업의 사회적 지속가능성 측정을 위한 모델을 개발하기 위해서 미시간대학교 연구진과 2년간 협업한 소셜 임팩트 프로젝트(Social Impact Project) 사례도 포드의 적극적인 인권경영을 보여준다.

이런 포드의 행보는 포드를 창업한 헨리 포드의 경영철학과 맞닿아 있다. 헨리 포드는 '기업의 존재이유는 단순히 돈을 버는 것이 아니라 값싼 상품과 높은 임금으로 사회에 봉사하는 데 있다'고 믿었다. 20세기에 포드는 "5%가 아닌, 95%의 사람들을 위한 물건을 만들겠다"며 부유층의 특권이었던 자동차의 대중화를 이끌었고, 당시 동종업계 임금의 2배 이상인 '일당 5달러'를 정착시켜 미국 중산층 확대에 기여했다. 사회구성원에게 긍정적 영향을 줘 보다 나은 세상을 만들겠다는 포드의 오래된 철학은 2022년 인권보고서에도 잘 담겨있다. 기업의 경영은 사회 곳곳의 인권상황과 긴밀하게 연결돼 있다. 포드를 중심으로 국내외 자동차 업계 전반에 인권경영이 확산하기를 기대해 본다.

> **2050년**
> 포드는 파리 협정에 따라 CO2 배출량을 줄이기로 약속하고, 2050년까지 탄소중립을 달성하겠다고 선언했다.

포드의 1호 전기 픽업트럭 F-150 라이트닝.

파타고니아가 홈페이지에 '인신매매' 글 작성한 이유

변화를 위한 파타고니아의 노력

파타고니아는 공급망 전체에 걸쳐 파타고니아가 소유하고 있는 시설과 공급업체에 대한 정보를 홈페이지에 공개한다. 이를 통해 소비자들은 자신이 구매하는 옷이 어디서 어떻게 만들어지는지 알 수 있다.

39% 2020년 기준 파타고니아의 의류 제조 공장 중 39%는 평균적으로 노동자들에게 생활임금을 지급하고 있다.

527t 폐그물을 재활용하여 해양 플라스틱 527톤을 줄였다.

101,706벌 2020년 총 101,706벌의 옷을 수선했다.

6만 4000명 6만 4000명 이상의 노동자가 파타고니아의 공정 무역 프로그램 지원을 받았다.

94% 파타고니아 제품 라인의 94%는 재활용 자재를 사용한다.

2015년 6월 3일 글로벌 아웃도어 의류업체 파타고니아의 공식 홈페이지에 '파타고니아와 인신매매(human trafficking)'라는 제목의 글이 올라왔다. 파타고니아는 2011년 대만의 공급망에서 이주노동자에 대한 노동중개인의 불법 중개 수수료 문제가 공공연히 발생하고 있었던 사실을 내부감사를 통해 발견했다고 고백했다. 대만에서 노동중개인에 의한 채용은 합법이다. 하지만 공급업체들이 사용하는 노동중개인들은 법의 한도를 넘는 수수료를 부과하고 있었다. 이에 따라 이주노동자들은 '현대판 노예제'에 준하는 억압과 부채에 시달렸다. 파타고니아가 '인신매매'라는 단어까지 사용한 이유다.

기존 체계 한계 깨달은 파타고니아

파타고니아는 사회적·환경적 지속가능성을 추구하는 대표적인 기업으로 남다른 공급망 관리 체계를 갖추고 있었기에 이 같은 사실이 당혹스러울 수밖에 없었다. 이 기업은 2000년대 중반부터 '품질, 사회, 환경, 경영능력'이라는 자체 공급업체 선정기준을 수립하고 1차 공급망을 대상으로 이를 적용해왔다. 공급망 관리와 관련한 내부 부서들은 각 비토권을 가지고 있다. 이 때문에 한 부서라도 거부 시 공급업체로 선정할 수 없다. 2011년부터 이런 기준이 2차 공급망인 원재료·원단 공급업체까지 확대 적용됐다. 공정노동협회(FLA)의 창립 구성원으로 공급망 선정과 관리에 대해 FLA의 모니터링과 관리·감독을 받고 있기도 했다.

파타고니아는 기존 관리 체계에 한계가 있음을 깨달았다. 형식적인 실사 과정에서 공급업체의 근로자들은 불리하게 작용할 수 있는 사실을 숨기기 마련이었다. 다국적 근로자의 언어를 알지 못해 충분한 의사소통을 못하는 경우도 있었다. 이에 파타고니아는 공급망의 인권이슈에 대해 잘 이해하고 있는 비영리단체(NGO)인 베리테와 함께 4곳의 공급업체를 대상으로 이주노동자 현황 실태조사를 위한 심층 실사에 들어갔다. 이를 통해 자체적인 '이주 노동자 고용 기준'을 확립했다. 이 기준은 정당한 고용 및 근로계약 체결, 급여와 중개 수수료의 명시, 여권 유지 지원, 기본 생활 및 노동 환경 보장, 불만 사항 처리 및 절차 제도화, 노사 간 소통 정례화 등 구체적인 내용을 담았다. 파타고니아는 2014년 대만 공급업체들을 대상으로 간담회를 개최해 이주민 근로자에 대한 수수료 부과를 중단하고 이미 수령한 법정 한도를 초과하는 수수료는 근로자에게 상환하도록 하는 등 새로운 방침을 설명했다. 이런 새로운 기준이 부담되지 않도록 공급업체들과 지속적인 소통과 설득의 과정을 거쳤다.

공급업체 성장 위한 적극 지원

지원방안도 함께 고민했다. 공급업체에 주기적인 교육을 제공하고 기업의 사회적 책임 노력에 대한 비용을 약 9배 높였다. 파타고니아는 공급망 전반에 걸친 조건을 근본적으로 개선하기 위해서도 적극적으로 노력했다. 다른 회사에 이주노동자 고용기준을 함께 적용하자고 제안하고 협력했다. 대부분의 글로벌 브랜드들은 의류업계 전반의 공급망 생태계가 건강해져야 한다는 명분에 동의했다. 더 나아가 대만의 노동부 장관을 만나 이 문제 해결을 위해 협의하기도 했다.

파타고니아는 파타고니아가 소유하고 있는 시설과 공급업체에 대한 정보를 공개하고 있다.

FLA

파타고니아는 2014년부터 미국 공정노동협회(Fair Labor Association)와의 파트너십을 통해 공정무역제품을 생산해 오고 있다.

공급업체에서 이와 같은 요구에 응하는 것은 파타고니아가 그만큼 안정적이고 신뢰도 높은 거래처이기 때문이다. 파타고니아는 공급업체들과 20년 이상 계약관계를 지속하고 있다. 요구만 하는 것이 아니라 공급업체의 역량이 높아질 수 있도록 적극적으로 지원한다. 이에 따라 공급업체의 경쟁력이 강화된다. '파타고니아와 거래하는 업체'라는 수식어만으로 업계에서 긍정적인 평판도 얻게 된다.

한 유기농 이유식 회사의 최고경영자(CEO)가 파타고니아의 창업주인 이본 쉬나드에게 공급망 관리에 관해 물었다. 그는 "공급업체가 제품을 생산할 때 유기농 식자재를 사용하는 데 만족하지 말라"고 당부했다. 화석연료를 사용하는 대규모 공장식 농장에서 유기농 당근을 생산하는 것은 아닌지, 근로자들에게 생활임금을 지급하고 있는지 등을 살펴보라고 했다. 이에 대해 책임감 있게 답할 수 있다면 회사와 공급망이 사회환경에 유발하는 피해가 줄어들 것이라고 조언했다. 인권과 지구환경에 대한 책임있는 자세와 지속적 노력은 오늘날의 파타고니아를 만든 원동력으로 평가받는다.

SECTION 1 | PART 5 소통과 보고 | CHECKUP

소통과 보고
인권경영 5단계

경영자가 꼭 알아야 할 체크포인트

☑ 인권경영의 소통 단계에서 주의사항은?

유엔 기업과 인권 이행원칙(UNGPs) 제21조는 문제가 된 특정 인권 영향에 대한 기업의 대응이 적절한지 평가하기에 '충분한' 정보를 제공해야 한다고 규정하고 있다. 이해관계자와의 소통은 정확하고 투명해야 한다. 특히 이해관계자가 특정한 인권과 관련해 영향을 받을 때 그들 이익과 관련해 정보에 기반한 결정을 할 수 있도록 충분히 소통해야 한다. 기업이 의도적으로 정보를 이해할 수 없도록 조작하거나 기업을 긍정적으로 홍보하는 것에 치중할 경우 오히려 기업에 대한 불신과 비판만 증가하는 부작용이 발생할 것이다.

또한 기업들은 소통에 장벽이 있는 지역사회나 원주민과 소통하면서 가장 효과적인 방법을 찾도록 주의를 기울여야 한다. 예컨대 문맹률이 높은 곳의 경우 그림이나 영상 등으로 소통하는 방법을 취하는 것이 효과적일 수 있다. 또는 문화적으로 여성이 남성과 직접 소통할 수 없는 지역이라면 취약계층인 여성 등의 의견을 받기 어려울 수 있다. 이 경우 지역 조직 또는 NGO의 지원을 받거나 인권전문가의 의견을 받아 더 창의적이고 효과적인 방법을 모색해야 한다. 이런 매개체를 통해 영향을 받는 이해관계자들에게 기업의 소통방식이 어떻게 받아들여지는지 알 수 있게끔 도움을 받을 수 있다.

한편, 인권 영향에 대해 소통 시 어떤 경우 정보 공개가 영향을 받는 이해관계자나 직원에게 위험을 야기하는 일이 발생할 수 있다. 예컨대 유해한 행동에 책임이 있는 자를 명시하거나 암시함으로써 잠재적인 보복 대상이 되는 등의 일은 피해야 할 것이다. 그러나 이러한 위험이 추정된다는 막연한 사유로 정보를 비공개하는 등 악용하는 것은 경계해야 한다.

실무자가 꼭 알아야 할 체크포인트

✓ 인권보고서는 필수적일까?

유엔 기업과 인권 이행원칙(UNGPs) 제21조에 따르면, 기업이 심각한(severe) 인권 영향 리스크를 초래하는 경우 '공식 보고'를 해야 한다. 이때 공식 보고가 반드시 '독립된 인권보고서'의 발간이라는 형식을 취해야 하는 것은 아니다. 인권에 관한 공식 보고는 별도의 인권보고서를 통해 공시될 수도 있지만, 보다 더 큰 범주의 비재무정보를 공시하는 기업 지속가능경영보고서의 내용으로 공시될 수도 있고, 재무와 비재무 성과를 함께 다루는 통합보고서의 일부로 공시될 수도 있다. 인권에 관한 공시를 할 때는 기업의 비즈니스 모델, 법인 유형, 거버넌스, 전략 및 운영과 같은 보다 넓은 맥락이 고려되어야 하는데, 통합적으로 보고되는 경우 이러한 맥락이 자연스럽게 파악될 수 있다. 또한 만약 기업이 적절한 메트릭스에 따라 재무보고서에 인권 보고를 통합할 수 있다면, 이는 인권 존중이 기업 경영에 진정으로 흡수된 것으로 평가할 수도 있을 것이다.

보고서는 정기적으로 발행되어야 한다. 또한 특정 영향이 발생한 경우 비정기적으로 보고될 필요도 있다. 해외에 진출한 기업의 경우 실사보고서 등을 현지 언어로 번역하여, 현지 정부, 기업, 소비자들이 내용을 확인할 수 있도록 한다. 또한 인권 보고는 한 번에 완결된 형태로 이루어질 수 있는 것이 아니기 때문에, 인권에 부정적인 영향을 주는 기업 활동의 개선 과정을 지속적으로 보고할 필요가 있다.

잘 쓰여진 인권보고서 질적 지표

질적 지표	내용
거버넌스	인권 리스크 관리에 있어 기업의 거버넌스 구조를 어떻게 갖추고 있는지 설명하고 있는가?
구체적인 절차	인권경영이 최고위의 정책 선언에 그치지 않고 인권 존중을 실행하기 위한 구체적인 절차를 갖추고 있는가?
구체적인 영향	보고기간 동안 기업의 사업장뿐 아니라 공급망에서 발생한 구체적인 영향에 대해 언급하고 있는가?
명확한 예시	보고기간 동안 인권 정책과 절차가 기업활동에 어떻게 영향을 미치고 작용했는지에 대한 명확한 예시를 제공하고 있는가?
이해관계자 관점	기업이 부정적인 영향을 받거나 받을 수 있는 이해관계자의 관점을 어떻게 구하는지 밝히고 있는가?
도전 과제	인권 문제가 복잡하고 구조적이라는 점과 기업이 이에 대응하기 위해 어떤 노력을 기울이고 있는지 밝히고 있는가?
메트릭스	보고서가 구체적인 데이터와 주요 성과 지표 그리고 이에 대한 메트릭스를 명확하게 밝히고 있고, 이를 뒷받침하는 근거가 제시되어 있는가?
향후 쟁점 사안	인권 존중을 개선하기 위한 기업의 계획에 대한 정보를 제공하는가?
이니셔티브 전략	프로젝트, 제3자 인권영향평가, 협회 또는 이해관계자 이니셔티브 참여 등을 하고 있는 경우 이러한 활동이 기업의 인권 리스크 관리에 어떻게 기여하는지 밝히고 있는가?
공시 개선사항	지난해와 비교하여 공시가 개선된 사항에 대해 명시하고 있는가?

SECTION 1 | PART 6 구제 절차 | CONCEPTION ①

조기경보장치로서의 구제 절차

한 줄 POINT! 일반적으로 기업의 구제 절차는 내부 임직원이나 소비자 대상이지만, 인권경영에서의 구제 절차는 근로자를 비롯, 공급망 내 모든 이해관계자가 적용 대상이라는 점을 양지하고 고충 처리 절차를 수립해야 한다!

> 구제절차는 단순히 부정적 영향에 대한 사후적 대응에만 해당하는 것이 아니라, 그 자체로 사전 예방적 기능도 함께 갖고 있다. 아울러, 구제절차는 피해나 갈등이 더욱 악화하기 전에 식별해 효과적으로 대처할 수 있도록 기업에 도움을 준다.

유엔 기업과 인권 이행원칙(UNGPs)은 국가의 인권 보호 의무, 기업의 인권 존중 책임, 구제에의 접근이라는 세 가지 축으로 구성됐다. 구제 절차는 바로 그 세 가지 축 중 하나에 해당할 만큼 인권경영에서 핵심사항이다. 즉, 기업이 인권을 존중해야 할 책임을 온전히 이행하기 위해선 기업이 초래한 영향에 대해 적극적으로 구제해야 한다.

공급망 내 모든 이해관계자 포함

고충처리 메커니즘(Grievance Mechanism)은 기업의 경영활동 과정에서 영향을 받은 사람들의 고충이 제기 및 처리될 수 있는 절차다. 일반적인 기업의 고충처리 절차 및 제도는 통상적으로 내부 임직원을 대상으로 하거나 소비자를 위해 존재한다. 예컨대, 직장 내 괴롭힘 금지 제도의 경우 원청으로부터 갑질을 경험한 하청

노동자는 원칙적으로 적용 대상이 아니다. 반면에 인권경영은 법적 의무를 초월(beyond the law)해 기업의 고충처리 및 구제절차의 적용 대상을 더 넓은 범위로 상정하고 있다. 즉, 기업의 구제절차 적용 대상은 기업이 직접 고용한 근로자를 비롯하여 공급망 내의 모든 이해관계자를 포함한다. 따라서 기업의 고충처리 절차는 협력사의 근로자, 사업장 주변의 지역사회 등을 고려해 수립하고, 이들이 모두 이용할 수 있도록 해야 한다.

UNGPs에 따르면 고충처리 메커니즘은 그 성격에 따라 '사법적(judicial)' 또는 '비사법적(non-judicial)' 고충처리 메커니즘과 '정부기반(state-based)' 또는 '비정부기반(non-state-based)' 메커니즘으로 구분할 수 있다. 이 중 '비사법적'이면서 '비정부기반'의 고충처리 메커니즘은 '운영기반(operational-level)' 고충처리 메커니즘이라고도 불리는데, 기업 내부에 마련한 고충처리 절차는 '운영기반'에 해당한다.

기업 운영 기반 고충처리 메커니즘 중요

UNGPs의 제29조는 기업이 지역사회를 비롯한 여러 이해관계자와의 소통으로 고충을 조기 식별 및 대응하고 직접 구제를 제공하는 고충처리 메커니즘을 수립하도록 권고하고 있다. 특히 인권경영에서 기업의 운영기반 고충처리 메커니즘이 중요한 까닭은 정부기반의 사법적, 비사법적 고충처리 메커니즘보다도 더욱 신속하게 피해를 식별하고 대응할 수 있기 때문이다. 아울러, 일부 이해관계자 또는 진정인의 경우 문제의 원만한 해결을 위해 사법적 구제절차를 선호하지 않는 경우가 있다. 따라서 기업의 운영기반 고충처리 메커니즘은 종래의 정부 기반 구제절차를 보완하는 중요한 역할을 한다.

구제절차는 단순히 부정적 영향에 대한 사후적 대응에만 해당하는 것이 아니라, 그 자체로 사전 예방적 기능도 함께 갖고 있다. 아울러, 구제절차는 피해나 갈등이 더욱 악화하기 전에 식별해 효과적으로 대처할 수 있도록 기업에 도움을 준다. 따라서 효과적인 고충처리 메커니즘은 조기경보장치로서 피해 해결과 평판 유지에 소모되는 비용을 절감시킬 뿐만 아니라, 실질적인 피해 예방과 대처의 효율성도 높인다. 오늘날 기업의 사업과 경영활동은 매우 복잡하다. 이 때문에 기업이 인권경영을 위해 적극적인 노력과 관심을 기울이더라도 부정적인 영향이 발생할 수 있다. 조기경보장치로서의 구제절차를 통해 기업은 신속하게 피해를 확인하고 선제적으로 대응해야 한다.

고충처리 메커니즘의 유형

분류	사법적	비사법적
정부기반	지방고용노동관서 고소 및 고발	
	형사 및 민사 법정 노동재판소	
		OECD 다국적기업 가이드라인의 국내연락사무소
		공정거래위원회를 비롯한 행정 제재 절차
		국가인권위원회
비정부기반 (운영기반)		기업 자체의 고충처리절차
		산업협회 및 기타 이니셔티브
		시민사회를 비롯한 여러 이해관계자
		노동조합

SECTION 1　　PART 6 구제 절차　　CONCEPTION ②

효과적인 고충처리 메커니즘을 수립하는 방법

한 줄 POINT! 고충처리 메커니즘을 지속적으로 개선하기 위해서는 그 효과성을 정기적으로 검토해 내·외부 이해관계자에게 공시하고 구제절차와 관련된 과정을 공개해 다양한 이해관계자가 쉽게 열람할 수 있도록 해야 한다.

> ARP 보고서의 정책 목표 11.2는 고충처리 메커니즘을 지속적으로 개선하기 위해 고충처리 메커니즘의 효과성을 정기적으로 검토하도록 권고한다.

유엔 기업과 인권 이행원칙(UNGPs) 제31조는 비사법적 고충처리 메커니즘의 효과성을 평가하는 8가지 기준을 제시하고 있다. 이는 오른쪽과 같다.

2011년 이행원칙(UNGPs)이 채택된 이후, 이 행원칙의 내용을 더욱 고도화하기 위한 여러 연구 프로젝트가 진행돼 왔다. 이 중 구제에 관한 연구 프로젝트의 경우 유엔 인권이사회에서 유엔인권최고대표사무소(OHCHR)에 위임해 진행한 바 있다.

이 프로젝트의 표지는 '책임과 구제 프로젝트'(Accountability and Remedy Project, ARP)다. 해당 프로젝트는 2014년에 공식적으로 시작해 현재까지도 진행 중이다. 특히 기업의 고충처리 메커니즘을 포함하는 비정부기반 고충처리 메커니즘에 관한 연구는 2018~2020년에 진행된

고충처리 메커니즘의 효과성 판단 기준

	UNGPs 제31조
1 정당성(Legitimate)	대상이 되는 이해관계자 집단으로부터 신뢰를 얻고, 고충처리 절차의 공정한 진행을 보장한다.
2 접근성(Accessible)	고충처리 절차는 관련된 모든 이해관계자에게 알려져야 하고, 고충처리 절차 접근에 특정한 장벽을 직면한 피해 집단에 적절한 도움을 제공한다.
3 예측가능성(Predictable)	단계별 진행 기간, 명확한 진행 절차, 사용 가능한 절차와 결과의 유형 및 모니터링 방법과 같은 절차와 정보를 명확하게 알려준다.
4 형평성(Equitable)	피해 집단이 공정하게 정보를 제공받고 존중받는 조건에서 고충처리 과정에 참여하는 데 필요한 정보, 조언 및 전문지식에 합리적으로 접근할 수 있도록 보장한다.
5 투명성(Transparent)	당사자에게 진행경과에 대해 투명하게 공유하고, 절차의 효과에 대한 충분한 정보를 제공한다.
6 권리합치성(Rights-compatible)	결과 및 구제책이 국제적으로 인정된 인권과 일치하도록 보장한다.
7 지속적인 학습의 자료 (A source of continuous learning)	차후 고충이나 침해를 방지하기 위한 교훈을 파악하는 조치를 마련한다.
8 참여 및 대화에 기반 (Based on engagement and dialogue)	고충처리 및 구제절차 제도의 설계와 성과에 대해 이해관계자의 의견을 청취 및 반영하고, 고충을 대처하기 위한 수단으로 대화에 초점을 맞춘다.

바 있다. 이 연구결과와 권고내용을 담은 보고서를 만드는 과정에서 여러 이해관계자와의 협의를 약 30회 이상 가졌고, 그중 한 번은 한국에서 진행됐다.

ARP 보고서의 정책 목표 11.2는 고충처리 메커니즘을 지속적으로 개선하기 위해 고충처리 메커니즘의 효과성을 정기적으로 검토하도록 권고한다. 아울러, 어떤 기준에 따라 효과성을 검토하고 개선을 위해 어떤 노력을 했는지 내·외부 이해관계자에게 공시하도록 권장한다.

두 번째로 구제절차와 관련된 상세한 일련의 과정을 공개해 다양한 이해관계자가 쉽게 열람할 수 있도록 해야 한다. 기업이 어떻게 진정을 받고, 조사 및 처리하는 데 소요되는 기간과 최종 통지 기간 등에 대한 설명을 반드시 포함해야 한다.

SECTION 1   PART 6 구제 절차   ISSUE BRIEF ①

인권경영 평가 '우등생' 아디다스의 비결

인권을 기업의 책임으로 존중하는 아디다스

아디다스는 2025년까지 가치사슬 전체에 걸쳐 위험성이 높은 인권 문제를 식별하고 관리하는 시스템을 구축하는 것을 목표로 하고 있다.

자체 운영	
안전보건	LTIR(Lost Time Incident Rate)가 업계 평균을 밑돈다.
	사망사고 제로
	직업병 빈도율(OIFR) 제로
공급망	
사회적 영향 (S-KPI)	Tier 1 전략적 공급업체의 70%가 최소 4S를 달성
	Tier 1 전략적 공급업체의 100%가 3S 이상 달성
공정한 임금	공정한 임금 벤치마크로 측정되는 보상의 점진적 개선
성별	근로자와 감독관의 성별 임금 평등
가치사슬 전체	
인권과 환경실사 (HREDD)	가치사슬 전체에 위험성이 높은 인권 문제 식별 · 관리 시스템 구축 목표

영국의 비영리기구인 기업인권벤치마크(CHRB)는 2020년 세계 229개 기업을 대상으로 '유엔 기업과 인권 이행원칙(UNGPs) 준수 여부를 평가했다. 독일의 스포츠패션 브랜드 아디다스는 26점 만점에 23점을 받아 세계 4위에 올랐다. 그 이유는 무엇일까. 기업인권벤치마크가 2020년에 평가한 기준은 크게 세 가지다. △인권 관련 기업지배구조 및 정책 선언(8점) △인권존중 내재화 및 인권실사(12점) △피해구제 및 고충처리 메커니즘(6점)이었다. 이는 이행원칙(UNGPs) 제 15조와 일치한다(참고로 2020년 평가는 코로나19로 인해 선별된 일부 요소에 대해 간단히 실시했다).

협력업체에도 존중 선언

첫째, 기업지배구조 및 정책 선언의 측면에서, 아디다스는 회사 정책문서에 유엔의 세계인권선언을 지지한다고 명시적으로 밝혔다. 이행원칙(UNGPs)에 따른 인권 존중에 노력할 것을 공개적으로 약속했다. 또한 사규에서 국제노동기구(ILO)의 핵심 4대 원칙(결사의 자유 및 단결권·단체교섭권의 보장, 강제노동 금지, 아동노동 금지, 차별 금지)에 관해 명시했다. 나아가 협력업체들에 대해서까지 4대 원칙의 준수를 요구했다.

자사 근로자들 및 협력업체 근로자들의 안전보건에 관해서도 존중을 선언했다. 회사에 의한 인권침해에 관해, 자체적 절차에 의한 구제 및 OECD 다국적기업 가이드라인 이행을 위한 국내연락사무소(National Contact Point, NCP)와 같은 제3자 채널에 의한 구제를 약속했다. 나아가 정기적으로 이해관계자들이 참여하고 소통하는 모델 구축을 약속했다. 예를 들어 2016년부터 대만, 중국, 베트남, 인도네시아 등

의 2차 협력업체인 가공업체 및 3차 협력업체인 원자재 공급업체들을 대상으로 현대판 노예제 관련 위험 기반 실사 프로세스, 리스크 평가 등에 관한 교육프로그램 등을 제공했다. 이른바 '현대판 노예제 근절 지원프로그램'이다. 교육 과정 중에 식별된 인권침해 위험에 대해선 협력 업체들과 함께 개선 계획을 수립했다.

인권침해 위험 식별 모니터링 절차 마련

둘째, 인권존중의 내재화 및 인권실사 측면에서, 아디다스는 기업에 의한 인권침해의 궁극적 책임이 대표이사에게 있음을 선언했다. 30년 경력의 인권 변호사를 부사장으로 선임해 사회·환경 문제를 담당하는 부서를 이끌게 했다. 현대판 노예제 근절 지원프로그램의 일상 관리를 위해 정규직원을 채용했다. 사업 운영에서 오는 인권침해 위험을 식별하는 모니터링 절차를 마련하고, 이해관계자가 참여하게 했다. 식별된 현저한 위험은 대중에 공개했다. 국제적인 수준에서도 매년 국가위험 평가를 진행했는데, 현지 이해관계자의 피드백, ILO 보고서 등을 통해 나라별 인권 이슈를 검토해 국제공급망의 규범 준수 모니터링에 활용했다. 식별된 위험에 대해 완화를 위한 실행 계획을 마련했다. 예를 들어 공정한 보상에 관해 직무상 숙련도·성과·역량에 기반해 임금이 증가하는 프로그램을 마련하고 협력업체들에 임금평가 도구와 지침을 배포했다.

위험 완화 조치가 실효적인지 확인하기 위해 매년 제3자로부터 컴플라이언스 프로그램에 대한 감사를 받았다. 부사장이 책임자인 사회환경부서가 공급망의 인권 문제에 관해 경영진에게 보고하는 절차도 마련했다. 아디다스는 인권 영향에 관한 사항을 관련 지역사회, 이해관계자들과도 소통했다. 이를 위해 사회환경부서는 18개 언어로 운용됐다. 이해관계자들의 인권침해 우려에 대해서도 대응했다. 예를 들어 베트남 공장에서 해고된 근로자들을 돕던 활동가의 구금 소식을 듣고, 아디다스는 베트남 지방정부에 공식 서한을 보냈다. 경찰이 근로자들의 결사의 자유를 침해하지 못하도록 요구한 것이다.

마지막으로 피해구제 및 고충처리 메커니즘에 관해 아디다스는 2013년 글로벌 핫라인을 설치해 전 직원이 익명으로 고충처리를 요청할 수 있도록 했다. 글로벌 핫라인은 아디다스 직원만 이용할 수 있는 게 아니다. 협력업체, 기업 외부의 개인 및 지역사회 구성원에게도 개방했다.

2014년

아디다스는 2014년 제3자의 불만 메커니즘을 확립했다. 이 메커니즘의 일환으로서 매년 연말에, 노동이나 인권 침해에 관한 제3자의 불만과 그 상황(조사, 해결의 성공 등)을 아디다스 웹사이트를 통해 전달해 오고 있다.

SECTION 1   PART 6 구제 절차   ISSUE BRIEF ②

인권경영을 공동의 목표로 삼은 바스프(BASF)

인권에 대한 BASF의 접근법

BASF는 유엔글로벌콤팩트(UNGC)의 창립 멤버로서 유엔 기업과 인권 이행원칙(United Nations Guiding Principles on Business and Human Rights, UNGPs)과 각 지역의 국내 원칙을 길잡이로 삼아 지원한다.

공급자: 우리는 인권 침해를 야기하거나 기여하는 것을 절대적으로 피하는 것을 목표로 한다.

BASF 운영진: 우리는 어떠한 인권 침해와도 연관되고 싶지 않다. 우리는 우리의 파트너들이 인권을 존중하고 각자의 책임을 다하기 위한 그들의 노력을 지원하기를 기대한다.

고객: 우리의 예방적 실사와 고충 및 불만 처리 제도를 통해 가치 사슬에 따른 잠재적으로 불리한 인권 영향을 식별하고 예방하고자 한다.

최근 주요국에서 인권경영을 법제화함에 따라, 그 어느 때보다 국내에서도 인권경영에 관한 관심이 뜨겁다. 의무기업은 공급망 내 인권리스크도 점검해야 하기 때문에 대응이 녹록지 않을 전망이다. 내년 공급망 실사법 시행을 앞둔 독일의 기업들은 실사법 시행에 어떻게 준비하고 있을까.

독일의 대표적인 기업 바스프(BASF)는 아디다스와 더불어 인권경영 독일 모범기업으로 손꼽힌다. 2021년 독일 연방경제협력개발부(BMZ)와 협력해 지멘스를 비롯한 9개 회사와 함께 인권경영 모범사례들을 소개하는 보고서를 발간하기도 했다. 인권경영은 협력사와의 협력이 필수적인 만큼, 인권경영의 비결을 자사의 영업비밀로만 여기지 않고 널리 공유해 기업의 인권존중책임을 견인하려는 노력의 일환이다. 그도 그럴 것이 독일 공급망 실사법에 따라 1차 협력사도 직접적인 실사 범위에 속하는데, 바스프는 1차 협력사가 약 7만 곳에 달하기 때문이다.

부서 간 인권경영 협의체 수립

공급망 내의 인권 및 환경 리스크에 사전·사후 대응하기 위해 바스프가 주력한 것은 인권실사의 내재화와 체계수립이었다. 형식적 개선 조치와 캠페인에 머무는 것이 아니라, 사내 의사결정과 실무체계에 인권실사를 반영하도록 노력한 셈이다. 통상 인권경영을 전담부서만의 업무로 여겨 부서 간 장벽(Silo)이 발생하는 경우가 많다. 바스프는 이를 극복하기 위해 부서 간 인권경영 협의체를 수립했다. 이는 공동의 목표인 인권경영을 위해 유관부서 간의 긴밀한 협력을 도모하기 위해서였다. 협의체에 참여하는 유관부서로는 컴플라이언스, 법무, 구매, 인사, 경영전략, 보안, 안전보건, 환경 등이 있다. 이러한 협의체는 인권실사를 위한 부서별 과제를 공유해 대응 전략을 함께 마련하는 등 실무자들의 인권경영 전문성을 축적하는 마중물 역할을 했다.

국내에서 인권경영을 위한 조직을 구성할 때, 임직원만으로 구성하는 경우가 많다. 이 경우 독립성과 전문성을 충분히 확보하기 힘들고, 내외부 이해관계자로부터 신뢰를 담보하지 못하는 문제가 있다. 특히 임직원으로 구성된 인권경영 조직의 경우 기업 내 사정에 국한된 소극적 조치에 그치는 경우가 많다. 이를 해결하기 위해 2020년 바스프는 별도의 인권 자문위원회를 설립했다. 위원회는 유관부서의 내부위원과 인권전문가인 외부위원으로 구성돼 있다. 바스프는 외부 이해관계자들의 의견도 이사회에서 검토할 수 있도록 했다. 이해관계자 자문위원회가 그것이다. 이해관계자 자문위원회는 매년 이사회와 함께 기후변화, 주요 인권 이슈 등을 논의한다. 최고경영자가 위원회의 위원장을 맡으며, 위원회는 학계, 비영리 기구 등 다양한 배경의 이해관계자로 구성하고 있다.

내외부 이해관계자와의 소통 필수

많은 기업이 고충 처리와 구제절차는 단순히 사후 조치만을 위한 것으로 인식하는 경향이 있다. 그러나 유엔의 기업과 인권 이행원칙(UNGPs)에서 명시한 고충처리제도는 기업이 인권위험을 조기에 식별하고 완화해 사법적 구제절차보다 더욱 신속하게 움직인다는 것이 핵심이다. 따라서 고충처리제도를 수립 및 점검하는 과정에서 내외부 이해관계자와의 소통은 필수다. 바스프는 지역사회 자문 패널을 구성해 전 세계 사업장 인근의 지역사회를 비롯한 여러 이해관계자

> 인권 존중은 규제를 준수하는 것보다 훨씬 더 중요한 문제입니다.
>
> – 마르틴 브루더뮐러(Martin Brudermuller) 바스프 그룹 최고경영자

와 정기적인 소통을 하고 있다. 수렴한 사항들은 실제적·잠재적 인권영향을 식별하고 고충 해결과 구제절차 효용성을 평가하는 데에도 활용한다. 한국 바스프도 2002년 여수를 시작으로, 한국 내 공장에서 분기마다 지역사회 자문 패널을 진행하고 있다.

2022년 9월에 열린 유엔 아시아 태평양 지역 '기업과 인권 포럼'에서 태국 정부와 일본 정부가 인권경영 법제화를 위한 노력을 공언했다. 인도에서도 기업부(Ministry of Corporate Affairs)에서 공급망 인권실사 지침을 공개하기도 했다. 일본에서 경제산업성과 외무성이 공급망 인권존중지침을 발표했다. 아시아에서도 인권경영을 위한 논의가 심화하는 만큼, 한국 기업들에도 남은 시간이 많지 않은 듯하다.

SECTION 1 | PART 6 구제 절차 | CHECKUP

구제 절차

경영자가 꼭 알아야 할 체크포인트

✓ 외부 이해관계자를 위한 구제 절차 수립방법은?

기업의 사업 활동으로 인해 부정적인 영향을 받을 수 있는 외부 이해관계자가 인권 관련 문제를 비롯한 고충이나 우려를 제기할 수 있는 구제 절차를 제공하는 것은 매우 중요하다. 기업은 협력사 행동규범(Supplier's Code of Conduct)을 통해 협력사가 인권 관련 고충이나 진정을 제기할 수 있는 채널을 수립하거나 협력사 노동자에게 위탁기업(원청)의 구제 절차를 활용할 수 있도록 안내 및 교육하도록 요청할 수 있다. 특히 지역사회, 협력회사의 노동자 등 외부 이해관계자는 기업이 제공하는 고충처리 절차를 인지하지 못하는 경우가 많다. 이를 적극적으로 알리는 별도의 노력도 필요하다.

기업은 여러 이해관계자와의 협의와 소통을 통해 의견을 청취하고 이를 반영해 지속적으로 구제 절차를 고도화할 수 있다. 이때 협력사의 노동자를 비롯한 공급망 내 외부 이해관계자와의 협의와 소통이 중요하다. 예를 들어, 세계 최대 기업식 농업 그룹인 월마인터내셔널의 경우 공급망 중 진정이 가장 많이 접수되는 국가인 인도네시아와 말레이시아에서 협력사 노동자를 포함한 여러 이해관계자와의 협의 절차를 여러 차례 가진 바 있다. 월마인터내셔널은 이런 일련의 과정을 모두 자사의 인권보고서에 공시했다. 이와 함께 수렴한 의견을 기초로 구제 절차를 개선해왔다. 아울러 내부 임직원에게 적용되는 구제 절차를 그대로 외부 이해관계자에게도 적용한다.

✓ 구제 절차 시스템의 제3자 위탁 운영이 필수적일까?

통상 다수의 인권침해 피해자를 비롯한 영향을 받은 내·외부 이해관계자가 기업이 제공하는 고충처리 절차 또는 구제 절차를 활용하지 않는 이유는 주로 신뢰성, 전문성, 독립성에 관한 우려에서 비롯된다. 즉, <u>기업이 운영하는 구제 절차가 진정인 보호, 진정 내용 비밀 유지, 담당자의 인권 전문성 등을 충분히 보장하지 못한다는 염려가 다수 보고되고 있다.</u> 특히 기업의 구제 절차는 비정부기반의 절차라 진정인을 비롯한 이해관계자가 공정성과 독립성에 대한 의문을 주로 제기하고 있다.

이런 이유로 스위스 제네바에 본부를 두고 있는 국제법학자회(International Commission of Jurists)에서 발간한 '효과적인 운영기반 고충처리 메커니즘'에 관한 보고서는 독립성, 전문성, 공정성을 높여 이해관계

실무자가 꼭 알아야 할 체크포인트

✓ 구제 절차 수립 시 유의사항은?

기업이 인권 관련 문제를 비롯한 고충이나 우려를 제기할 수 있는 구제 절차를 수립할 때는 하나 이상의 채널을 확보해야 한다. 이는 구제 절차의 접근성을 높이기 위함이다. 아울러 노동자를 비롯한 내·외부 이해관계자를 대상으로 정기적인 구제 절차의 접근성 및 효과성 평가를 실시해 지속해서 구제 절차를 고도화할 필요가 있다. 부패 핫라인과 같이 이미 다른 이슈를 다루는 목적으로 접근성이 좋은 소통 채널을 구축해둔 경우, 해당 채널이 인권 관련 문제도 함께 다루고 있음을 명시한다. 최대한 구제 절차를 통해 피해 보전을 용이하게 확보할 수 있도록 해야 한다.

나아가 구제 절차 수립 시에 모든 외부 이해관계자와 지역사회 등이 구제 절차를 이용할 수 있도록, 소외된 집단의 접근성을 반드시 고려해야 한다. 예컨대, 언어장벽과 같은 문제로 일부 국가와 지역의 근로자는 구제 절차에 접근하기 힘들 수 있다. 펩시의 경우 전화, 웹사이트, 이메일, 비대면 고충 접수처 등 하나 이상의 구제 절차를 제공하고 있다. 특히 전화로 진정을 접수할 때 진정인의 요청에 따라 통역을 지원하고 있다. 피해자 중심의 구제 절차를 수립하기 위해선 절차에 대한 상세한 설명을 공개적으로 해야 한다. 이는 기업이 어떻게 진정을 접수하고, 처리하는지에 대한 구제 절차 전체 과정을 내·외부 이해관계자가 열람할 수 있도록 해야 한다는 뜻이다. 예를 들면, 피해자 또는 진정인에게 구제 절차상의 조사 기간에 대한 정확한 정보를 제공할 필요가 있다. 조사 기간이 지체될수록 피해가 더욱 심화할 수 있기 때문이다. 진정인이 요청하면 조사 기간 피해자 보호를 위해 근무 장소의 변경, 유급휴가 명령 등의 필요한 조치를 해야 한다.

자의 신뢰를 확보하기 위해 필요시 제3자 외부 전문가 또는 기관에 구제절차 기능을 위탁할 수 있다고 명시하고 있다.[1] 유엔인권최고대표사무소(OHCHR) 운영 기반의 고충처리 메커니즘에 관한 ARP 보고서의 정책목표 14.2(d) 경우도 사안이 복잡하거나 기업 자체의 절차로 해결하기 힘든 때에는 독립된 제3자 전문가 또는 전문기관의 도움을 받을 필요가 있다고 명시하고 있다.

구제 절차 시스템의 제3자 위탁 운영은 반드시 필수적인 것은 아니다. 다만, 대부분의 모범사례는 구제 절차의 효과성을 높이기 위해 구제 절차를 외부 전문가 또는 기관에 위탁한다. 기업의 구제 절차에서는 기업과 진정인을 비롯한 이해관계자 간의 권력 차이가 존재할 수 있다. 따라서 합의·조정 단계를 비롯해 구제 절차상 일련의 과정에서 필요한 소통과 협의 시 독립된 제3자의 개입이 필요하다. 이행원칙(UNGPs) 제31조(d)도 피해 집단이 공정하게 정보를 받고 존중받는 조건에서 고충처리 과정에 참여하는 데 필요한 정보, 조언 및 전문지식에 합리적으로 접근할 수 있도록 보장할 것을 명시하고 있다. 제3자에 구제 절차를 전체 위탁하지 않더라도, 최소한 진정인이 구제 절차나 결과에 이의를 제기할 경우 의뢰할 수 있도록 절차를 갖출 필요가 있다.

SECTION 1 | PART 6 구제 절차 | TOPIC

상호 보완 관계의 '인권실사'와 '환경실사'

SUMMARY BOARD

인권실사와 환경 실사 모두에 적용되는 다섯가지 사항

1. 위험 기반 접근
2. 식별된 위험의 심각성(Severity) 고려
3. 기업 규모 또는 기업의 산업 특성 고려
4. 사업의 맥락 및 특성 고려
5. 이해관계자의 참여 및 소통 기반

최근의 인권·환경 실사 법제는 기업의 인권 및 환경에 대한 책임을 강화하는 법적 근거가 된다.

● **환경도 인권실사 대상으로**

2017년 프랑스의 기업 인권실사법 제정 이후, 인권실사를 법제화하는 유형은 통상 국제적으로 인정되는 인권 전반에 대해 포괄적으로 실사를 의무화하는 것이다. 특히 최근에는 실사법제의 물적 범위를 특정 인권(아동인권, 강제노동 등)에 한정하던 것을 국제적으로 승인되는 모든 인권으로 확대 포함하면서, 환경도 함께 실사의 대상으로 하는 경향을 보인다. 이렇게 환경, 인권문제가 상호 연결돼 있다는 건 2017년 프랑스의 실사의무화법(French Duty of Vigilance Law), 2021년 독일의 공급망에서의 인권침해 방지를 위한 기업 실사에 관한 법률(Lieferkettensorgfaltspflichtengesetz, LkSG), 2022년 유럽연합 기업 지속가능성 실사 지침안(Proposal for a Directive on Corporate Sustainability Due Diligence)을 통해 확인할 수 있다.

이러한 최근의 인권·환경 실사 법제는 기업의 인권 및 환경에 대한 책임을 강화하는 법적 근거가 된다. 실제로 그린피스와 프랑스 인권법률

가단체 셰르파(Sherpa) 등은 기업의 부작위(inaction)로 인해 발생한 환경·기후 위해에 대한 책임을 묻고자 프랑스의 실사의무화법에 따라 프랑스 에너지 기업 토탈을 고발하기도 했다.

● **인권실사와 환경실사 가이드라인**
● 기업과 인권에 관한 가장 권위있는 국제표준은 유엔 인권이사회에서 만장일치로 승인한 '유엔 기업과 인권 이행원칙(UNGPs)'과 OECD의 다국적기업 가이드라인이다. 이행원칙(UNGPs)의 경우 인권에 중점을 두되 구체적으로 그 물적 범위 내에 환경을 명시적으로 포함하고 있지는 않다.

다만, 현재 유엔 인권이사회(UN Human Rights Council)에서 논의 중인 '기업과 인권 조약(안)'의 경우 환경과 기후변화를 실사에 포함할 것을 명시하고 있다. 반면에 OECD의 다국적기업 가이드라인의 경우, UNGPs를 반영한 인권에 관한 장(chapter)과 함께 환경에 관한 장도 포함하고 있다.

다국적기업 가이드라인의 제6장 환경은 기업에 영향평가, 측정 가능한 목적의 수립, 기업 차원에서의 환경 피해 방지를 위한 예방적 접근법, 대체 및 완화방안, 지속적인 모니터링 등의 환경실사에 대한 구체적 행동을 요구하고 있다. 아울러 다국적기업 가이드라인의 경우 기업의 실사 의무는 경제적·사회적·환경적 진보에 기여해야 할 의무(가이드라인 II, 1)로 정의하고 있다.

인권실사의 주요 특징인 위험 기반 접근은 환경실사에도 적용된다. 환경실사도 인권실사와 마찬가지로 식별된 위험의 심각성(Severity), 기업 규모 또는 기업의 산업 특성과 사업의 맥락 및 특성 등과 같은 요소를 고려해 달라진다. 인권실사와 마찬가지로 환경실사도 이해관계자의 참여 및 소통을 기반으로 환경에 대한 기업의 직간접적 영향을 식별하는 것을 중점으로 둔다.

다만 주의해야 할 것은 인권실사와 환경실사는 개별 절차가 아닌 상호 보완적인 절차라는 것이다.

SECTION 2

기업 모범사례로 알아보는 **인권경영**

이해관계자의 인권에 위해가 가지 않도록 하는 것이 인권경영의 주된 목적이다.
자사 근로자부터 정부까지 이해관계자의 대상이 다양한 만큼,
기업은 인권경영 실천의 방법론을 세부적으로 논의해야 한다.
이번 섹션에서는 스타벅스, 파타고니아, 3M, 코카콜라 등의 기업이 사업장,
공급망, 소비자, 지역사회 등 각기 다른 대상을 중심으로 인권경영을 실천한
모범 사례와 글로벌 동향을 알아본다.

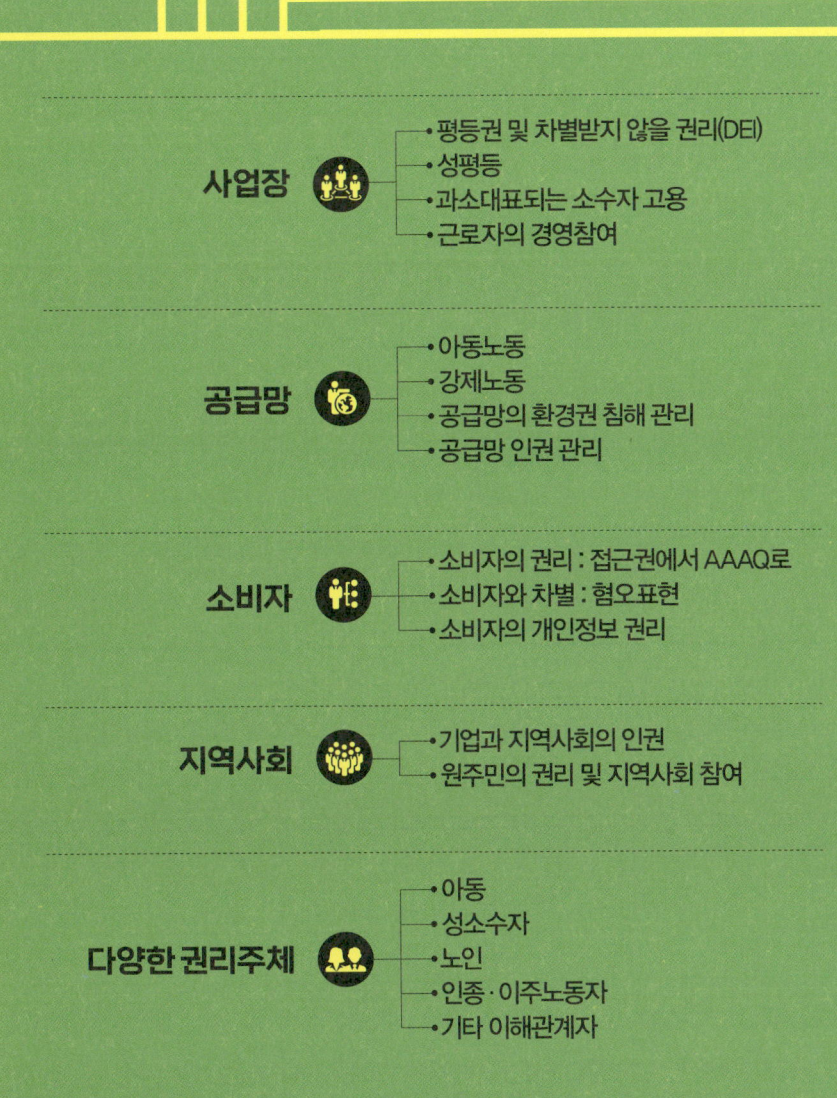

- **사업장**
  - 평등권 및 차별받지 않을 권리(DEI)
  - 성평등
  - 과소대표되는 소수자 고용
  - 근로자의 경영참여

- **공급망**
  - 아동노동
  - 강제노동
  - 공급망의 환경권 침해 관리
  - 공급망 인권 관리

- **소비자**
  - 소비자의 권리 : 접근권에서 AAAQ로
  - 소비자와 차별 : 혐오표현
  - 소비자의 개인정보 권리

- **지역사회**
  - 기업과 지역사회의 인권
  - 원주민의 권리 및 지역사회 참여

- **다양한 권리주체**
  - 아동
  - 성소수자
  - 노인
  - 인종·이주노동자
  - 기타 이해관계자

SECTION 2　PART 1　LESSON ①

'사업장 중심' 인권경영 핵심개념 ① 평등권 및 차별받지 않을 권리(DEI)

'다양성 존중'에 진심
최고평등책임자 있는 3M

미국의 글로벌 제조사 3M엔 두 종류의 CEO가 있다. 일반적으로 알려진 CEO 외에 '최고평등책임자(Chief Equity Officer)'가 있다. 최고평등책임자는 회사와 비즈니스뿐 아니라 지역사회의 평등을 증진할 책임을 맡고 있다. 3M 최고평등책임자 아래에는 다양성과 포용성을 담당하는 최고다양성책임자(Chief Diversity Officer)와 기부와 봉사, 사회정의 전략과 이니셔티브를 담당하는 부사장급 임원들이 있다.

비즈니스 생태계 평등 실현이 목표

고객, 공급망, 지역사회가 다양한 사람들로 구성돼 있으니 회사가 이를 반영하는 건 당연하다는 것이다. 3M은 평등이 다양성의 진정한 힘을 발휘하게 하는 열쇠이며 핵심 가치라고 여긴다. 3M은 직장과 지역사회, 공급망 등 비즈니스 생태계 전체에서의 평등 실현을 목표로 한다. 다른 경험, 인종, 나이, 성적 지향과 정체성, 능력, 개성, 스타일, 사고방식을 가진 사람을 차별하지 않는 것에서 출발한다.

이를 위해 다양성 목표 및 평등 전략을 세운다. 2030년까지 미국에서 초급 관리직부터 임원에 이르기까지 그동안 과소 대표되었던 인력을 두 배 늘리는 것을 목표로 하고 있다. 2021년 기준 3M은 여성 40.5%, 외국인 6.6%, 소수인종 9.2%, 장애인 1.8%, 성소수자 0.6%인데 그 비율을 늘리겠다는 것이다. 3M은 모든 나라의 사업장에서 성별 임금차별을 없앨 목표를 세웠고 100% 달성했다고 한다.

3M은 다양한 직원모임을 통해 포용성을 높인다. 'PRIDE'는 성소수자 모

> 66
> 최고평등책임자(Chief Equity Officer)는 회사와 비즈니스뿐 아니라 지역사회의 평등을 증진할 책임을 맡고 있다.
> 99

임, 'Diverse Ability Network'는 장애인 모임이다(장애인을 'disability'로 부르지 않고 'diverse ability'로 부른다). 여성 리더십 포럼에 가장 많은 직원이 참여한다. '옹호자인 남성들(Men as advocates)'이라는 모임도 있는데, 남성 직원들이 성평등 문화를 확산하고 옹호하는 활동을 한다.

2021년에 'Work your way(네 방식대로 일해라)'라는 프로그램을 시작했는데, 직원들이 일하는 시간·장소·방법을 정하는 것이다. 이 프로그램도 여성이나 장애인 등 직원들의 평등과 포용성을 향상하는 데 기여할 수 있다고 본다.

평등에 대한 감수성을 높이는 교육도 다양하게 실시한다. 'REAL 동맹'이라는 프로그램이 대표적이다. 반성, 공감, 행동, 학습(reflect, empathize, act, and learn)의 약자다. 직원들이 다른 사람 특히 소수자와의 관계를 돌아보고, 공감하며, 경청하고, 옹호하며, 함께 성장하게 하기 위한 프로그램이다. 평등을 위한 실천을 잘 하고 있는지 돌아보기 위해 '평등 행동 주간'이라는 행사도 연다.

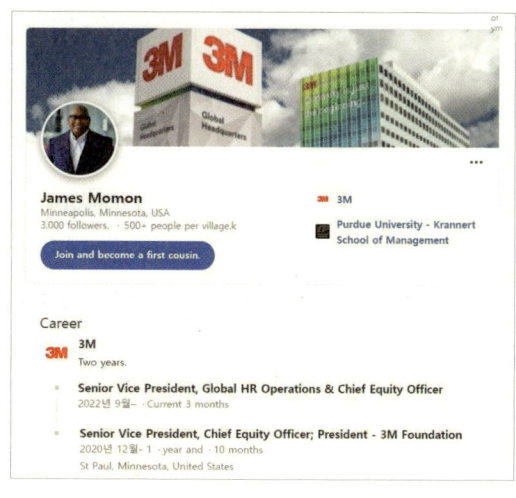

3M의 '최고평등책임자(Chief Equity Officer)' James Momon.

40.5%
2021년 기준 3M의 직원 비중은 여성 40.5%, 외국인 6.6%, 소수인종 9.2%, 장애인 1.8%, 성소수자 0.6%인데 지속적으로 이 비율을 늘릴 계획을 가지고 있다.

기업의 경쟁력과도 맞닿은 차별과 평등

공급망과의 관계에서도 평등을 고려한다. 이른바 다양한 공급망(diverse suppliers)과의 거래규모를 적극적으로 늘리고 있다. 다양한 공급망은 여성, 장애인, 상이군인, 성소수자 등이 경영하거나 그들에게 이익이 돌아가는 공급망을 말한다. 3M은 지역사회의 평등을 위한 활동에도 적극적이다. 2020년 이후 인종 평등을 위해 700억 원가량을 기부하기로 했다. 도시의 안전과 이동권, 소수자의 주택문제, 건강권 등의 프로젝트에도 참여했다.

2020년 미국에서 백인 경찰이 흑인을 체포하는 과정에서 목을 눌러 사망하게 한 사건이 발생했다. 이후 '흑인의 생명은 소중하다(Black lives matter)'라는 시민운동이 일어났다. 이 사건은 공권력이 흑인의 인권을 침해한 사건이지만, 기업 안에서도 흑인을 차별하진 않는지 돌아보는 계기가 됐다. ESG의 기수인 블랙록조차도 당시 흑인 등 소수인종의 비율이 5%에 불과했다. 차별은 기업 안에서도 뿌리 깊었다.

이 사건을 계기로 미국 기업들은 차별과 평등이 국가의 문제를 넘어 기업의 문제임을 깨닫게 됐다. 다양한 사람이 사는 세상에서 차별을 시정하고 평등을 향상하는 건 기업의 경쟁력과 맞닿아 있다는 것을 알게 됐다. 사람을 차별하지 않는 기업, 평등에 진심인 기업을 지향하는 3M에 사람들이 주목하는 이유다.

'사업장 중심' 인권경영 핵심개념 ② 성평등

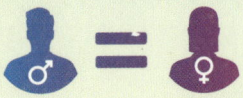

ESG가 성차별을 해결할 수 있을까?
다양성이 기업 경쟁력의 원천

성 격차 지수 156개국 중 102위(세계경제포럼, 2021년). 유리천장 지수 OECD 회원국 중 10년 연속 꼴찌(영국 이코노미스트, 2022년). 여성 이사 비율 72개국 중 69위(딜로이트 글로벌, 2022년). 한국의 성평등 성적표다. 성평등에 관한 법과 제도가 적지 않음에도 기업의 성차별은 왜 시정되지 않을까. 물론 실효성이 낮은 법과 제도도 문제다. 그러나 법과 제도만으로 한계가 있다. 시장과 공급망, 투자자의 변화를 특징으로 하는 ESG가 한국 기업의 성차별을 해소하는 구원투수가 될 수 있을까.

ESG 평가와 공시에도 젠더 이슈 포함

일본 공적연금(GPIF)은 2017년부터 '여성 지수(Empowering Women Index)'를 도입했다. 신규 채용 비율, 근속연수, 관리자 비율 등에서 성 다양성이 높은 기업에 투자한다. 블랙록, SSGA 등 글로벌 투자회사들도 '젠더 관점 투자(Gender Lens Investing)'를 한다. 투자자들은 투자한 기업에 여성 다양성을 높일 것을 요구하고, 여성 이사가 부족한 기업의 남성 이사 선임에 반대투표를 던지기도 한다.

여성 이사를 한 명 선임하는 것은 쉽지만, 여성 관리자 비율을 높이는 일은 하루아침에 되지 않는다. 투자자들이 여성 지수를 만들어 투자하는 것은 시장에 큰 변화를 가져올 수 있다. 몇 년 전 국민연금에서도 젠더 관점 투자를 해야 한다는 논의가 있었으나 실현되지 않았다.

ESG 평가와 공시에도 젠더 이슈가 포함돼 있다. 한국거래소의 'ESG 정보공개 가이던스'에 성별 임직원 현황, 차별 관련 제재 건수 및 조치내용, 육아휴직 사용 임직원 현황이 들어가 있다. 세계 증권거래소의 ESG 지표는 전체 직원뿐 아니라 신입·중간관리자·고위직 성 비율로 세분하고 있다. EU의 '비재무 정보 공시 가이드라인'에 육아휴직 근로자의 성별 비율, 임시직의 성 비율, 성별에 따른 교육훈련 시간 등이 포함돼 있다. 한국보다 지표가 구체적이고 성차별의 핵심에 다가가 있다.

> 다양성은 형평성과 포용성 없이 실현될 수 없다. 여성이 육아를 전담하고, 임신·출산으로 인한 불이익을 받는 것은 차별이다. 탄력적 근로, 재택근로를 포함해 임신·출산한 여성을 위한 근무 및 휴가제도를 마련해야 한다.

다양성 지닌 기업이 더 경쟁력 있어

글로벌 기업들은 '다양성, 형평성, 포용성'(Diversity, Equity & Inclusion, DE&I)과 '인권'의 맥락에서 젠더 이슈를 중시하고 있다. 다양성을 경쟁력의 원천으로 보고 다양성 전략과 목표를 수립해 추진한다. 인권실사 프로그램에 성차별을 포함한다. 3M코리아는 여성 고용 비율 50%를 목표로 삼고 있고, 로레알은 2016년에 관리직 여성 40% 할당제를 도입했다. 씨티그룹은 성별 임금 격차 해소를 위해 2018년부터 임금 조정을 실시했다. 포드는 '재진입 프로그램'을 마련해 2년 이상 경력이 단절된 사람들을 위한 직무교육, 채용, 멘토링 등을 추진한다. GAP은 공급망과 지역사회 관계에서도 성평등 프로그램을 운영한다. 이 프로그램에 2020년 기준 17개국 80만 명의 여성이 참여했다. 공급망에도 여성 다양성을 요구하고 지원하는 흐름이 가속화하고 있다.

다양성은 형평성과 포용성 없이 실현될 수 없다. 여성이 육아를 전담하고, 임신·출산으로 인한 불이익을 받는 것은 차별이다. 탄력적 근로, 재택 근로를 포함해 임신·출산한 여성을 위한 근무 및 휴가제도를 마련해야 한다. 포용적 문화 없이 다양성도 담보되지 않는다. 글로벌 투자자들이 정의 관념 때문에 성평등을 강조하고 여성 다양성을 투자기준으로 삼고 있을까. 아니다. 다양성을 가진 기업이 더 경쟁력 있다고 보기 때문이다. 맥킨지는 임원의 성별 다양성이 높은 상위 25% 기업이 하위 25% 기업보다 순이익이 21% 높다고 분석했다. 한국은 낮은 출산율로 여성의 경제활동 참여율을 높이는 게 무엇보다 절박한 상황이다.

CJ그룹은 2021년 말 기준 임원 여성 비율 14.8%, 관리직 여성 비율 30.9%, 전체 여성 비율 51.1%로 다른 기업보다 3배가량 높다. 포스코는 '경력단절 없는 육아기 재택근무제'를 도입해 자녀 수에 따라 최대 6년간 사용할 수 있게 한다. 롯데는 2017년부터 남성 육아휴직 의무화 제도를 도입했다. KB금융은 'WE STAR'라는 여성 인재 양성 프로그램을 실시하고 있다. ESG가 성차별을 해소하는 마중물이 되기를 기대해 본다.

21%

맥킨지는 임원의 성별 다양성이 높은 상위 25% 기업이 하위 25% 기업보다 순이익이 21% 높다고 분석했다.

2017년부터 남성 육아휴직 의무화 제도를 도입한 롯데.

SECTION 2　PART 1　LESSON ③

'사업장 중심' 인권경영 핵심개념 ③ 소수자 고용

있는 그대로도 괜찮아요
스타벅스 서울대치과병원점의 다양성

전 세계 인구의 15%가 장애를 지닌 것으로 추정된다. 기업경영에서 장애 이슈는 모든 생활영역에서 장애를 이유로 한 차별을 금지하는 장애인차별금지법 준수의 문제나, 장애인 의무 고용제도 이행의 문제로 여겨져 왔다. 그러나 단순히 법령 준수 차원에 머물러선 안 된다. 앞으로 '장애-포용적(disability-inclusive)' 기업경영으로의 종합적 인식 전환이 필요하다는 주장에 힘이 실린다.

DEI
장애균등지수를 의미하는 Disability Equality Index의 준말로, 기업의 장애인 포용 문화, 장애인 친화적 건물 및 시설, 장애인 고용, 커뮤니티 참여 등을 분석한다.

> 장애 포용적 경영은 기업의 다양성을 강화하고 고객의 편의를 증진하며, 나아가 지역사회의 장애인식 개선에도 긍정적인 영향을 미칠 수 있다.

매장 직원 절반이 장애인

스타벅스코리아(주식회사 에스씨케이컴퍼니)가 전 세계 스타벅스 브랜드 매장 중 처음으로 문을 연 장애 인식 특화 매장인 스타벅스 서울대치과병원점의 사례를 참고할 만하다. 이 매장은 장애인 고용 증진 및 장애인식 개선을 통한 사회적 가치 실현의 의미를 담은 특화 매장이다. 매장 직원 중 절반 이상이 장애인이며, 장애인 점장이 매장관리를 담당하고 있다. 이 매장은 지역 인근 12개 매장 중 매출도 상위권이다.

매장은 장애 유무에 상관없이 모든 사람이 근무·이용할 수 있도록 포괄적인 디자인을 바탕으로 설계했다. 최초 매장 설계 단계서부터 스타벅스 매장에서 근무 중인 장애인 직원들의 의견을 반영했다. 시각장애인을 위한 점자 메뉴판, 청각장애인 바리스타와 청각장애인을 위한 필담 기기 등이 배치돼 있다. 휠체어를 탄 바리스타를 염두에 두고 음료 제조 공간을 설계했다. 휠체어·이동 보조기기·유아차 등과 함께 하는 모든 사람이 쉽게 출입할 수 있도록 문턱을 없앴다.

매장 이용 고객들은 청각장애인 바리스타에게 수어나 필담으로 주문할 수 있다. 지체장애인 직원이 매장정리를 하는 모습도 낯설지 않다. 장애인 직원이 근무하는 스타벅스 매장에서 음료를 구매한 경험을 통해 자신의 장애 인식을 되돌아봤다는 후기도 여럿 찾아볼 수 있다. 장애 포용적 경영은 기업의 다양성을 강화하고 고객의 편의를 증진하며, 나아가 지역사회의 장애인식 개선에도 긍정적인 영향을 미칠 수 있다.

다양한 모습 그대로도 괜찮아요

스타벅스코리아는 장애인 채용에서도 주목할 만하다. 2007년부터 장애인 바리스타 채용을 시작해 2022년 상반기 기준 장애인 파트너 수는 총 823명이다. 전국 매장 장애인 고용률 4.2%로 업계 최고 수준이다. 이 중 50명의 파트너는 동등한 승진 기회를 얻어 관리자 이상 직급으로 근무 중이다. 또한 스타벅스는 장애에 대한 편견을 없애고, 장애인 파트너의 역량을 강화하기 위해 매년 장애인 바리스타 챔피언십을 개최하고 있다. 이런 행사를 통해 장애인 파트너들의 음료 지식, 숙련도, 라테 아트 등 실력을 겨루고, 자부심을 증진한다. 스타벅스는 말레이시아, 미국, 중국, 일본 등지에 수화매장을 운영하고 있다. '사이닝 스토어(signing store)'라고 불리는 이곳은 수화 외에도 다양한 커뮤니케이션 방법을 이용해 소통할 수 있다. 다양한 사람들이 있는 그대로의 모습으로 즐길 수 있는 공간을 실현하는 것을 목표로 한다.

미국의 장애균등지수(Disability Equality Index, DEI)는 기업의 장애인 포용 문화, 장애인 친화적 건물 및 시설, 장애인 고용, 커뮤니티 참여 등을 분석해 다양성 보장과 장애 통합 노력의 정도를 측정하고 지수화한다. 비용이 들고, 설문 응답에 많은 시간을 투자해야 함에도 약 300여 개 기업이 자발적으로 장애균등지수 평가에 참여한다. 장애균등지수 점수가 높을 경우 장애인과 가족, 시민들이 기업에 긍정적인 시선을 갖게 된다. 경영 성과에도 긍정적인 영향을 미친다고 보기 때문이다. 실제 장애균등지수 점수가 높은 기업이 80점 미만의 기업보다 재무적 성과가 뛰어나다는 연구 결과도 있다.

기업경영에서 장애 이슈는 기업의 사회적 책임이나 사회공헌 차원에서 이해해 왔다. 이제 장애 포용적 경영으로의 패러다임 전환을 적극적으로 검토할 필요가 있다.

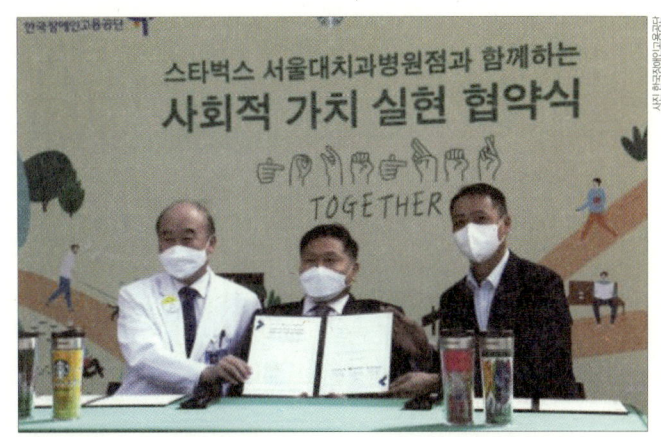

송호섭 스타벅스커피 코리아 대표이사(오른쪽)와 조향현 한국장애인고용공단 이사장(가운데), 서울대학교치과병원 구영 병원장(왼쪽)이 스타벅스 서울대치과병원점에서 열린 사회적 가치 실현 협약식에서 기념 촬영하고 있다.

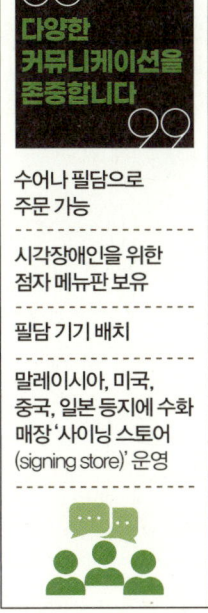

"다양한 커뮤니케이션을 존중합니다"

- 수어나 필담으로 주문 가능
- 시각장애인을 위한 점자 메뉴판 보유
- 필담 기기 배치
- 말레이시아, 미국, 중국, 일본 등지에 수화매장 '사이닝 스토어(signing store)' 운영

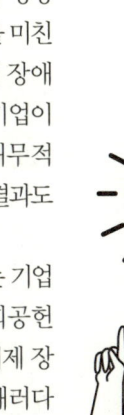

소수자 고용

'사업장 중심' 인권경영 핵심개념 ④ 근로자의 경영참여

행동적 주주로서 적극적으로 관여하는
ESG 시대의 근로자 경영 참여

기업 지배구조에서 근로자의 목소리를 강화하는 것은 ESG 시대의 중요한 거버넌스 이슈다. 투자자들이 행동적 주주로서 적극적으로 관여하는 것을 'Engagement'라고 하는데, 주주제안, 주주총회에서의 적극적 의결권 행사뿐 아니라 소통, 협의 등의 방법으로 회사의 이슈에 관여하는 다양한 활동을 말한다. 이러한 'Engagement' 개념을 최근 근로자에 관해서도 원용하여 종전의 논의인 근로자 경영 참여(Employee Participation)를 ESG 맥락에서 재조명하고 있다.

> **Engagement**
> 투자자들이 행동적 주주로서 적극적으로 관여하는 것으로, 적극적 의결권 행사뿐 아니라 소통, 협의 등의 방법으로 회사의 이슈에 관여하는 다양한 활동.

다양한 형태의 근로자 경영 참여

근로자 경영 참여는 독일의 공동결정 제도와 같이 근로자가 자본가와 동등한 권리를 가지고 기업을 함께 경영하는 사례도 있고, 노동이사(노동조합 추천 이사) 제도와 같이 이사회에서 근로자를 대표하는 사람을 지명하는 경우도 있다. 한편, 전통적 노조가 아닌 사회적 파트너십(Social Partnership)을 통해 사용자와 근로자 간 경영 협의가 이루어지는 경우, 근로자들이 이사회가 아니라 주주총회를 통해 경영 관여를 하는 경우도 있다(우리사주제도). 전통적 방식인 노동조합에 의한 단체협약도 넓게 보면 경영 참여의 한 형태로 볼 수 있다.

우리나라의 근로자 경영참가 제도의 토대는 헌법이 보장하고 있는 사회적 시장경제 질서와 사회국가원리에서 찾을 수 있다. 이를 근거로 노동조합을 통한 단체교섭, 노사협의회('근로자의 참여 및 협력 증진에 관한 법률' 제4조), 우리사주조합('근로자복지기본법' 제32조~제49조의2) 등을 통해 근로자의 목소리를 반영하고 있다. 최근 2022년 8월 4일부터 시행된 '공공기관의 운영에 관한 법률'에 따라 공기업과 준정부기관에서는 3년 이상 재직한 소속 근로자 중 근로자 대표 추천이나 근로자 과반수 동의를 받은 근로자 1명을 비상임 노동이사로 임명해야 한다.

> 기업은 노동문제에 국한하지 않고 더 나아가 ESG 경영과 관련된 계획, 실행, 평가 등 모든 활동에 대하여 노동자 대표 등 핵심 이해관계자를 참여시키고 이들과 소통해야 한다.

핵심 이해관계자 참여가 관건

한편, ESG 투자자들은 이사회 참여 외에도 다양한 근로자 경영 관여 방식이 있음을 인정한다. 보다 넓은 의미에서 근로자의 경영 관여라는 개념으로 이해관계자의 하나인 근로자의 목소리를 듣는 것, 근로자들이 경영에 관여하는 것을 중요시한다. 결국 실질적으로는 경영에서 근로자 의견을 얼마나 수렴하는지, 민주적 노사관계를 가졌는지를 중요하게 고려하는 것이다.

ESG 평가기관들이 제시하는 사회(S)에 관한 지표는 주로 노동자에 관한 사항으로, 다양성·평등·포용성, 건강, 안전 및 복리후생 등을 중요하게 다루고 있다. 그러나 이러한 노동 의 사안을 사회(S)에 국한하는 것이 아니라 지배구조(G) 관점에서도 살펴보아야 한다. 즉, 최소한 다양성, 평등, 산업안전, 복리후생, 노사관계 등 노동자의 권익 보호에 대한 사안을 노동자가 참여한 ESG 위원회 또는 이사회 등에서 진행해야 한다. 기업은 노동문제에 국한하지 않고 더 나아가 ESG 경영과 관련된 계획, 실행, 평가 등 모든 활동에 대하여 근로자 대표 등 핵심 이해관계자를 참여시키고 이들과 소통해야 한다. 기업은 근로자 참여와 의견 개진이 보장되는 환경을 마련해 제품 및 시장전략, 이익공유 등 중요한 경영 사안 전반에도 근로자의 참여가 확대될 수 있어야 한다. 이것이 조직의 생산성 및 품질 향상, 원가 절감, 고객서비스 개선 등을 가져올 수 있다.

글로벌 식음료 기업인 펩시코(PepsiCo)는 근로자의 경영 관여를 측정, 추적 및 촉진하는 접근 방식을 발전시키고 있다. 또한 근로자가 두려움 없이 의견을 개진할 수 있도록 다양

근로자 경영 참여의 형태

1. 근로자가 자본가와 동등한 권리를 가지고 기업을 함께 경영하는 사례
2. 이사회에서 근로자를 대표하는 사람을 지명하는 경우
3. 근로자들이 주주총회를 통해 경영 관여를 하는 경우(우리사주제도)
4. 노동조합에 의한 단체협약

한 채널을 마련한다. 조직 건강, 직원 신뢰도 등에 대한 주기적 설문조사뿐 아니라 Have a Say, Next Big Idea와 같은 직원 피드백을 이끌어내는 클라우드 소싱 이니셔티브를 통해 회사에 의견과 아이디어를 전달할 수 있도록 한다. 근로자 경영참가 강화가 기업 성과와 항상 일치하는 것은 아니지만, 근로자에게 동기를 부여하고 만족도를 높이며 회사에 대한 자긍심과 사명감을 경험하게 할 뿐만 아니라 극심한 노사갈등 예방에 도움이 되는 등 긍정적인 효과가 있기 때문이다.

SECTION 2　PART 2　LESSON ①

'공급망 중심' 인권경영 대표 사례 ① 아동노동

협력사의 일에는 책임이 없을까?
나이키가 아동노동 논란에 대처한 방법

1996년 미국의 한 잡지에 12세 파키스탄 소년이 나이키 로고가 새겨진 축구공을 바느질하는 사진이 실렸다. 시민단체들은 나이키가 아동노동을 착취한다고 거세게 비난했다. 나이키는 "본사는 디자인과 마케팅을 담당하고 제품 생산은 협력사에 아웃소싱했다"면서 "협력사의 공장은 우리가 관리하지 않는다"고 반박했다. 그러나 전 세계에 비난 여론이 일면서 나이키의 매출과 주가가 폭락했다.

방조·묵인도 인권침해 책임 있어

기업이 협력사 공장에서 발생한 인권침해까지 책임져야 하는가. 글로벌 기업이 개발도상국에 진출한 경우 자국(선진국) 수준의 인권경영을 해야 하는가 아니면 해당 국가 수준에 맞는 준법경영만 하면 되는가. 유엔은 2011년 '유엔 기업과 인권 이행원칙(UNGPs)'을 통해 '국가의 인권보호의무'와 '기업의 인권존중책임'을 구별했고 양자가 상호 독립적임을 밝혔다. 특정 국가의 인권보호법제가 미비하더라도 기업은 이와는 별개로 어느 나라에서든 국제적으로 승인된 인권목록을 존중할 책임이 있다는 것이다. 다소 논쟁적인 기업의 인권존중책임이 미치는 범위와 관련해, UNGPs는 기업이 인권침해를 '야기(caused)'한 경우뿐 아니라 기업이 제3자의 인권침해에 '기여(contributed to)'하거나 이에 '직접적으로 연결(directly linked to)'된 경우에도 책임이 있다고 밝혔다.

앞선 사례에서 나이키는 직접 아동을 고용하지 않았다. 그러나 협력사의 아동노동 착취를 방조하거나 묵인했고 이에 따라 이익을 얻었다면 간접적 인권침해에 대해서도 책임이 있다고 볼 수 있다. 처음에 책임을 부정하던 나이키 경영진은 뒤늦게 사과하고 재발 방지 대책을 수립했다. 1998년 나이키의 최고경영

> 66 유엔은 2011년 '유엔 기업과 인권 이행원칙(UNGPs)'을 통해 '국가의 인권보호의무'와 '기업의 인권존중책임'을 구별했고 양자가 상호 독립적임을 밝혔다. 특정 국가의 인권보호법제가 미비하더라도 기업은 이와는 별개로 어느 나라에서든 국제적으로 승인된 인권목록을 존중할 책임이 있다는 것이다.
>

자(CEO)인 필 나이트(Phil Knight)는 그동안 나이키 제품이 안고 있던 아동 노동 등 하청업체의 노동 문제에 대처하겠다고 밝혔다. 사회책임경영 전문가를 부사장으로 영입하고, 노동 및 환경 관련 업무를 총괄하는 기업책임부(Office of Corporate Responsibility)를 신설했다. 협력사에도 기업윤리규범을 확대 적용하고, 근로자의 최소 연령기준을 상향했다. 2002년부터 2004년 사이 약 600건의 협력회사 실사를 실시했다. 2005년부터 실사 결과 및 개선방안 등을 매년 보고서를 통해 공개하고 있다.

ILO가 강조한 기업의 역할

국제노동기구(ILO)의 보고서에 따르면, 2020년 아동노동의 총수는 1억6000만 명까지 증가했다. 이는 전 세계 5~17세 연령대 아동의 9.6%에 달하는 규모다. 강제노동을 하는 사람 8명 중 1명이 어린이, 거의 절반(48%)이 5~11세 사이다.

사회의 불안정은 취약한 가정, 그중에서도 여성과 어린이에게 가장 큰 영향을 미친다. ILO는 어린이와 그 가족을 위한 사회보호를 확대해 빈곤과 경제적 불확실성을 줄여야 한다고 조언했다. 취업할 수 있는 최저 연령까지 양질의 학교 교육을 무상으로 제공하며, 신생아 등록을 의무화해 모든 어린이가 법적 권리를 보장받을 수 있도록 하는 등 사회적 기반을 조성해야 한다는 것이다.

ILO는 또한 기업이 아동 강제노동을 종식하는 데 중요한 역할을 할 수 있다고 강조하며, 선행해야 할 세 가지 활동을 제시했다. 먼저 최고경영자 수준에서 아동 강제노동 해결을 약속하고 정책을 수립하는 것이다. '무관용 원칙'을 수립하되 아동노동 발각 시 협력사와의 관계를 종료하겠다고 위협하는 방식은 피해야 한다. 이는 아동노동을 공개적으로 논의하고 해결할 창구를 끊는 것이다. 유엔 아동권리협약(CRC)상 '아동 최선의 이익(Best Interests of the Child)' 원칙에도 부합하지 않는다. 두 번째로, 기업에 노출된 아동노동의 위험 요인이 무엇인지, 왜 존재하는지 파악하고 평가하는 것이다. 마지막으로 다른 기업 및 이해관계자와 협력하는 것이다. 구체적이고 실행 가능한 지침을 제시하고, 그들이 지속할 수 있는 계획을 개발할 기회를 제공해야 한다. ILO가 제시한 이와 같은 활동은 아동노동 문제로 창립 이래 최악의 위기에 봉착한 나이키가 대처해나간 방안과 다르지 않다.

1996년 〈라이프〉지가 보도한 나이키 축구공을 바느질하는 소년.

UNGPs에 따른 기업의 인권존중책임이 미치는 범위

- ☑ 기업이 인권침해를 야기한 경우
- ☑ 기업이 제3자에 의한 인권침해에 기여한 경우
- ☑ 사업관계를 통해 인권침해에 직접 연결된 경우

SECTION 2 PART 2 LESSON ②

'공급망 중심' 인권경영 대표 사례 ② 강제노동

포용적 인권 정책 수립 필요
강제노동 종식 위한 공정채용 방안

국제노동기구(ILO)의 2022년 9월 '현대판 노예제에 대한 글로벌 추산' 보고서에 따르면, 2021년 말 기준 강제노동 피해자는 약 2800만 명에 달한다. 강제노동의 절반 이상이 아시아 태평양 지역에서 발생하지만, 중상위 또는 고소득 국가에서도 상당히 많았다. 저소득 국가가 1000명당 6.3명이라면, 고소득 국가는 1000명당 4.4명이었다. 또한 이주노동자의 비율이 비이주노동자의 3배 이상이었다.

공정하고 윤리적 채용 촉진이 우선

국제사회는 지속가능발전목표(SDGs)를 수립하며, 강제노동 종식 목표를 2030년(아동의 경우 2025년)으로 했다. 그러나 코로나19로 인하여 강제노동은 심화되었다. 이에 ILO는 다음과 같은 정책 우선순위를 제안했다. 먼저 공정하고 윤리적인 채용을 촉진해야 한다. 부도덕한 채용 기관 및 노동 중개인에 의한 터무니없는 수수료 청구, 채용과정에서 이뤄지는 학대 및 사기 행위로부터 근로자를 보호해야 한다. 또한 근로자의 결사 및 단체 교섭의 자유를 보장하고, 구제수단 접근가능성을 높여야 한다.

공공 근로감독관의 범위 및 역량을 확대해 강제노동으로 악화하기 전 노동법 위반 행위를 적발해 조처해야 한다. 고용주의 준수 의무에 대한 인식도 높일 필요가 있다. 더불어 사회적 보호를 근로자에서 그 가족까지 확대해 이주자에게 포용적인 인권 정책을 수립해야 한다.

영국, 호주 등 몇몇 국가에서 현대판 노예 근절을 위한 개별법을 제정했다. 호주는 2019년부터 현대판 노예방지법을 시행했다. 최근

과학기술정보통신부와 고용노동부가 함께 개최한 제5회 '첫겨울 나눔래옷 나눔외투' 전달식에서 각 나라 대표들이 외국인 노동자들에게 전달할 외투와 식품이 담긴 상자에 메시지를 쓰고 있다.

뉴사우스웨일스대학교 인권센터에서 '깨진 약속: 호주의 현대판 노예방지법에 따른 2년간의 기업 보고'라는 보고서를 발간했다. 인권센터는 현대판 노예 위험이 높은 4개 산업 부문의 92개 기업이 정부의 '현대판 노예' 등록부에 제출한 기업 명세서를 추적하는 방법으로 법의 실효성을 검토했다. 그 결과 검토 대상 기업의 66%는 여전히 법률에서 요구하는 기본 보고 요건을 준수하지 못했다. 보고 첫해에 기업이 한 약속에 대해 그 56%가 두 번째 해에 이행하지 않고 있으며, 43%는 여전히 공급망에서의 현대판 노예 위험을 식별하지 못했다. 보고서는 "현대 노예 금지 제도가 단순한 서류 작업에서 진화해야 한다"고 제언하며, 실사를 강화하고 실사의무 위반 시 기업을 처벌하는 등 법이 강화될 필요가 있다"고 분석했다.

채용 초기부터 근로 조건 알려야

ILO의 '강제노동에 대한 글로벌 비즈니스 네트워크(GBNFL)'는 강제노동을 판단하는 11가지 지표를 내놨다. ① 취약성 남용 ② 사기 ③ 이동 제한 ④ 격리 ⑤ 신체적·성적 폭력 ⑥ 위협 ⑦ 여권 등 억류 ⑧ 임금 체불 ⑨ 부채 속박 ⑩ 학대적 근무 및 생활 조건 ⑪ 과도한 노동 시간 등이다. 강제노동 관행을 해결하기 위한 광범위한 조치로 ① 회사 정책 및 절차 수립 ② 실사 강화 ③ 공용 중개인과 공정 채용에 대한 계약 또는 합의 수립 ④ 채용 절차 및 고용 조건에 대한 명확한 정보 제공 ⑤ 고충 처리 메커니즘에 대한 접근권 제공 ⑥ 근로자가 지불한 채용 수수료로 인한 부채 개선을 들었다.

ILO는 2017~2018년까지 '네팔-요르단 의류산업 공정 채용 파일럿 프로젝트'를 진행했다. 이 기간에 채용 중개기관인 FSI 월드와이드는 130명의 여성 네팔 노동자가 요르단의 의류 공장들에 공정 채용되도록 중개했다.

터프츠 대학교는 공정 채용을 하는 파일럿 프로젝트를 진행하며 관행적인 불공정 채용과 비교하는 영향평가를 실시했다. 그 결과 공정하게 채용된 근로자는 감독관리자와 충돌할 가능성이 작았고, 생산성도 높았다. 따라서 이주 노동자가 이주 결정을 내리기 전과 같은 채용 과정의 매우 초기 단계부터 급여를 비롯한 근로 조건을 공정하게 알릴 필요가 있다고 진단했다.

특히 출국 전 사전 정보 교육 프로그램은 해외 근무지에서의 근로조건과 생활 조건 및 계약에 대한 이해를 도울 수 있었다. 기업은 위와 같은 제언을 토대로 강제노동 근절의 실마리를 풀어나갈 수 있다.

출국 전 트레이닝과 같은 프로그램은 해외 근무지에서의 근로조건과 생활 조건 및 계약에 대한 이해를 도울 수 있었다. 특히 공급망 하위 사슬인 중소기업에서 강제노동의 발생 위험이 큰 만큼, 기업은 위와 같은 제언을 토대로 강제노동 근절의 실마리를 풀어나갈 수 있다.

2800만 명
2021년 말 기준 강제노동 피해자는 약 2800만 명에 달한다. 강제노동의 절반 이상이 아시아 태평양 지역에서 발생하지만, 중상위 또는 고소득 국가에서도 상당히 많았다.

SECTION 2 | PART 2 | LESSON ③

'공급망 중심' 인권경영 대표 사례 ③ 공급망의 환경권 침해 관리

2023년까지 산림 벌채 없는 공급망 달성 목표
지속가능한 팜유를 지향하는 유니레버

팜유 산업은 생산 및 공급 과정에서 잘못된 관행으로 대규모 산림 파괴, 생물 다양성 손실, 토지 분쟁, 아동 노동 및 강제 노동 등 여러 환경 및 인권 문제로 논란이 됐다. 다국적 소비재 기업 유니레버는 세계 최대 팜유 소비 기업 중 하나로, 오랫동안 지속가능한 팜유 공급망 관리를 고민해왔다.

공급망에도 정책 준수 요구

유니레버는 해결책으로 엄격한 제3자 인증제도에 주목했다. 2004년 WWF 등과 함께 '지속가능한 팜유 생산을 위한 협의회(Roundtable on Sustainable Palm Oil, RSPO)'를 창립했다. 그리고 RSPO 인증을 받은 팜오일만 구입하겠다는 정책을 수립했으며, 2012년 이 목표를 100% 달성했다. 그럼에도 유니레버에 팜유를 공급하는 인도네시아에서 산림 파괴가 지속적으로 발생했다. 이에 2011년 피해 원주민과 활동가들이 본사 앞에서 시위를 벌이는 등 책임을 촉구했

RSPO
유니레버는 WWF 등과 함께 '지속가능한 팜유 생산을 위한 협의회(Roundtable on Sustainable Palm Oil, RSPO)'를 창립했다.

다. 유니레버는 제3자 인증제도만으로는 부족하다는 것을 깨닫게 됐다. 이에 2013년 자체적인 '지속가능한 팜유 공급망 정책(Sustainable Palm Oil Sourcing Policy)'을 수립하고 2016년 이를 보완했다. 이 정책은 산림 벌채 금지, 이탄지역 개발금지, 커뮤니티와 사람의 착취 금지라는 세 가지 원칙을 세웠다. 이를 위해 산림 보호와 동시에 여성과 소작농에게 긍정적인 환경을 조성하고 사회적 영향을 미치며, 투명성을 강화하는 등의 내용을 담았다.

유니레버는 이와 같은 정책의 준수를 공급망에도 요구했다. 전 세계 팜유의 약 40%가 소농들에 의해 생산되기 때문에 공급망에서 5가지 정책이 준수될 수 있도록 소농들과의 협력 관계를 강화했다. 예를 들어 인도네시아 NGO인 '지구혁신연구소(INOBU)'와 협력해 소농들을 대상으로 RSPO 원칙에 따라 팜유를 생산하도록 교육했다. 대신 기존 농법을 개선해 수확량을 늘

> 66
> 유니레버는 제3자 인증제도만으로는 부족하다는 것을 깨닫게 됐다. 이에 2013년 자체적인 '지속가능한 팜유 공급망 정책(Sustainable Palm Oil Sourcing Policy)'을 수립하고 2016년 이를 보완했다.
> 99

유니레버는 산림 보호와 동시에 여성과 소작농에게 긍정적인 환경을 조성하는 내용을 담은 '지속가능한 팜유 공급망 정책(Sustainable Palm Oil Sourcing Policy)'을 수립했다.

리고자 노력했다. 소농에게 권한을 부여하고 산림 복원의 강력한 동맹이 될 수 있도록 하는 동시에 이들이 지속적인 생계 소득을 확보할 수 있도록 기여하는 것을 목표로 했다.

원칙 위배한 공급업체 명단 공개하기도

투명성 및 추적성을 강화하기 위한 여러 가지 방안도 모색했다. 2018년 정제공장 및 생산공장을 포함한 공급망 리스트를 홈페이지에 공개함으로써 투명성에 대한 의지를 천명했다. 2019년부터 NGO 등이 유니레버의 공급망 원칙을 위배했다고 이슈가 제기된 공급업체들의 명단과 문제 사항을 추적한 '팜오일 불만 추적시스템(grievance tracker)'을 공개했다. 유니레버의 필수 요구 사항을 준수하지 않는 것으로 밝혀진 공급업체는 정해진 기간 내에 문제를 해결하기 위한 시정 조치 계획을 개발하고 제공해야 한다.

최근 유니레버는 원자재 재배부터 최초의 가공시설에 이르는 단계인 '첫 번째 마일(first mile)'에 주목했다. 이 단계에서 산림 벌채 위험이 가장 크기 때문에 특별한 모니터링 및 추적이 이뤄질 수 있도록 했다. 이를 위해 미국 국제개발처(USAID), 유엔 식량농업기구(FAO), 세계자원연구소(WRI), NASA 및 구글 등 다양한 전문기관과 산림 데이터 파트너십을 체결하고 협력했다.

유니레버의 공급망 정책은 2020년 '사람과 자연 정책(People & Nature Policy)'으로 강화됐다. 이 정책은 자연 생태계 보호, 인권 존중 및 증진, 투명성 및 추적성, 사람과 지구를 위한 선한 힘이라는 네 가지 원칙을 포괄하고 있다. 기존의 벌채 금지 등에서 나아가 자연 생태계를 보호하고 황폐해진 토지를 복원하는 프로젝트 등에 투자하고 있다. 소농들이 재생 농업 관행을 채택할 수 있도록 권한을 부여했다. 좋은 환경 및 안전한 노동 관행을 촉진하고, 적절한 경우 관련 인증 취득도 지원하고 있다. 최근 위성 모니터링, 위치 추적, 블록체인 등 새로운 디지털 기술의 활용을 확대하는 등 '2023년까지 산림 벌채 없는 공급망 달성'이라는 목표를 향해 나아가고 있다.

유니레버의 지속가능한 팜유 공급망 정책을 위한 세 가지 원칙

산림 벌채 금지

이탄지역 개발금지

커뮤니티와 사람의 착취 금지

'공급망 중심' 인권경영 대표 사례 ④ 공급망의 인권 관리

인권 리스크 시의적·근원적 대응 '중요'
애플의 공급망 개편한 폭스콘 사태

미국의 한 방송국은 2012년 애플 등 세계적 전자기업들의 제작사인 폭스콘(Foxconn)의 노동 환경을 상세히 조명했다. 폭스콘 시설에서 가혹한 노동 환경에 시달리던 근로자 18명이 자살을 시도했다는 내용이다. 당시의 생생한 보도는 사회에 큰 충격을 줬다.

협력업체 행동 수칙 만든 애플

애플은 '공정노동연합(Fair Labor Association, FLA)'을 통해 폭스콘 공장의 전면 감사를 실시하고, 2012년 보고서에서 360가지 개선 조치 항목을 공개했다. 2013년 자문위원회를 구성해 애플 공급망의 노동 표준에 관한 연구, 실태 조사 및 개선 조치를 권고하는 역할을 부여했다. 매년 협력업체에 대한 책임 보고서를 발간해 문제점을 공론화하고 개선 조치를 이행 점검하는 시스템을 다른 기업보다 정밀하게 갖추게 됐다.

애플은 '애플 협력업체 행동 수칙(이하 수칙)'

360가지
폭스콘 시설에서 가혹한 노동 환경에 시달리던 근로자 18명이 자살을 시도하자 애플은 2012년 보고서에서 360가지 개선 조치 항목을 공개했다.

> 수칙과 표준의 성실한 이행을 위해 애플의 모든 직원과 인턴은 연례 필수 교육인 '업무 행동 규범' 과정을 이수해야 한다.

을 만들고, 협력업체가 수칙의 원칙과 요구 사항에 따라 모든 관련 법률 및 규정을 완벽하게 준수하도록 요구한다. 또한 수칙을 보완하기 위해 명확한 정의를 추가한 '애플 협력업체 책임 표준(이하 표준)'을 제정했다. 수칙과 표준은 애플의 인권 정책을 바탕으로 하며 노동권 및 인권, 건강 및 안전, 환경, 경영 시스템, 윤리 분야와 관련해 협력업체가 준수해야 할 사항을 명시한다. 그 적용 범위는 애플에 제품 또는 서비스를 제공하거나 애플 제품에 사용되는 제품 또는 서비스를 제공하는 협력업체와 해당 협력업체의 자회사, 계열사, 하청업체 및 이하 협력업체이다.

애플의 수칙 및 표준은 유엔 세계권리장전, 노동에서의 권리와 기본원칙에 관한 1998년 ILO 선언, 유엔 기업과 인권 이행원칙(UNGPs) 및 OECD의 분쟁 및 고위험 지역의 광물에 대한 책임감 있는 공급망 실사 가

폭스콘의 가혹한 노동 환경에 항의해 시위 중인 홍콩노동단체.

이드라인 등 국제 인권 표준을 참고해 만들었다. 애플은 책임감 있는 비즈니스 연합(RBA)의 회원사로서, RBA 행동규범의 요건을 충족한다. 한편 애플의 인권 정책은 이사회가 그 제정 및 감독에 대한 책임을 갖고 있다. 애플의 수석 부사장 겸 법률 고문은 인권 정책 시행을 담당하며, 이사회와 위원회에 진행 상황과 주요 사안들을 보고한다.

생산시설 이전 방안도 적극 검토

애플은 매년 수칙과 표준을 평가하고 개정한다. 이때 담당부서뿐 아니라, 제품 및 서비스 디자이너, 시설 관리자 등과 같은 다양한 부서가 긴밀히 협력해 새로운 위험요소를 다룬다. 또한 협력사 직원들의 요구 사항이 반영될 수 있도록 협력사 직원, 시민단체, 학계 전문가를 비롯한 외부 이해관계자들과 협력한다.

수칙과 표준의 성실한 이행을 위해 애플의 모든 직원과 인턴은 연례 필수 교육인 '업무 행동 규범' 과정을 이수해야 한다. 직원들은 지역, 잠재적 위험 요소, 책무에 따라 매년 본인의 역할과 관련된 2~5시간 분량의 교육을 받는다. 익명으로 고충을 제기할 수 있는 '업무 규범 상담 서비스(Business Conduct Helpline)'와 업무 창구를 비롯해 질문을 하거나 우려 사항을 공유할 수 있는 추가 경로도 제공된다.

현재까지도 아이폰 전체 물량의 약 70%가 폭스콘에서 생산된다. 폭스콘만큼 높은 수준의 정밀성 표준과 효율성을 유지하면서도 제품의 복잡성을 빠르게 장악해 생산 주기를 단축할 수 있는 생산시설이 많지 않기 때문이다. 폭스콘의 경영진은 성취를 위해 비용만이 아니라 속도에도 집중해야 한다고 주장한다. 2022년 11월 중국 정저우의 폭스콘 공장에서 대규모 인력 이탈 및 시위 사태가 발생했다. 애플은 이 사태로 인해 전년 동기 대비 11.4%가량의 매출이 감소했다. 국제 인권단체들은 심각한 우려를 표하며 애플에 현장조사에 나설 것을 요구하고 있다. 애플은 최근 생산시설을 인도나 동남아시아로 대폭 이전하는 방안을 적극 검토하고 있다. 인권 리스크에 대한 시의적·근원적 대응이 중요하다는 것을 보여주는 사례다.

> **애플의 수칙 및 표준에 참고한 국제 인권 표준**
> - ☑ 유엔 세계권리장전
> - ☑ 노동에서의 권리와 기본원칙에 관한 1998년 ILO 선언
> - ☑ 유엔 기업과 인권 이행원칙(UNGPs) 및 OECD의 분쟁 및 고위험 지역의 광물에 대한 책임감 있는 공급망 실사 가이드라인

'소비자 중심' 인권경영 포인트 ① 소비자의 권리

모두를 위한 공간 지향…
美 영화관이 스마트 안경 개발한 이유

'노인을 위한 금융은 없다.' 어느 기사 제목이다. 은행 점포는 매년 300개씩 사라지지만, 노인에게 앱이나 인터넷 뱅킹은 어렵다. 키오스크나 온라인으로 음식을 주문하고 쇼핑하는 시대가 노인에겐 버겁다. 장애인은 소비자에서 소외된 지 오래다. 자필 서명을 하지 못한다는 이유로 시각장애인의 대출이 거부된 일, 부모 동반을 요구하면서 성인 발달장애인의 통신 가입이 거절된 일이 뉴스에 오른다. 유아차를 끌고 버스를 타거나 편의점에 가는 것은 불가능하다. 저상버스라도 유아차를 위해 램프를 내려주지 않고, 편의점에 경사로가 없다. ESG는 소비자의 접근권(Accessibility)을 중요한 문제로 다루고 있다. 물과 전기, 가스, 통신과 같은 영역은 물론 기업이 일반적으로 제공하는 상품과 서비스에 누구든지 접근할 수 있어야 한다. 나이, 장애, 성, 국적과 인종, 사회적 신분 등을 이유로 차별해서는 안 된다. 유럽연합(EU)의 소셜 택소노미는 사회적으로 지속할 수 있는 경제활동을 분류하는 기준인데, 재화 및 서비스에 대한 접근권을 중요한 기준으로 다루고 있다. 유엔의 지속가능발전목표(UN SDGs)도 평등과 접근권을 전제하고 있다.

모든 소비자 고려한 기업

미국의 영화관 1위 사업자 리걸 시네마(Regal Cinemas)는 2013년 청각 및 시각장애인이 영화를 볼 수 있도록 스마트 안경을 개발했다. 소니와 함께 개발한 이 안경을 쓰면 자막과 화면해설이 제공된다. 보통은 장애인을 위한 사회공헌 차원이라고 홍보할 텐데 리걸은 그러지 않았다. 극장 관객이 줄고 있어 장애인을 영화관으로 유입하기 위해 해당 서비스를 제공한다고 밝혔다. 장애인도 엄연한 소비자

'AAAQ'라는 프레임으로 발전하는 접근권

Availability — 가용성
Accessibility — 접근성
Acceptability — 수용성
Quality — 품질

라는 것이다.

영국의 테스코(TESCO)는 미국에 진출하면서 월마트 등이 매장을 내지 않던 가난한 동네에 매장을 개설했다. 햄버거 가게만 있는 동네에서 신선한 식품과 과일을 팔았다. 지방정부와 시민의 환영을 받은 이 프로젝트는 틈새시장을 공략하면서도 "음식 사막에 신선한 식품으로 빈곤과 폭력을 몰아낸다"는 평가를 받았다. 일자리를 창출하고 건강 문제를 해결하고 있다는 것이다.

스타벅스는 '모든 사람에게 소속감을 제공하는 공간'이라는 슬로건 아래 다양한 접근성 정책을 시행하고 있다. 경사로는 기본이고 장애인을 위한 점자메뉴, 청각장애인과의 수어 소통 등을 포함한 다양한 노력을 기울인다. 2022년 3월 전 세계에 1000개의 '커뮤니티 스토어'를 열겠다고 밝혔다. 커뮤니티 스토어는 지역사회와 더 연결되고, 모든 사람의 웰빙을 향상하기 위해 다양한 노력을 하는 매장을 말한다. 매장의 포용적 디자인 표준을 강화해서 접근성을 보다 높이겠다고 약속했다.

접근성 높아질수록 커지는 기업 이익

한국의 공중이용시설에 경사로가 없는 경우가 많다. 휠체어와 유아차를 끌고 들어갈 수 없다. 얼마 전 법원은 편의점에 경사로를 설치하지 않은 것은 장애인차별금지법을 위반한 것이라고 판결했다. 고속버스 또는 시외버스에 리프트를 설치한 버스가 전혀 없어서 장애인이 이용할 수 없는 것도, 영화관에서 장애인을 위한 자막 또는 화면해설을 제공하지 않은 것도 위법이라는 판결을 받았다.

법원은 편의점에 경사로를 설치하지 않은 것은 장애인차별금지법을 위반한 것이라고 판결했다.

접근권은 'AAAQ'라는 프레임으로 발전하고 있다. AAAQ는 Availability(가용성), Accessibility(접근성), Acceptability(수용성), Quality(품질)의 앞 글자를 조합한 것이다. 가용성은 특정 상품이 충분한 양으로 이용될 수 있음을 의미한다. 접근성은 상품 및 서비스가 경제적·물리적으로 어떠한 차별 없이 접근할 수 있어야 한다는 것이다(관련 정보의 제공 포함). 수용성은 상품 및 서비스 제공이 윤리적으로나 문화적으로 적절해야 함을 말한다. 특히 소수자와 취약계층을 존중하고 성별과 연령 요건에 민감해야 한다. 품질은 상품 및 서비스가 안전하고 과학적으로 승인되고 국제적으로 인정된 품질 표준을 충족함을 뜻한다.

다양한 소비자가 상품과 서비스에 접근할 수 있을 때 시장은 넓어지고 기업의 이익도 커진다. 소비자들은 이런 기업을 신뢰하고 선호한다. 물론 사회적 약자를 포함한 모든 사람의 편익도 함께 커질 것이다. 기업이 세상을 바꾸는 방법이다.

1000개
스타벅스는 전 세계에 모든 사람이 소속감을 느낄 수 있는 '커뮤니티 스토어' 1000곳을 만들겠다고 밝혔다.

> 다양한 소비자가 상품과 서비스에 접근할 수 있을 때 시장은 넓어지고 기업의 이익도 커진다.

SECTION 2 PART 3 LESSON ②

'소비자 중심' 인권경영 포인트 ② 소비자와 차별

kakao

온라인 차별·증오 발언 강경 대처
카카오가 혐오표현에 대처하는 방법

> 디지털 공간 내 혐오표현 문제를 해결하기 위한 카카오의 구체적 실천 노력은 디지털 기업 고유의 인권경영 활동에 해당한다.

최근 소셜미디어 플랫폼에서 나타나는 혐오표현에 대한 사회적 우려가 커지고 있다. 2016~2017년 미얀마의 로힝야 민족에 대한 박해와 대학살 과정에서 페이스북은 로힝야에 대한 증오 선동 도구로 사용됐고, 국내에서 특정 카카오톡 이모티콘이 혐오표현을 사용한다는 논란도 있었다.

이에 대응해 페이스북, 유튜브 등 소셜미디어 플랫폼은 혐오표현에 대한 자율규제를 마련하고 있다. 혐오표현이라는 인권 이슈를 실제 경영에 반영하고 있는 것이다. 페이스북과 유튜브는 커뮤니티 규정 혹은 커뮤니티 가이드에 '혐오 발언', '증오성 콘텐츠'라는 개별 항목을 두고 혐오표현을 규제하고 있다.

기업이 원칙을 제정한 최초 사례

페이스북은 혐오표현을 페이스북 규정 위반 게시물 종류 중 하나로 정하고 있으며 '투명성 보고서(Transparency Report)'를 통해 혐오표현 금지정책 위반 현황을 발표하고 있다. 페이스북 투명성 보고서는 혐오표현 금지 정책

카카오는 증오발언 자율규제 기준을 보강하기 위해 욕설·비속어를 변형한 댓글, 게시물 운영 정책을 위반한 댓글 등을 AI 기술로 분석해 자동으로 가려주는 '세이프봇' 서비스를 적용하고 있다.

위반을 이유로 차단한 게시물 건수, 이용자 신고 이전에 선제적으로 차단한 건수, 게시물 차단 후 원 게시자가 이의를 제기한 건수, 삭제했던 게시물을 복원한 건수 등을 분기별로 제시한다. 유튜브도 커뮤니티 가이드라인(Community Guidelines)에서 '연령, 계급, 장애, 민족, 성 정체성 및 성 표현, 국적, 인종, 이민 신분, 종교, 성별, 성적 취향 등'과 같은

특성을 문제 삼아 개인이나 집단에 대한 폭력 또는 혐오감을 조장하는 콘텐츠는 삭제한다는 원칙을 세우고, 증오성 콘텐츠(hate speech)를 자사 정책을 위반하는 게시물의 유형 중 하나로 정하고 있다. 투명성 보고서를 통해서 분기별 증오성 콘텐츠 삭제 현황도 밝히고 있다.

국내에서 카카오가 혐오표현에 대한 자율규제를 선도적으로 이끌고 있다. 카카오는 2020년 2월 댓글 신고 기준에 '차별/혐오' 항목을 추가하고 '덮어두기', '접기' 등 댓글영역의 노출을 관리하는 기능을 신설했다. 2021년 1월에 '증오발언 근절을 위한 카카오의 원칙'을 제시하며 이를 서비스에 적용할 것이라고 발표했고, 카카오 플랫폼 내 온라인 차별·증오 발언에 강경 대처한다는 입장을 밝혔다. 국내에서 증오발언 근절을 위해 기업이 원칙을 제정하고 적용한 최초 사례다. 2022년 3월부터 카카오가 제공하는 어학사전에서 서비스 내 표제어 등이 특정 집단에 대해 모욕적이거나 차별·비하적인 표현을 담을 경우 이용자 주의를 표시하는 '차별표현 바로알기 캠페인'도 시작했다.

페이스북이 투명성 보고서를 통해 제시하고 있는 혐오표현 금지정책 위반 현황

▷ 혐오표현 금지 정책 위반을 이유로 차단한 게시물 건수
▷ 이용자 신고 이전에 선제적으로 차단한 건수
▷ 게시물 차단 후 원 게시자가 이의를 제기한 건수
▷ 삭제했던 게시물을 복원한 건수

차별/혐오
카카오는 2020년 2월 댓글 신고 기준에 '차별/혐오' 항목을 추가하고 '덮어두기', '접기' 등 댓글영역의 노출을 관리하는 기능을 신설했다.

혐오 표현에 대한 숙의과정까지 거쳐

카카오는 '증오발언 근절을 위한 카카오의 원칙'을 수립하기 위해 민·관·학 공동 연구를 진행하는 등 국가인권위원회, 한국언론법학회, 시민 전문가를 포함한 다양한 이해관계자들이 숙의과정에 참여하도록 했다. 원칙 수립을 위한 숙의과정은 1년여에 걸쳐 진행됐다. 2021년 1월에 발간된 '카카오 증오발언 대응 정책 녹서'가 그 결과물이다. 이러한 카카오의 노력은 증오발언이라는 사회적 이슈를 기업 내부의 고민으로 끝내지 않고, 사회적으로 논의를 확대해 다양한 사회구성원들과 나누려 했다는 점에서 의미가 있다. 증오발언이라는 개념을 정의하는 것에서부터 대응 방안을 모색해 규제정책을 마련하는 과정까지 사회적으로 다양한 의견을 수렴할 필요가 있기 때문이다.

이와 같은 소셜미디어 플랫폼의 자율규제 강화에 대해 '공론장 축소'와 '표현의 자유 침해'를 우려하는 목소리도 있다. 카카오의 원칙 수립을 위한 숙의과정에서도 혐오표현 제재로 인한 표현의 자유 위축 문제를 고려했으며, 표현의 자유와의 충돌을 최소화하는 혐오표현 규제 방안을 모색했다. 혐오표현의 제재는 표현의 자유와 대치되지 않고, 오히려 소수자의 표현의 자유를 증진시킨다는 점도 논의됐다.

디지털 공간 내 혐오표현 문제를 해결하기 위한 카카오의 구체적 실천 노력은 디지털 기업 고유의 인권경영 활동에 해당한다. 소셜미디어 플랫폼으로서 기업이 인권존중 책임, 사회적 책임을 이행하고 있는 것이다. 혐오표현 이슈에 대응하는 인권경영 사례가 더 많아지기를 기대해 본다.

SECTION 2　PART 3　LESSON ③

'소비자 중심' 인권경영 포인트 ③ 소비자의 개인정보 권리

NAVER

준법 넘어 자체 제도 운영까지
프라이버시 보호 강조한 네이버

프라이버시란 개인 생활이나 사적인 일을 남에게 간섭받지 않을 권리를 말한다. 현대사회에서는 정보·통신 등의 발달로 스스로 공개한 개인정보나 사생활에 대해서도 통제할 필요성이 커졌다. 이에 따라 자신에 대한 정보를 관리하고 통제할 수 있는 권리 또한 프라이버시의 영역으로 중요성이 강조되고 있다. 네이버는 일찍이 이용자 프라이버시 보호를 중요한 축으로 삼고 국내에서 가장 엄격한 수준의 개인정보 보호 절차를 마련하고 있다.

정보보호 정책 개편한 네이버

네이버는 2012년 국내에서 처음으로 '개인정보보호 리포트'를 발간하며 해마다 개인정보보호 활동 소식을 공개하겠다고 약속했다. 2015년부터 수사기관의 이용자 정보 제공 요청에 대한 통계를 공개했던 것을 시작으로, 현재는 매년 별도의 '투명성 보고서(Transparency Report)'를 발간하고 있다. 투명성 보고서란 기업이 정부의 이용자 정보 제공 요청, 콘텐츠 삭제 요청 등에 따른 통계를 정기적으로 공개하는 기업 보고서의 한 형식이다. 주로 관계 법령에 따라 수사기관에 제공하는 개인정보 처리와 관련한 투명성 확보를 추구한다. 또한 2015년부터 국내 기업 중 유일하게 통신비밀 보호를 위한 각종 법령상 규정을 적절하게 준수하고 있는지를 3년마다 검증받고 있다.

내부적으로는 2017년 정보보호 정책을 개편했다. 정책서의 위계 체계를 정책-가이드-지침 순으로 정비하고 내부 직원이 업무 수행 시 검색을 통해 쉽게 찾아볼 수 있게 했다. 개발자들이 편리하고 손쉽게 적용할 수 있도록 내부 소스코드를 관리한다. 반기마다 개인정보보호 교육을 시행하며, 기초 교육은 물론 업무 특성 등에 따라 관심 있는 강의를 선택해 수강할 수 있도록 다양한 실전 교육 및 특강 콘텐츠로 교육 커리큘럼을 구성한다. 특히 새로운 트렌드나 신기술을 적용하는 과정에서 주의해야 할

AI 윤리

네이버는 2021년 AI 윤리 준칙을 공개하고, 서비스 출시 과정에서 AI 윤리 준칙 적용을 강화하기 위한 '네이버 AI 윤리 자문 프로세스(CHEC)'를 구축했다.

네이버는 2015년부터 국내 기업 중 유일하게 통신비밀 보호를 위한 각종 법령상 규정을 적절하게 준수하고 있는지를 3년마다 검증받고 있다.

부분을 선행적으로 교육한다. 또한, 끊임없이 새로운 쟁점이 등장하는 개인 정보 및 프라이버시 분야의 특수성에 맞춰 새로운 주제를 잡아 연구를 진행한다. 2015년부터 매년 개인정보, 프라이버시를 주제로 한 다양한 연구 결과를 담은 네이버 프라이버시 백서를 발간하고 있다.

준법 이상의 개인정보보호 노력 보여

네이버는 이용자의 개인정보 보호에 있어 준법 이상의 강화된 노력을 기울이고 있다. 2020년 이용자가 개인정보 수집 및 제3자 제공 동의를 언제든지 쉽게 철회할 수 있는 기능을 추가했다. 또한 개인정보보호법 개정 이후 가명정보 처리 및 활용에 관해 국내에서 가장 엄격한 수준의 절차를 마련했다. 예컨대 현행법은 기업에 개인정보 영향평가를 강제하지 않고 있지만, 자율적으로 더 강화한 절차로 각 부문의 개인정보 보호 담당자가 개인정보 영향평가를 받은 다음에 가명 처리를 할 수 있도록 했다. 2021년 AI 윤리 준칙을 공개하고, 서비스 출시 과정에서 AI 윤리 준칙 적용을 강화하기 위한 '네이버 AI 윤리 자문 프로세스(CHEC)'를 구축했다.

한편, 네이버는 이용자와 소통을 통해 취약점을 발견하고 그에 대한 보상을 제공하는 두 가지 제도를 운용하고 있다. 하나는 기술적인 보안 측면에서 취약점 제보 및 보상을 실시하는 '보안 취약점 보상제(Bug Bounty)'다. 다른 하나는, 서비스 이용과 관련해 이용자 프라이버시 보호 조치 및 활동이 적절히 이뤄지고 있는지에 대해 다양한 관점에서 살펴보고 적극적으로 개선해 나가기 위한 'PER(Privacy Enhancement Reward)제도'

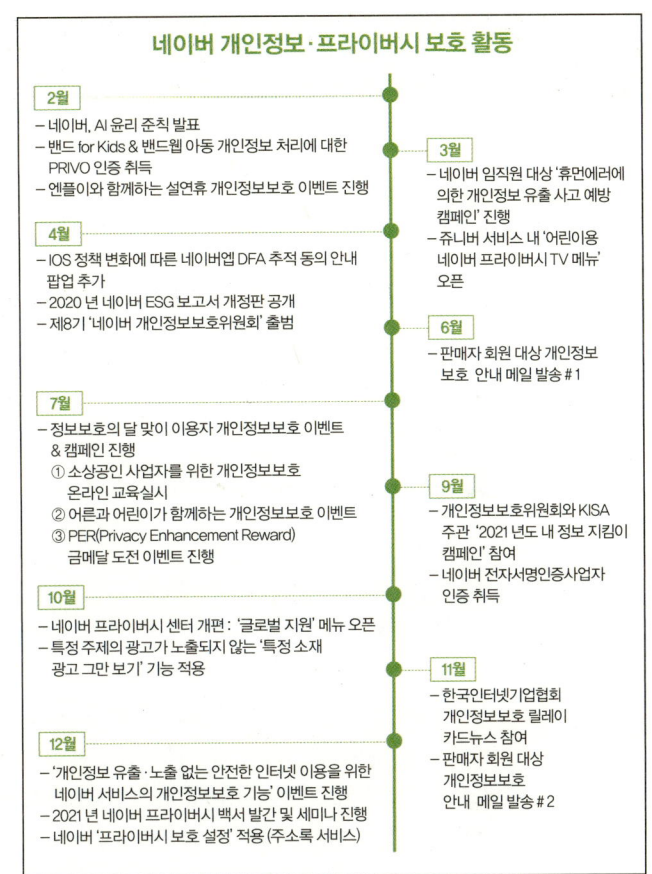

다. PER제도를 통해 네이버가 제공하는 모든 서비스에서 프라이버시 및 개인정보 보호 이슈에 관한 실정법 위반이나 미준수, 콘텐츠의 적절성 오류, 개인정보 과다 노출 및 잠재적 침해 요소, 기능개선 방법, 프라이버시 서비스 기획 요청 등을 제안받고 있다.

안전한 인터넷 이용환경은 소수의 기업이나 몇몇 전문가들의 노력만으로 완성할 수 없다. 네이버는 이용자를 비롯한 많은 이해관계자와 협업하며 기업의 개인정보보호 수준을 높이고자 하는 노력을 꾸준히 하고 있다.

SECTION 2 | PART 4 | LESSON ①

'지역사회 중심' 인권경영 ① 기업과 지역사회의 인권 I

TESCO

취약 계층 지원 넘어 자원 절약까지
식료품 나눔으로 지역사회 공헌한 테스코

"사람이 먹을 수 있는 음식이 쓰레기가 되도록 내버려 두지 않겠다(No food safe for human consumption goes to waste)." 영국의 대형 슈퍼마켓 체인으로 유명한 테스코(TESCO)의 비장한 포부다. 테스코는 '커뮤니티 푸드 커넥션(Community Food Connection)' 프로젝트를 통해 슈퍼마켓 매장에서 남은 식료품들을 지역사회 내의 도움이 필요한 자선단체나 지역사회단체에 제공한다.

0.35%
2021년과 2022년에 테스코가 직접 담당하는 공정 전체에서 0.35%의 음식물만이 쓰레기로 배출됐다.

나눔 위한 시스템도 확장

뜻은 좋았지만, 음식을 나누는 건 쉬운 일이 아니었다. 테스코는 남는 음식을 모두 나눠주기 위해 수천 개의 자선단체를 찾아야 했다. 테스코는 적절한 시스템을 구축하기 위해 투자하고, 협력했다. 자선단체인 페어 셰어(Fare Share)는 지역의 노숙인 쉼터, 미혼모 보호소, 아침 급식(breakfast club) 등 자선단체 네트워크를 확보했다. 사회적 기업인 푸드 클라우드(Food Cloud)가 개발한 앱은 그 네트워크를 테스코 매장과 연결해 남은 음식을 당일 지역사회 내에서 나눌 수 있도록 했다. 테스코는 푸드 클라우드 앱을 테스코의 재고 관리 시스템과 통합했고 매장 프로세스, 교육 자료, 보고 방식 등을 개발했다.

커뮤니티 푸드 커넥션 프로젝트는 2016년 초 출범 후 1년도 되지 않아 지역사회에 500만 끼

숫자로 보는 테스코의 업적

500만 끼
출범 후 1년도 되지 않아 지역사회에 500만 끼의 식사 제공

200만 끼
2022년 현재 기준 매달 200만 끼의 식사 제공

1억 끼
지난 7~8년간 1억 끼 이상의 식사 나눔

> 테스코는 현재도 매달 200만 끼 이상의 식사를 기부하며, 지난 7~8년 동안 1억 끼 이상의 식사를 나눴다.

의 식사를 제공했다. 처음에 아일랜드 일부 지역에서 시작했지만, 이제는 영국 전역으로 확대했다. 테스코는 현재도 매달 200만 끼 이상의 식사를 기부하며, 지난 7~8년 동안 1억 끼 이상의 식사를 나눴다. 나아가 남은 음식을 공유하고 픽업할 수 있는 애플리케이션 개발 스타트업(Olio) 등과 협력하는 등 나눔을 위한 시스템 자체도 확장하고 있다.

공급망 스펙트럼 전반에 영향 미쳐

테스코의 커뮤니티 푸드 커넥션은 취약계층에 대한 지원 측면에서도 의미 있지만, 자원 낭비를 줄이기 위한 전략이라는 점에서도 의미가 있다. 테스코는 음식물 쓰레기를 줄이는 것을 목표로 삼아 도매업체와의 협력, 소매점에서의 커뮤니티 푸드 커넥션 프로젝트, 소비자 교육 단계까지 공급망 스펙트럼 전체에 걸쳐 적극적으로 활동했다. 그 결과 2017년부터 현재까지 전체 공급망에서 45%의 음식물 쓰레기를 감축했다. 2021년과 2022년에 테스코가 직접 담당하는 공정 전체에서 0.35%의 음식물만이 쓰레기로 배출됐다. 테스코의 성과는 대외적으로도 높이 평가받는다. 테스코는 2021년 WBA(World Benchmark Alliance) 농식품 산업 벤치마크에서 350개 기업 중 7위를 차지했다. 특히 B9(FLW – Food Loss and Waste, 식량 손실 낭비)에서 만점을 받은 6개 기업 중 하나다. 테스코는 2030년까지 전체 공급망에서 음식물 쓰레기 배출량을 반으로 줄이겠다는 더 큰 포부를 밝히며, 앞으로도 꾸준히 노력하겠다고 선언했다.

"사람이 먹을 수 있는 음식이 쓰레기가 되도록 내버려 두지 않겠다"는 테스코그룹의 목표는, '깨끗하고, 건강하며, 지속가능한 환경에 대한 권리(Access to clean, health, sustainable environment)'라는 유엔의 최근 인권선언과도 맞닿아 있다. 인권경영은 기업의 사업 활동과 결코 동떨어져 있지 않다.

45%
2017년부터 현재까지 전체 공급망에서 45%의 음식물 쓰레기 감축

0.35%
2021년과 2022년에 테스코가 직접 담당하는 공정 전체에서 0.35%의 음식물만이 쓰레기로 배출

2030년
2030년까지 전체 공급망에서 음식물 쓰레기 배출량을 반으로 줄이겠다는 포부 밝혀

SECTION 2 | PART 4 | LESSON ②

'지역사회 중심' 인권경영 ① 기업과 지역사회의 인권 Ⅱ

'손 뻗으면 닿는 코카콜라처럼 의약품 보급하자'
아프리카 의료문제에 기여한 코카콜라

> 코카콜라는 청년들의 취업률, 자아존중감 향상 등과 같은 사회적 가치뿐 아니라 현지에서의 판매 실적 및 브랜드 이미지 향상 정도 등과 같은 경제적 가치와 관련한 지표를 설정해 프로젝트 성과를 측정했다.

다국적 기업이 세계 곳곳의 골목까지 진입하면서 지역경제가 위축되고 주민들의 소비 창출 기회도 줄어드는 경우가 있다. 이때 기업의 비즈니스는 지역사회와 반목하게 된다. 반면, 기업의 비즈니스 확장으로 지역의 고질적인 사회문제가 해결되는 등 기업과 지역이 상생하는 고무적인 사례도 있다. 코카콜라의 사례를 소개한다.

소규모 자영업자·여성과 계약

코카콜라가 아프리카에서 유통망을 확장한 방식은 로컬화를 통해 비즈니스의 가치뿐 아니라 사회적 가치까지 창출한 대표적 성공 사례로 꼽힌다. 코카콜라는 아프리카에 진출하며 난관에 봉착했다. 아프리카는 도로, 주유소 등 유통 인프라를 제대로 갖추지 않아 기존처럼 대도시 거점의 유통 라인을 형성하는 것이 쉽지 않았다. 이에 코카콜라는 아프리카의 현지 특성을 반영해 '매뉴얼 유통 센터(Manual Distribution Center, MDC)'라는 수동 배송 센터 방식을 고안하게 된다. 아프리카 현지의 유통 사업자인 사브코(SABCO)와 협력해 자전거나 카트 또는 손으로 배송하는 소규모 자영업자 또는 여성들과 계약을 체결했다. 이 새로운 유통 모델을 통해 보다 더 촘촘한 유통망을 구축했다. 그 결과 코카콜라는 MDC에 고용된 현지인들을 통해 배달 지역의 소매점에 제품을 효과적으로 유통할 수 있었다. 그뿐만 아니라 지역사회에 일자리를 창출했고, 특히 여성 쿼터제를 둬 여성들에게 기회를 제공했다. 코카콜라와 사브코는 1999년 10개의 MDC를 오픈한 이후 2013년 이를 3200여 개까지 확장했다.

코카콜라는 MDC를 아프리카의 사회적 문제를 해결하고 가치를 창출하는 프로젝트로 확장했다. 인구의 절반 가까이가 의약품 부

아프리카의 현지 특성 반영한 코카콜라 '매뉴얼 유통 센터'

 10개
1999년

 3200여 개
2013년

의약품 부족에 시달리는 아프리카의 오지 지역에 필수 의약품과 의료품을 제공하기 위해 시작된 코카콜라의 라스트 마일 프로젝트.

족에 시달리는 아프리카 오지 지역에 필수 의약품과 의료품을 제공하는 '프로젝트 라스트 마일(Project Last Mile, PLM)'이 그것이다. 코카콜라가 구축하는 데 성공한 공급망과 유통 시스템, 전문 마케팅 노하우 등을 활용해 아프리카에 의약품을 '손만 뻗으면 닿을 수 있는 코카콜라처럼' 의약품을 보급해보자는 목표를 세웠다. 2010년 탄자니아 정부와 함께 시작한 시범사업은 새로운 유통 체계를 만든 지 2년 만에 필수 의약품을 공급받는 의료시설을 기존 150여 개에서 5500개로 확대했다.

이 사례는 민간 및 공공 부문 간의 성공적인 파트너십으로도 손꼽힌다. 탄자니아의 경우 코카콜라 직원 또는 퇴직한 직원이 의약품 조달청 담당자의 멘토로 활동하며 기업의 공급망 유통 노하우를 정부의 의약품 유통에 적용할 수 있도록 조언하기도 했다. PLM은 코로나19 확산 시에도 콜드 체인 시스템을 구축해 백신 낭비를 방지하고 배포 계획을 개선하는 등 공을 세웠다.

지역 사회 문제 해결, 비즈니스 창출 동시에

코카콜라는 브라질에서도 지역사회 문제 해결에 기여함과 동시에 비즈니스 창출에 도움이 되는 프로젝트를 고안했다. '코카콜라 콜레티보 이니셔티브(Coca-cola Coletivo Initiative)'는 지역의 저소득층 청년들에게 소매상들과 매칭하여 실무 경험을 할 수 있게 하는 프로그램 등을 포함한 직업 훈련을 제공하는 프로젝트다. 코카콜라는 청년들의 취업률, 자아존중감 향상 등과 같은 사회적 가치뿐 아니라 현지에서의 판매 실적, 브랜드 이미지 향상도 등과 같은 경제적 가치와 관련한 지표를 설정해 프로젝트 성과를 측정했다. 그 결과 참가한 청년 중 30%가 코카콜라 또는 프로젝트 파트너 기업에 취직했다. 10%는 코카콜라의 투자를 받아 창업해 소득 창출의 기반을 마련했다. 또한 코카콜라가 브라질에서 누린 경제적 이익 또한 2년 만에 프로젝트에 투여한 비용을 상쇄할 만큼 증가했다.

이는 지역 소매상인들 및 NGO들과의 긴밀한 파트너십을 형성한 덕분이었다. 지역사회 경제를 위협한다는 부정적인 이미지를 탈피하고, 소매상들과 협력해 안정된 유통 채널을 마련했다. 지역 청년들이 소득 활동을 시작함으로써 소비력 향상 효과까지 누렸다. 기업의 비즈니스 확장이 오히려 지역 인권을 향상하고 사회문제 해결에 기여할 수 있다는 가능성을 엿볼 수 있는 사례다.

매뉴얼 유통 센터를 활용해 필수 의약품을 공급받는 의료시설

5500개

2년만에

150여 개

SECTION 2 | PART 4 | LESSON ③

'지역사회 중심' 인권경영 ② 원주민의 권리 및 지역사회 참여 COMMUNITY ENGAGEMENT

원주민의 권리 중요한 의제로 떠올라
COP27에서 수립된 '토지 권리 표준'

'제27차 유엔 기후변화협약 당사국총회(COP27)'에서 원주민의 토지 보호를 위한 '토지 권리 표준(The Land Rights Standard)'을 발표했다. 이 표준이 법적 구속력을 가진 건 아니지만, 산림과 생물다양성 보존의 중요성이 커지면서 '원주민의 권리'도 기후변화협약 당사국총회에서 매우 중요한 의제가 됐다는 점에 의의가 있다. '기후변화에 관한 정부간 패널(IPCC)'이나 '세계 자원연구소(WRI)' 등의 보고서에 따르면 생물다양성 보존과 기후 안정성은 원주민과 부족의 권리, 특히 토지 권리가 존중될 때 가장 잘 보장된다.

원주민에게도 보편적 인권 보장해야

원주민의 권리를 명시적으로 정의하는 두 가지 주요 국제인권협약은 2007년 채택된 '유엔 원주민인권선언(United Nations Declaration on the Rights of Indigenous Peoples, UNDRIP)'과 1989년 채택된 국제노동기구(ILO) 협약 제169호인데, 토지 권리 표준에 그 내용이 반영됐다. 예를 들어 자유로운 사전인지동의(Free Prior Informed Consent, FPIC)는 관습적으로 원주민들이 소유, 점유 및 사용하고 있는 토지에 영향을 미칠 수 있는 프로젝트의 경우, 원주민들이 동의 또는 부동의할 수 있는 권리로, 이를 존중할 것을 밝히고 있다. 또한 투자자, 기업, 시민사회단체 및 기관을 대상으로 프로젝트를 계획, 실행, 모니터링 단계에서 원주민, 여성 및 청소년을 포함한 지역사회와의 완전한 협력을 구현할 것을 요구한다.

원주민의 권리는 원주민에게도 보편적 인권

2022년 11월 이집트 샤름 엘 셰이크에서 열린 제27차 유엔 기후변화협약 당사국총회 (COP27)

SK행복나눔재단의 '행복얼라이언스' 결식아동들에게 전달할 행복도시락을 준비하고 있다.

증진(Goal 3), 공평한 양질의 교육(Goal 4), 지속 가능한 발전을 위한 파트너십(Goal 17)을 실천하는 일이기도 하다.

기업이 주도하는 아동 안전망

출범 당시 14개 회원사로 시작한 행복얼라이언스는 2022년 6월 기준 109개 기업들과 38개 지자체가 참여하고 있다. 기업·지자체·시민이 함께 힘을 합쳐 약 1만6000명의 아이에게 연간 340만 끼의 행복도시락을 지원하고 있다. 다양한 기업들이 회원사로 참여함에 따라 아이들에게 지원하는 '행복 상자'는 회원사들의 기부로 조성된 위생용품, 영양간식, 생활용품 등 우려 아동들이 일상에서 필요한 물품을 모은 패키지로 확대되었다. 아울러 행복얼라이언스는 아이들의 주거환경 개선 프로젝트와 학습 및 정서 지원, 법률 지원 등 다양한 지원 프로젝트를 회원사들과 함께 진행 중이다. 가구와 가전 등 실제 물품이나 기부뿐 아니라 임직원들이 직접 교육과 자문을 도와준다.

코로나19 확산으로 학교가 휴업에 들어가자 학교급식 지원 대상 학생들이 끼니를 거를 우려가 커졌고, 이처럼 학생들이 고립된 시기에 행복얼라이언스는 더 빛을 발했다. 사회가 겪고 있는 사회·환경 문제는 이미 너무 커져 버려 정부와 기존의 사회 시스템이 감당하기에 역부족이다. 기업은 많은 재원과 인적·기술적 자원을 보유하면서 사회에 큰 영향력을 미치고 있다. 기업의 주도에서 시작한 행복얼라이언스는 다른 기업, 시민단체, 지방자치단체, 금융, 법률 등이 두루 협력하여 아이들이 행복하게 성장할 수 있도록 도움을 제공하는 '아동 안전망' 역할을 해내고 있다. 기업이 바뀌면 세상이 바뀔 수 있다. 그리고 아무리 큰 기업이라도 혼자서는 해결할 수 없지만 다양한 이해관계자가 힘을 모으면 길이 열린다.

> **행복얼라이언스**
> 14개 회원사로 시작 → 109개 기업들과 38개 지자체가 참여(2022년 6월 기준)
> 현재 기업·지자체·시민이 약 1만6000명의 아이에게 연간 340만 끼의 행복도시락 지원

> 아동의 결식문제 해결은 유엔 아동권리협약 중 핵심 권리인 아동의 생존권과 발달권을 옹호하고 아이들이 정서적, 심리적으로 건강하게 성장할 수 있는 사회적 안전망이 된다.

SECTION 2　PART 5　RIGHTS HOLDER ③

'성소수자' 중심 인권경영

글로벌 기업들은 왜 성소수자 친화 정책을 펼치는가?

> 성소수자 등 모두에게 개방적이고 포용적인 기업은 성소수자가 아닌 구직자들에게도 매력적이다. 소비자들도 다양성을 존중하는 윤리적 기업을 선호한다.

미용학원에 다니던 트랜스젠더 여성이 국가인권위원회에 진정을 냈다. 성전환 수술을 한 그녀는 트랜스젠더임을 밝히고 여자 화장실을 이용했다. 덩치가 있고 남성 같은 외모가 남아 있는 그녀를 불편해하는 여성들이 있었다. 민원이 제기되었고 미용학원은 다른 층의 화장실 또는 남자 화장실을 쓸 것을 요구했다. 인권위는 이 사건에서 시정 권고를 내렸다. 학원 측은 인권위 결정을 다투는 행정소송까지 제기했으나 결국 패소했다.

성소수자 문제는 한국에서 뜨거운 감자다. 진보적 정치인들도 이 문제만큼은 보수적으로 발언한다. 포괄적 차별금지법(이른바 평등법)은 성소수자를 포함하고 있다는 이유로 국회의 벽을 넘지 못하고 있다. 반면 포천(Fortune) 500대 기업의 93%가 차별금지 정책에 '성적 지향'을 포함하고, 85%는 '성 정체성'을 포함하고 있다. 50% 정도는 동성애 커플에 대하여 동거인 혜택을 제공하고 62%는 트랜스젠더를 포함하는 건강 프로그램을 제공한다. 서양만이 아니다. 일본경제단체연합회는 2017년 '다양성, 포용성 사회의 실현에 대하여'라는 제목의 보고서를 냈다. 기업의 다양성과 포용성이 중요하다는 내용이었다. 당시 성소수자(LGBT+)에 관한 기업 설문조사를 시행했는데, 75.3%가 사규에 성적 지향 및 정체성에 기초한 차별금지를 명시하고 있고, 42%의 기업은 성소수자 정책을 실행하고 있고, 23%는 예정하고 있다고 답변했다.

러쉬코리아의 핑크이력서

글로벌 기업들이 처음부터 성소수자를 포용한 것은 아니다. IBM은 가장 모범적인 성소수자 친화 기업이지만 과거에 트랜스젠더를 해고한 일이 있었다. 1968년 IBM에서 슈퍼컴퓨터 연구개발을 하던 어느 직원이 성전환 수술을 했는데, 당시 IBM은 이를 받아들이지 못하고 해고했다. 그녀는 제록스로 직장을 옮겨 초정밀 집적회로 개발에 참여했고 미국 최고의 여성 컴퓨터 공학자가 되었다.

IBM은 1990년대 이후 성소수자 친화 정책을 적극적으로 펼치기 시작했다. 1996년 미국에서 성소수자 동거인 혜택을 시행하고 2002년까지 글로벌 차별금지 정책에 성적 지향과 성 정체성을 추가하였다. IBM은 2006년부터 셀프 ID라는 프로그램을 시행하고 있는데, 인사기록에 성적 취향 및 정체성을 스스로 제공하거나 삭제할 수 있도록 한 것이다. 현재 40개국 (IBM 인력의 87%)에서 시행하고 있다.

다양성이 곧 기업 수익으로

글로벌 기업들이 성소수자 친화 정책을 펼치는 이유는 무엇일까? 인권을 존중하고 차별을 없애기 위해서만은 아니다. 성소수자인 직원이 늘어나고 이들의 기여가 회사 발전에 필수적이다. 다양성을 통해 기업은 창의와 혁신을 이루고 이것은 수익으로 연결된다. 다양성이 높은 기업은 소비자의 다양한 욕구에도 잘 반응한다. 성소수자 등 모두에게 개방적이고 포용적인 기업은 성소수자가 아닌 구직자들에게도 매력적이다. 소비자들도 다양성을 존중하는 윤리적 기업을 선호한다.

유엔글로벌콤팩트(UNGC) 한국협회는 2022년 6월 Monthly Insights를 통해 한국 기업들에 '기업 내 성소수자(LGBTIQ+) 포용을 위한 행동강령'을 소개하였다. 기업에서 활용할 수 있는 'UN LGBTIQ+ Tool 체크리스트'도 포함되었다. 성소수자 친화적인 기업으로 도약하자는 메시지를 담고 있다.

러쉬코리아는 2012년부터 '퀴어문화축제'에 참가해 성 소수자를 응원한다. 성소수자 특별 채용도 진행한다. 이른바 '핑크이력서' 프로젝트다. 러쉬코리아에서는 성 소수자가 근무하는 것이 특별한 것이 아니다. 퀴어 행사를 앞두고

2015년 퀴어문화축제에 참가한 러쉬코리아 임직원 모습.

임직원이 참여한 성 소수자 응원 메시지도 공개한다. 성 소수자들에게 숨지 말고 당당하라는 메시지가 담긴 영상이다. 한국IBM은 신입사원 채용 때 '성소수자'를 우대하는 내용의 모집 공고를 냈다. 2010년부터 신입사원 채용 때 서류전형 단계에서 장애인, 보훈 대상자와 함께 성소수자(LGBT)에게 가점을 주었다. SK그룹, LG그룹, 포스코그룹 등의 인권정책이나 행동규범에는 성적 지향, 성별 정체성을 이유로 하는 차별을 금지하고 있다. 한국 기업에서도 성소수자들이 자신을 드러내고 차별 없이 직장생활을 할 수 있기를 기대해 본다.

성소수자 친화 기업

러쉬코리아
'핑크이력서' 프로젝트(성소수자 특별 채용) 진행

한국IBM
성소수자(LGBT)에게 가점

SK그룹, LG그룹, 포스코그룹
성적 지향, 성별 정체성을 이유로 하는 차별 금지

'노인' 중심 인권경영

고령화 사회에 맞는 제품과 서비스 개발을 통한 인권 보호 향상

급속한 고령화로 인해 전 세계 65세 이상 인구가 2020년 7억 명에서 2050년 15억 명으로 2배 이상 증가할 전망이다. 한국의 고령화는 특히 빠르다. 통계청에 따르면 2018년 고령사회(전체 인구 중 65세 이상이 14%)에 진입한 지 7년 만인 2025년 초고령 사회(전체 인구 중 65세 이상이 20%)에 진입할 것으로 전망된다. 이에 글로벌뿐만 아니라 내수시장에서도 고령친화산업으로 불리는 실버산업의 중요도가 상승하고 있다. 고령친화산업이란 의약품, 식품, 화장품, 의료기기, 생활용품, 금융, 주거, 여가 등 9개 산업을 의미한다. 따라서 제품 및 서비스 개발에서 고령자의 편의와 인권 보호에 대해 고민하는 기업은 그만큼의 경쟁력을 가질 수 있다.

모두를 위한 디자인 지향하는 기업들

한 국내 가구회사의 경우 서 있기 불편하고 허리가 아픈 고령자를 위해 가구 전체의 하부장을 없애 조리대 밑에 다리를 넣고 앉을 수 있게 했다. 또 둥글게 돌면서 일할 수 있는

> 기업은 고령화라는 사회현상에 대한 고민을 통해 비즈니스의 신성장동력을 창출할 수도 있다.

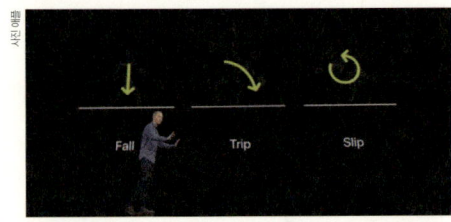

애플은 애플워치 시리즈 4에 넘어짐을 감지하고 이를 알리는 시니어 기능을 추가했다.

컴퍼스(compass) 동선을 구현해 움직임을 최소화하는 유니버설 디자인을 부엌에 적용했다. 유니버설 디자인이란 '모든 사람을 위한 디자인(Design for all)'을 뜻하는 말로 연령, 성별, 국적, 장애의 유무 등과 관계없이 누구나 편안하게 이용할 수 있도록 건축, 환경, 서비스 등을 계획하고 설계하는 것이다. 이러한 디자인 접목을 통해 고령자뿐 아니라 거동이 불편한 휠체어 이용자나 장애인들도 제품을 쉽게 사용할 수 있다.
한 주방 전자제품 회사는 20개 브랜드의 850종 이상의 제품과 제휴를 맺고, 바코드를 스캔하면 제품에 맞는 시간과 강도로 자동 요리가 되는 시스템을 개발했다. 상대적으로 시력이 좋

지 않고 정확한 시간 설정 등 요리에 어려움을 겪는 고령층이 사용하기에 편리한 제품을 내놔 인기를 끌었다.

기존의 제품에 시니어 기능을 추가해 사회공헌을 창출한 예도 있다. 애플의 경우 애플워치 시리즈 4에 시니어 기능을 추가했다. 사용자의 넘어짐을 감지하고 이를 알리는 경고를 띄우게끔 했다. 경고가 뜬 후 60초 이상 응답이 없으면 자동으로 긴급 구조요청을 보내고 가족 등 긴급 연락처로 알림을 전송한다. 또한 심전도를 상시 모니터링해 심전도가 비정상적으로 높거나 낮을 시에도 경고 메시지를 보내도록 했다.

택배·백화점 등 시니어 고려한 서비스업

서비스업에서도 고령자의 편의를 고민해볼 수 있다. 일본의 한 백화점은 시니어 고객을 대상으로 한 고령자 백화점으로 특화했다. 매장 의자 높이를 15~20cm 낮추고, 휠체어를 탄 고령자 고객들을 위해 화물용 승강기처럼 넓은 엘리베이터를 설치했다. 또한 문이 열리고 닫히는 간격도 넉넉하게 설정했다. 매장 통로 중간 또는 엘리베이터 앞의 휴게공간 또한 일반 백화점보다 많이 배치했다.

CJ대한통운은 택배 서비스업을 통해 고령자 일자리 문제에 솔루션을 제시한 케이스다. 노인 일자리 창출과 동시에 회사의 배송 서비스 향상을 통해 기업과 사회가 동반 성장할 수 있는 사업 모델로, 실버택배 사업이 그것이다. 실버택배는 택배차량이 아파트 단지까지 물량을 싣고 오면, 노인들이 친환경 전동카트를 이용해 각 가정까지 배송하는 운영 체계를 갖고 있다. 만 60세 이상의 시니어 배송원이 친환경 전동카트를 이용해 인근 지역에 배송하는 형태로 운영되는 이 사업은 기사 한 명이 하루 평균

CJ대한통운은 실버택배를 통해 양질의 노인 일자리를 창출하고 있다.

200여 명의 고객을 방문하는 기존 택배와 달리 같은 고객 수를 4~5명의 시니어가 나눠 맡는다. 시니어의 체력 부담을 고려해 기사 한 사람이 배송 거점을 중심으로 반경 1~2km 구역만 책임지도록 했다. 2013년부터 시작한 실버택배 사업은 2022년 전국 170여 곳에서 1400명 이상의 시니어 기사로 확장되어 사회문제 해결에 기여하고 있다는 평가를 받는다.

미국 실버산업은 2025년 약 3조5000억달러가 될 것으로 추정된다. 국내 실버산업 시장 규모 또한 2020년 72조원에서 2030년 168조원 규모로 성장할 것으로 전망된다. 기업은 고령화라는 사회현상에 대한 고민을 통해 비즈니스의 신성장 분야를 발굴할 뿐만 아니라 뿐 아니라 고령층의 특수성을 고려한 제품 및 서비스의 출시로 취약계층의 건강과 인권의 보장에 기여할 수도 있다.

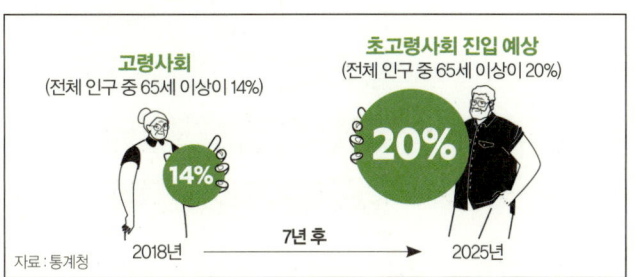

SECTION 2　PART 5　RIGHTS HOLDER ⑤

'기타 이해관계자' 중심 인권경영

윤리 문제 넘어 환경, 지속가능한 지구 위한 동물 복지

세계동물보건기구(OIE)에 따르면, 동물복지란 '동물이 건강하고 안락하며 좋은 영양 및 안전한 상황에서 본래의 습성을 표현할 수 있으며, 고통·두려움·괴롭힘 등의 나쁜 상태를 겪지 않는 것'을 말한다. 최근 윤리적 소비의 일환으로 동물 복지에 대한 소비자들의 관심이 높다. 주주들 또한 이사회에 공급망에서 동물 학대 문제에 대응할 것을 요구하는 등 ESG 투자에서 동물 복지에 대한 논의가 확장되고 있다.

예컨대 2022년 2월 미국의 행동주의 투자자인 칼 아이컨(Carl Icahn)은 맥도날드 측에 임신한 돼지의 처우를 개선하기 위해 이사진의 교체를 요구하는 주주서한을 보냈다. 그는 맥도날드에 돼지고기를 공급하는 협력사들이 새끼를 밴 돼지들을 이른바 '임신 상자'로 불리는 작은 박스에 가두는데, 이는 학대인 만큼 문제를 개선해야 한다고 주장했다.

가치 판단 어려운 동물 실험

글로벌 의결권 자문사인 ISS(Institutional Shareholder Services)는 2021년 '동물 학대로부터 자유로운 포트폴리오: 투자에 있어 동물실험에 어떻게 접근해야 하는가'라는 보고서를 발간했다. 여기에서 동물실험의 경우 가치 판단이 첨예한 영역일 뿐 아니라 지역별로 규제의 차이도 크고, 정보의 투명도도 낮아 투자 결정에 대한 기준을 제시하는 게 쉽지 않다고 지적했다. 그럼에도 동물실험에 대해 지표를 설정하고 평가하려는 노력을 이어가고 있다.

미국의 비영리단체 크룰티프리 인베스팅(Cruelty Free Investing)은 미국 기업들의

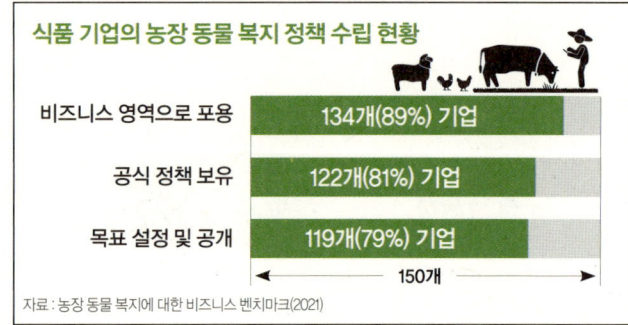

식품 기업의 농장 동물 복지 정책 수립 현황
- 비즈니스 영역으로 포용: 134개(89%) 기업
- 공식 정책 보유: 122개(81%) 기업
- 목표 설정 및 공개: 119개(79%) 기업
- 150개

자료: 농장 동물 복지에 대한 비즈니스 벤치마크(2021)

'동물복지전국선거연대' 소속 회원들이 각 정당들의 동물복지정책을 파악한 뒤 투표할 것을 호소하고 있다.

동물착취 및 학대 여부를 모니터링해 기업명단을 공개한다. 또한 검증된 비건 관련 기업이나 투자자, 상장지수펀드(ETF)를 공개하기도 한다. 동물보호단체 포포즈(Four Paws)는 의류산업을 대상으로 단계별 동물복지 정책 수립 방안과 주요 요소를 제시하고 있다. 농장 동물 복지에 대한 비즈니스 벤치마크(Business Benchmark on Farm Animal Welfare, BBFAW)는 글로벌 150개 식품 기업의 동물 복지정책, 관리 체계 및 정보공개 여부 등을 조사해 1~6등급(Tier)을 부여한다.

동물 복지 정책 보유하지 않은 농장도 있어

올해로 10년째를 맞는 이 벤치마크에 따르면, 그동안 기업들이 농장 동물 복지를 관리하고 공개하는 관행이 크게 개선됐다. 2021년 조사 결과, 평가한 150개 기업 중 134개(89%)가 농장 동물 복지를 비즈니스 영역으로 포용하고 있다. 122개 회사(81%)는 농장 동물 복지에 대한 공식 정책을 가지고 있다. 예컨대 BBFAW의 최고 등급(Tier1)을 5년 연속 획득한 육류가공업체 영국의 크랜스위크(Cranswick)의 경우 가축 동물의 불편함, 고통·공포 등으로부터의 자유, 정상적인 행동을 표현할 자유 등 5가지 자유 원칙을 동물보호정책에 공개하고 있다. 119개 회사(79%)는 동물 복지에 대한 목표를 설정하고 공개했으나 그중 63개(42%) 회사만 목표 달성 진행 과정에 대한 설명을 덧붙이고 있다. 여전히 식품기업 5곳 중 1곳은 공식적인 농장 동물 복지정책을 보유하지 않고 있다.

이처럼 식품 및 의류 산업 위주로 기업의 동물복지 정책 강화를 촉진하는 노력을 하고 있지만, 정보의 투명성부터 지표의 측정 가능성까지 앞으로도 극복해야 할 과제가 많다.

한편, 2022년 3월 유엔환경회의(UNEA)에서 동물복지-환경-지속 가능한 발전의 연결성을 명시적으로 인식한 최초의 결의안이 채택됐다. 동물복지는 윤리의 문제를 넘어 환경, 더 나아가 지구의 지속 가능한 발전과도 매우 밀접한 과제로 주목받고 있다.

> 식품 및 의류 산업 위주로 기업의 동물복지 정책 강화를 촉진하는 노력을 하고 있지만, 정보의 투명성부터 지표의 측정 가능성까지 앞으로도 극복해야 할 과제가 많다.

국제이주기구가 제시하는 이주노동자의 업무 조건

2019년 국제노동기구(ILO)에 따르면 세계적으로 1억 6900만 명의 국제 이주 노동자가 있고, 이는 세계 노동력의 거의 5%를 차지하는 수치다. 그들 중 약 42%가 여성이며, 3분의 2 이상이 고소득 국가, 즉 북부, 남부 및 서유럽(23.9%), 북아메리카(22.8%) 및 아랍 국가(12.6%)에 있다.

유엔 국제이주기구(IOM)는 2021년 기업이 국제 이주 노동자를 윤리적이고 책임감 있게 고용하고 그들의 인권과 노동권을 존중하는 방식으로 사업을 운영하기 위해 취할 수 있는 구체적인 지침을 발간하였다. 이 지침은 유엔 기업과 인권 이행 원칙(UNGPs) 등 관련 국제 인권 규범을 기반으로 한다. 여기에서는 이주노동자가 채용된 이후 안전하고, 존중받는 업무 환경을 누릴 수 있도록 하기 위해 기업이 취해야 할 조치를 위주로 소개한다. 유엔 국제이주기구가 고용주에게 요구하고 있는 일부 가이드라인은 다소 이상적이기는 하나, 상당히 자세한 체크리스트를 제공하고 있어 실무자 입장에서 활용도가 높을 것으로 보인다.

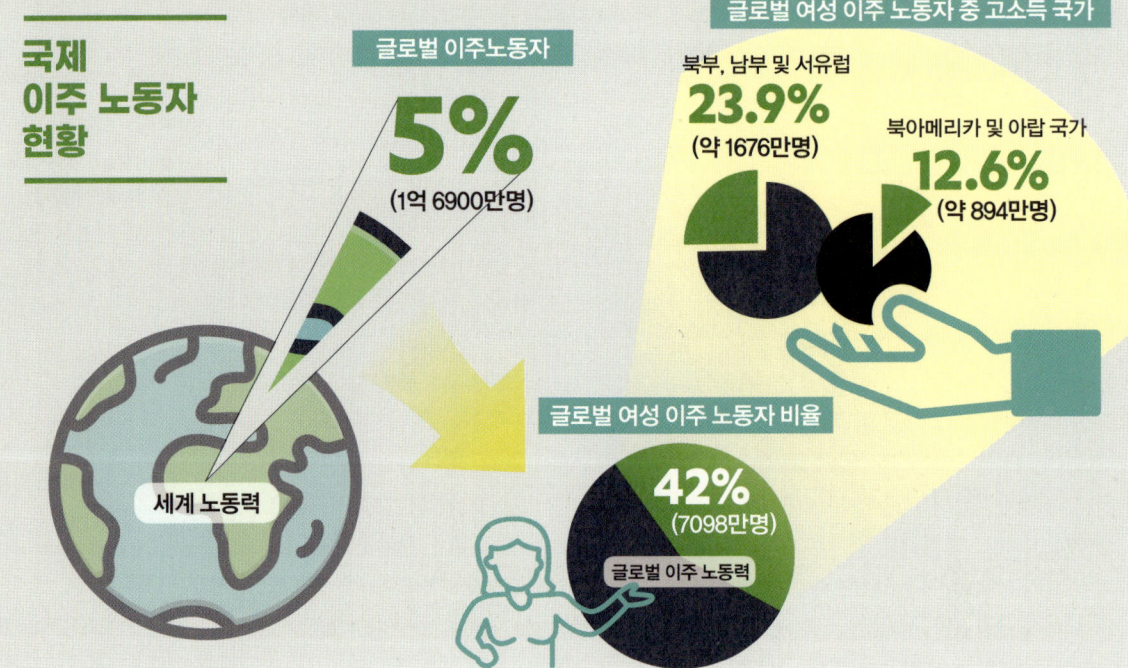

국제 이주노동자 존중 위한 유엔 국제이주기구(IOM)의 가이드라인

- ✓ 이주 노동자들에게 그들이 이해하는 언어로 포괄적인 산업안전보건 교육을 제공해야 하며, 적절한 건강 및 안전 장비를 갖출 수 있도록 해야 한다.

- ✓ 작업장에서 COVID-19를 포함한 전염병의 직장 내 전파 위험 완화에 관한 보건 당국의 최신 지침을 따르도록 보장한다.

- ✓ 이주 노동자를 포함한 작업장의 모든 직원뿐 아니라 관리자, 감독자 및 협력사에 대한 다양한 형태의 폭력과 괴롭힘에 대한 무관용 원칙을 위에서부터 채택한다.

- ✓ 폭력과 괴롭힘으로 간주할 수 있는 모든 종류의 행위를 정의한 내규를 명문화하고, 즉시 취할 수 있는 조치와 해결책의 메커니즘을 포함한다. 여기에는 성적 괴롭힘 등 젠더에 기반한 폭력도 포함되어야 하며, 작업장뿐 아니라 위생시설, 휴식 및 식사 장소, 출장 나아가 회사에서 제공하는 사내 인트라망 등을 포함해야 한다.

- ✓ 모든 감독자, 관리자 및 비즈니스 파트너에게 문화 존중적인 작업원칙에 대한 정기적인 교육을 제공한다. 여성위원회를 만들고 이주노동자를 포함한 여성을 위한 안전한 공간을 마련하며, 젠더 기반의 폭력 및 성범죄를 조사하고 보고할 수 있는 전문인력을 양성한다.

- ✓ 무상 언어교육, 근로자 집단 간 상호교류, 이주 노동자와 고용주 모두의 언어를 할 수 있는 훈련된 현장 코디네이터 임명 등 이주노동자가 직장 및 지역사회에 통합될 수 있도록 지원한다.

- ✓ 이주노동자의 종교적, 문화적 정체성을 존중하여 예배 장소에 대한 접근을 가능하게 하고 종교지침을 준수할 수 있도록 적절한 시설을 제공한다.

- ✓ 이주노동자에게도 동일하게 결사의 자유 및 단체교섭의 자유를 보장해야 하고, 공정하고 정기적인 임금과 혜택을 부여해야 한다.

- ✓ 임금을 지급하는 방식은 이주민이 이해할 수 있도록 공정하고 투명하게 소통되어야 한다.

- ✓ 이주노동자는 근로 시간에 대한 국제 기준에 따라 일하고, 자국 노동자와 마찬가지로 충분한 휴식권이 보장되어야 한다. 의무적 초과 근무나 생산 할당량을 채우지 못한 경우 등 징계 조치에 의한 초과 근무는 금지된다.

- ✓ 이주노동자가 여권 등 개인 서류에 대한 보유 및 통제권을 갖도록 보장한다.

- ✓ 적절하게 변경된 근무 방식을 취할 수 있는 경우 이주노동자의 종교적, 문화적 관행을 존중한다.

- ✓ 이주노동자의 이동 자유를 보장하고, 안전요원, 통금시간, 잠금장치 등으로 이를 제약하지 않도록 한다.

- ✓ 이주노동자가 공공주거 계획 등을 활용해 적절한 주거시설을 찾을 수 있도록 돕는다.

- ✓ 기숙 시설이 있는 경우 화재 안전 요건을 비롯한 법적 요건을 갖추고, 성별이 분리된 숙소를 제공하며, 가능한 경우 적절한 개인 공간이 허용될 수 있도록 한다.

- ✓ 이주노동자가 자국 노동자와 동일하게 보건 및 사회적 보호에 완전한 접근권을 누릴 수 있도록 지원한다.

- ✓ 출발 전, 도착 이후 의료 검진 및 법에서 요구하는 정기적 의료 검진을 지원한다.

- ✓ 자국 노동자와 동일하게 병가 제도를 이용할 수 있고, 여성 이주노동자는 동등하게 출산휴가 등을 누릴 수 있다.

SECTION 3

글로벌 법제화 동향으로 살펴 보는 인권경영 관련 규제

프랑스가 2017년 인권실사를 제도화한 이후 독일, 노르웨이 등 유럽을 중심으로 인권실사 의무화 법률이 확산되고 있다. 해외의 인권실사법제는 역외 기업에도 적용될 수 있으므로, 우리 수출기업은 세계 각국의 인권경영 관련 규제를 면밀히 검토하여 미리 준비할 필요가 있다.

섹션 3는 주요 국가의 인권실사 법제의 특징을 일목요연하게 살펴볼 수 있도록 주요 쟁점 분석표를 첨부하였고, 개별 법제 간 비교에 용이하도록 동일한 주요 쟁점에 따라 개별 법제를 분석하였다. 이를 통해 우리 기업이 의무기업인지, 어떠한 의무 사항을 준수해야 하는지, 미준수 시에는 어떠한 제재와 책임이 뒤따르는지 등을 간략히 살펴볼 수 있다.

스위스
· 민사의무법

프랑스
· 실천감독의무법

독일
· 공급망 내 기업 실사 법안

영국
· 현대판 노예방지법

유럽연합
· 기업 지속가능성 실사 지침

GLOBAL

TREND

UNGPs 인권실사 최초 법제화

프랑스는 2017년 실천감독의무법을 제정했다. 이는 '유엔 기업과 인권 이행원칙(UNGPs)'의 인권실사를 최초로 법제화한 것으로서, 대규모 기업에 인권, 안전·보건, 환경 위험에 관한 실사계획을 수립하고 그 이행 여부를 공개할 의무를 부과하였다. 프랑스 실천감독의무법은 유럽연합 내 '공급망 실사의무화법'에 관한 논의를 촉발했다.

이 법은 2017년 시행되었지만, 이 법을 위반한 기업에 소송을 제기할 때 원고적격이나 관할법원 등이 무엇인지에 대한 실무적 논란이 계속됐다.

그러다 2021년 말 프랑스 대법원은, 시민단체가 청구인 자격을 갖고, 원고가 민사법원이나 상사법원을 선택할 수 있다고 판결했다. 그후부터 위 법에 따른 공식경고(mise en demeure) 및 소송 사례가 급속도로 증가하고 있다.

2022년 3월 22일 그린피스는 프랑스 국영 전력공사(EDF)와 원전그룹 오라노(Orano)를 상대로 러시아와의 핵에너지 사업 관계 중단을 요구하는 공식요구서를 보냈다. 우크라이나 침공에 따른 러시아 에너지 부문에 대한 유럽연합의 제재가 해제됐으나, 국영 전력공사와 오라노는 프랑스의 실천감독의무법을 준수할 의무가 있으므로 그들의 공급망 내 인권 및 환경에서 부정적 영향을 방지할 의무가 있다는 것이었다.

프랑스 시민단체인 쉐르파(Sherpa)와 액션에이드 프랑스 지부(ActionAid France), 튀르키예 노동조합과 튀르키예 소재 이브로쉐 자회사의 근로자 34명도 이브로쉐 본사를 상대로 소를 제기했다. 이브로쉐는 실천감독의무법이 요구하는 실사계획을 2020년에 공개했지만, 이 계획이 튀르키예 소재 자회사 근로자의 권리와 결사의 자유를 보장하지 않고 있다는 것이었다. 청구인은 "이브로쉐가 실천감독의무법을 위반했으므로, 적절한 조처를 하고 근로자와 노조가 입은 피해를 보상할 것"을 청구했다.

3월 30일 맥도날드의 프랑스와 브라질 노조도 맥도날드에, 세계 최대 습지인 브라질 판타날(Pantanal)과 아마존 열대 우림의 삼림 벌채 및 강제 노동 등에 연루된 공급업체들과 사업 관계를 중단하고, 인권과 환경 위해에 대해 적극적으로 대응할 것을 요청하는 공식요구서를 보냄으로써, 위 법에 따른 절차 진행을 예고했다.

Action Aid
45개 국가 사무소로 구성된 연합체로, 전 세계의 빈곤과 부정에 대처하는 것을 주된 목표로 하는 국제적 비정부기구.

> 2021년 말 프랑스 대법원은, 시민단체가 청구인 자격을 갖고, 원고가 민사법원이나 상사법원을 선택할 수 있다고 판결했다.

프랑스의 실천감독의무법

구분	내용
1 명칭	실천감독의무법(Duty of Vigilance Law, LOI n° 2017-399 du 27 mars 2017 relative au devoir de vigilance des sociétés mères et des entreprises donneuses d'ordre(Loi de Vigilance). ※독립적 법률은 아니고, 상법 L.225-102-4에 삽입된 조항
2 개요	기업 활동에서 비롯되는 인권·안전보건·환경 침해에 대한 위험을 식별하고 예방하기 위한 조치를 이행하고, 자사 및 그 자회사, 협력업체에 대해서까지 이행하도록 하는 의무를 부과하는 법률
3 시행 현황	시행 중
4 적용 대상	2회 연속 회계연도 결산 시 ① 본사가 프랑스에 소재한 회사로서, 그 회사 및 직간접적 자회사에 최소 5000명 이상의 직원을 고용하고 있는 주식회사 ② 전 세계적으로, 직간접적 자회사를 포함해 1만명 이상의 직원을 고용한 주식회사
5 인적 범위 (실사 범위)	해당 회사는 물론, 확립된 사업 관계를 수립하고 있는 자회사 및 공급업체 내 협력업체들도 포함됨 ※안정적이고 정기적인 상업적 관계로서, 계약관계로 형성되는지 확립된 거래관계(established commercial relationship) 여부를 불문하고, 특정한 규모 이상으로서, 해당 관계가 지속될 것이라는 합리적인 기대하에 있는 사업관계
6 물적 범위	(대상규범) 인권 및 기본적 자유, 안전보건, 환경
7 의무 내용	• 실천감독계획(plan de vigilance)을 수립하고 공표하며 실효적으로 이행할 의무 ① 실천감독계획은 그 회사 및 직간접적으로 관리감독 대상이 되는 회사들의 활동뿐만 아니라 하도급체 또는 사업 관계를 유지하고 있는 공급업체의 활동(활동이 이러한 사업 관계와 연관이 있는 경우)에서 기인하는 인권·기본적 자유·안전보건·환경에 대한 위험에 관해 다음의 사항을 포함해야 함. • 위험 식별·분석 및 우선순위를 포함한 매핑 • 위험 매핑과 관련해 확립된 상업적 관계가 유지되는 자회사, 하도급업체 또는 공급업체의 상황을 정기적으로 평가하는 절차 • 위험을 완화하거나 심각한 결과를 방지하기 위한 적절한 조치 • 대표 노동조합과의 협력을 통해 위험의 존재 또는 발생에 관해 경고하고 수집하는 메커니즘(alarm mechanism) 개발 • 시행된 조치들을 모니터링하고 조치들의 실효성을 평가하는 절차 ② 실천감독계획은 회사의 이해관계자와의 협력을 통해 수립해야 함 ③ 실천감독계획과 이행보고서를 공개하며, 실천감독계획은 (주주총회에 제출되는) 기업의 연차보고서에 포함해야 함
8 위반 시 제재	• 요건을 갖춘 사람은 누구나 해당 기업에 실천감독의무를 이행하라는 공식 요구를 하고 3개월 내에 기업이 이행하지 않으면 법원에 실천감독의무 이행명령신청 가능 • 기업이 법원으로부터 이행명령을 받고 이행하지 않으면 이행강제금 부과 가능 ※기업에 대한 공식 요구의 적격 요건 : 실사가 이행되지 않거나 충분히 이행되지 않음으로 인하여 자신의 권리나 의무가 영향을 받은 이해관계자
9 강제력	경성규범
10 기타 특징	• 해외지사 및 가치사슬에서 발생하는 인권 및 환경 침해 예방을 위한 조치를 시행할 것을 구체적으로 명시한 세계 최초의 국내법 • 실천감독계획 또는 이행보고서의 공개를 평가하는 공적기구의 설립을 전제하지 않고, 이해관계자의 공식 통지 및 법원에 대한 청구 절차를 통해 실효성 확보를 꾀함 • 그린피스 등의 시민단체들과 노동조합들이 기업의 책임을 묻는 방식으로 이미 활용하고 있고 여러 건의 소송이 법원에 계류 중임

SECTION 3 인권경영의 법제화 동향

독일

인권실사 의무화 법률 제정

독일은 2021년 7월 공급망 실사법을 제정했다. 이 법에 따르면 종업원 3000명 이상을 고용한 기업은 2023년부터 자사와 1차 협력사 등을 대상으로 매년 인권실사를 진행한 뒤 결과보고서를 제출해야 한다. 인권실사 의무는 2024년부터 종업원 1000명 이상을 고용한 기업으로 확대된다.

독일은 2016년 국가인권정책기본계획(NAP)에 유엔 기업과 인권 이행원칙(UNGPs)의 이행을 명시하면서 기업들이 자발적으로 인권경영을 실천하도록 유도했다. 그러나 2020년 조사 결과 종업원 500명 이상의 대기업 중 13~17%만이 인권실사를 한 것으로 나타났다. 결국 독일 정부는 인권실사를 의무화하는 법률을 제정했다.

독일 정부는 법 집행을 위해 상당한 수준의 행정감독과 제재를 도입했다. 연방 경제수출관리청(BAFA)에 130명 규모의 부서를 신설해 매년 기업들이 제출한 인권실사 결과보고서를 검증하도록 했다. BAFA는 기업들이 인권실사의무를 이행하는지 모니터링하고, 필요시 종업원을 소환하거나 기업에 자료 제출을 요구할 권한이 있다. 피해자가 직접 BAFA에 진정을 제기할 수도 있다. 만약 기업의 법 위반 사실을 발견한 경우, BAFA는 대기업 연 매출액의 최대 2%에 달하는 질서위반금을 부과하거나 최장 3년 동안 공공조달계약 입찰 참가를 금지할 수 있다.

독일의 공급망 실사법은 국내 수출기업에도 영향을 미친다. 전국경제인연합회의 자료에 따르면, 독일 시가총액 상위 20대 기업과 거래하는 한국의 파트너사는 공개된 기업만 163개다. 독일 대기업은 법 시행에 대비해 한국의 파트너사를 대상으로 인권실사를 하거나, 인권침해를 예방할 구체적 조치를 요구할 가능성이 높다.

독일에 종업원 1000명 이상을 둔 기업만 약 4800개이므로, 2024년부터 훨씬 많은 국내 수출기업들이 인권 리스크 관리를 요청받을 것으로 보인다.

163개

전국경제인연합회의 자료에 따르면, 독일 시가총액 상위 20대 기업과 거래하는 한국의 파트너사는 공개된 기업만 163개에 달한다.

> **"**
> 대기업은 법 시행에 대비해 한국의 파트너사를 대상으로 인권실사를 하거나, 인권침해를 예방할 구체적 조치를 요구할 가능성이 높다.
> **"**

독일의 공급망 실사법

구분	내용
1. 명칭	공급망 내 기업 실사 법안(영어: Act on Corporate Due Diligence in Supply Chain, 독일어: Lieferkettensorgfaltspflichtengesetz, LkSG)
2. 개요	기존 공급망 내에서의 인권과 환경위험에 대한 실사의무를 규정한 법률
3. 시행 현황	시행 중
4. 적용 대상 (대상 기업)	대규모 독일 기업(직원 수 3000명 이상, 2024년부터 1000명 이상)
5. 인적 범위 (실사 범위)	• 1차 공급망(직접 공급자)과 자사 사업 영역에서 인권 및 환경 위험을 분석해야 함 • N차 공급망(간접 공급자)에 대해서는 고충처리절차를 제공하고, N차 공급망 내에서 발생한 위험을 보고받을 경우 위험분석을 실시하고, 예방계획을 수립 및 실시해야 함
6. 물적 범위 (대상 규범)	**인권** ① 15세 미만 아동 취업의 금지 ② 18세 미만 가혹한 형태의 아동노동 금지 ③ 강제 노동 금지 ④ 모든 형태의 노예제 금지 ⑤ 작업장 안전·보건조치의무 경시 금지 ⑥ 결사의 자유 침해 금지 ⑦ 불평등 대우 금지(고용, 임금) ⑧ 임금 체불 금지(최저임금 보장) ⑨ 토양, 수질, 대기 등의 유해한 오염 금지 ⑩ 불법적인 토지, 삼림, 물 박탈 금지 ⑪ 민간 또는 공공 보안군 이용 금지 ⑫ 기타 작위 또는 부작위 금지
6. 물적 범위 (대상 규범)	**환경** ① 수은첨가제품 생산 금지* ② 제조공정에서 수은과 수은 화합물 사용 금지* ③ 수은 함유 폐기물 처리 금지* ④ 화학물질 생산과 사용 금지** ⑤ 폐기물 수집/저장/처리 규제 ⑥ 폐기물 등 수출 금지*** ⑦ 유해 폐기물 수출 금지*** ⑧ 유해 폐기물 수입 금지*** * 수은에 관한 미나마타 협약 ** 잔류성 오염물질에 관한 스톡홀름 협약 *** 유해폐기물 국가 간 이동 통제에 관한 바젤 협약
7. 실사 의무 내용	① 리스크 관리 시스템 구축 ② 기업 내부 책임자/책임부서 확정 ③ 정기적 리스크 분석의 실행 ④ 정책성명의 선언 ⑤ 자체 사업영역 & 직접 협력사에 대한 예방조치 ⑥ 구제조치 ⑦ 고충처리절차 구축 ⑧ 간접 협력사 관련 실사의무 이행 ⑨ 문서 작성 및 보고
8. 위반 시 제재	[질서위반금] 최대 총매출액의 2% 또는 800만 유로 부과 [불이익] 최대 3년간 공공조달 사업에서 배제
9. 강제력	경성규범
10. 별도 규제 기구	연방 경제수출관리청(BAFA)이 매년 보고서 제출 여부 검토, 실사의무 준수 감독, 신청인의 의무불이행 신고 감독함
11. 기타 특징	직접 공급자와 간접 공급자에 따라 기업의 의무사항을 별도로 정함

SECTION 3 인권경영의 법제화 동향

개별법 제정 통해 의무사항 등 구체화

노르웨이 시민사회 연대체에서는 오랜 시간 동안 인권실사 입법을 위한 운동을 진행해왔다. 시민사회의 요구에 힘입어 노르웨이 의회는 마침내 2019년 노르웨이 정부에 기업 공급망에 관한 정보 공개 법안 마련과 검토를 요청했다. 소관 부처는 아동가족부(Ministry of Children and Equality)로 했고, 해당 부처에서 윤리정보위원회(Ethics Information Committee)를 구성해 정보공개의무(the Duty to Disclose)와 (기업이 보유한) 정보에 대한 알 권리(the Right to Information) 등을 법률로 규정하는데 가장 효과적인 방안을 모색하도록 했다. 이는 2017년 프랑스의 경우와 같이 기존 법제(상법)에 실사의무·정보공개의무 등을 편입시킬지, 혹은 개별법으로 제정해 규범력과 실행력을 강화할지 검토한 것이다.

50명
노르웨이는 회계서류상
① 기업의 정규직 직원이 50명 이상
② 매출 7000만 크로네 (약 95억원)
③ 총 자산이 3500만 크로네(약 47억)
중 2개 이상을 충족하는 기업을 대기업이라고 정의한다.

결과적으로 실사 의무화 입법내용을 상법을 비롯한 기존 법체계 내에서 제도화하기보다 개별법으로 제정하기로 했다.
기존의 법들과 실사 의무화 입법사항이 상호 접목되기 힘들다는 판단에 따라, 새롭게 개별법을 통해 적용 범위, 의무사항 등을 구체화한 것이다.
이후 노르웨이 투명성 법은 2021년 4월에 법안이 발표된 후, 2개월 뒤 노르웨이 의회에서 통과됐다. 이는 역외관할권의 문제를 초월해 인권침해를 식별, 방지, 완화하기 위한 또 다른 인권실사 의무화 사례다. 해당 법은 모든 대기업을 비롯한 중소기업도 적용대상으로 삼았다.
물론 해당 법은 적용대상을 대기업(large enterprises)으로 명시하고 있으나, 대기업의 정의가 매우 넓어 통상의 중소기업도 모두 포함한다고 볼 수 있다. 노르웨이 투명성 법이 노르웨이 소재 기업만을 포함하는 것이 아니라, 노르웨이 내에서 상품과 서비스를 제공하고 노르웨이에 세금을 부과해야 하는 외국기업에도 해당한다. 따라서 국내 대기업 및 중소기업의 경우도 위 요건을 갖출 경우, 의무기업이 될 수 있다.

노르웨이 투명성 법이 노르웨이 소재 기업만을 포함하는 것이 아니라, 노르웨이 내에서 상품과 서비스를 제공하고 노르웨이에 세금을 부과해야 하는 외국기업에도 해당한다.

노르웨이 투명성법

구분	내용
1 명칭	인권과 양질의 근로조건에 대한 투명성법 (영어: Norwegian Act on Enterprises' Transparency and Work on Fundamental Human Rights and Decent Working Conditions / 노르웨이어: Lov om virksomheters apenhet og arbeid med grunnleggende menneskeret tigheter og anstendige arbeidsforhold, apenhetsloven)
2 개요	이 법의 목적은 기본적 인권과 양질의 노동조건에 대한 기업의 인권존중을 증진하고 기업이 어떻게 기본적 인권과 양질의 노동조건에 대한 부정적 영향에 대처하는지에 관한 정보접근권을 보장하는 데 있음(제1조).
3 시행 현황	시행 중
4 적용대상 (대상기업)	이 법은 노르웨이 내외(內外)에서 상품과 서비스를 제공하는 노르웨이 소재 대기업(large enterprises)과 노르웨이 내에서 상품과 서비스를 제공하며, 노르웨이에서 세금을 납부하는 국외 대기업에 적용된다 (법 제2조). 해당 법에서 대기업의 정의는 굉장히 넓게 설정되어 있는데, 대기업이란 노르웨이 회계법 1~5조에 해당하는 기업, 혹은 회계 서류상 아래 조건 중 2개 이상을 충족하는 기업을 말한다 (법 제3조). i. 매출: 7000만 크로네 ii. 총자산: 3500만 크로네 iii. 회계연도의 평균 종업원 수: 정규직 50명 이상
5 인적 범위 (실사 범위)	전체 공급망
6 물적 범위 (대상규범)	인권, 양질의 근로조건
7 실사 의무 내용	[실사 이행 의무] OECD 다국적기업 가이드라인에 따라 실사를 이행해야 함 (법 제4조) [실사 설명 의무] 실사 정보를 매년 6월 30일 이전에 업데이트 및 공개해야 함 (법 제5조) [정보 접근권·정보공시의무] 이 법은 다양한 이해관계자들이 서면으로 의무기업에 기업이 (기본적 인권과 양질의 노동조건에 대한) 실제적·잠재적인 부정적 영향에 어떻게 대처하고 있는지에 대한 정보를 요청할 권리를 규정했음(법 제6조). 그러나 무조건 정보접근권이 보장되는 것은 아니며, 특정 조건에 따라 기업은 이러한 정보공개요청을 거부할 수 있다. 거부할 수 있는 요건은 다음과 같음(법 제6조 2항). a) 요청과 관련된 사항을 파악할 만한 충분한 근거가 제시되지 않은 경우 b) 요청이 명백하게 비합리적인 경우 c) 요청된 정보가 개인의 사적인 문제에 관한 것인 경우 d) 요청된 정보가 기술장치 또는 생산절차에 관한 것이거나 영업상의 또는 상업적인 사안에 관한 정보를 요청하는 경우 [정보공개요청 처리] 기업은 정보 공개 요청을 수취한 이후 최대 3주를 초과하지 않는 합리적인 시간 내에 정보를 공개해야 함. 만약 요청된 정보의 분량과 유형 때문에 3주 이내에 제공하는 것이 과도하게 부담이 되는 경우는 (정보 공개를 수취한 이후) 2개월 이내에 정보를 제공해야 함. 이 경우에는 기업이 반드시 정보 요청자에게 요청을 수취한 날부터 3주 이내에 기한 연장 이유와 언제 정보를 공유할 수 있을지 설명해야만 함. 기업이 정보요청을 거부할 경우에는 그러한 거부를 정당화할 수 있는 조항을 언급하고 거부의 상세한 사유를 요구할 권리와 시한에 대한 정보를 제공하고, 이의제기 절차와 시한도 함께 설명해야 함. 정보요청자는 정보요청이 거부된 경우, 기업으로부터 정보요청이 기각 또는 거부됐음을 통지받은 후 3주 이내에 거부 이유에 대한 더욱 자세한 사유서를 요구할 수 있음. 이에 기업은 거부 이유에 대한 추가 사유서 요청을 수취한 후 늦어도 3주 이내에 서면으로 사유서를 제공해야 함.
8 위반 시 제재	의무기업이 이해관계자의 정보공시 요청에 응하지 않거나, 정기적인 공시 의무를 준수하지 않을 경우 시정명령을 내리거나 벌금을 부과할 수 있다. 반복적인 고의 및 과실의 경우엔 가중해 위반 범칙금도 부과할 수 있음.
9 강제력	경성규범
10 별도 규제 기구	소비자청(Forbrukertilsynet)과 시장위원회(Markedsradets)
11 기타 특징	프랑스의 실사의무화법의 경우 기존 상법(회사법)에 편입된 것이지만, 노르웨이는 법안을 준비하는 과정에서 개별법 제정을 통해 인권존중책임과 실사의무를 법제화한 것임

SECTION 3　인권경영의 법제화 동향

EU기업 협력업체 전반에 영향 미쳐

유럽연합(EU) 의회는 2021년 3월 EU 집행위원회를 상대로 기업의 인권·환경·지배구조 실사 의무화를 요구하는 결의문을 채택했다. 2021년 상반기로 예정돼 있던 EU 집행위원회의 관련 지침안 발의는 결국 2022년 2월에서야 이뤄졌다. 적용 대상인 EU 기업들과 EU 역내 활동 기업들은, 자신은 물론 전 공급망에 걸쳐 인권 및 환경에 관한 부정적인 영향을 식별하는 절차를 규정화하고 실행해야 한다. 식별된 부정적 영향을 해소 또는 최소화하는 것은 물론, 잠재적인 부정적 영향에 대해서도 예방 및 완화하는 조치를 취해야 한다. 이해관계자들을 대상으로 고충처리 시스템도 갖춰야 하고, 자신과 공급망 기업들이 취한 조치의 효과성을 연 1회 이상 주기적으로 모니터링해야 한다. 실사 의무의 이행 현황은 매년 홈페이지에 공개해야 한다.

위반 시 행정적 제재를 받을 수 있다. 또한 기업들이 잠재하거나 실재하는 부정적 영향의 방지·완화·해소·최소화를 위한 조치를 하지 않아 발생한 손해에 대해 피해자가 손해배상책임을 물을 수 있는 제도가 마련된다. 이사의 충실의무로서, 의사결정의 결과가 인권, 기후 변화 및 장·단기 환경 등 지속가능성에

CSRD

기업지속가능성 보고지침(Corporate Sustainability Reporting Directive,CSRD)과 공급망 실사지침(CSDDD)은 서로 보완적인 역할을 하는데, CSRD는 기업의 실사를 보고하는 체계에 가깝다.

미치는 영향을 고려해야 할 주의의무도 법령에 명시된다.

이 지침안이 유럽의회와 유럽연합 이사회의 승인을 얻으면, EU 회원국들은 2년 내에 국내법을 그에 부합하도록 제·개정해야 한다. 위 지침안의 통과는 EU 시장에 진출한 기업들에만 영향을 주는 것이 아니다. EU 기업들이 해야 하는 부정적 영향의 방지, 완화, 해소 또는 최소화 조치에 협력업체들로부터 그 EU 기업의 인권실사 정책을 준수하겠다는 보증을 받는 것 그리고 준수 여부를 확인하는 것도 포함된다. EU 기업들이 이러한 조치를 취하면 자신과 직접 계약관계가 없는, 공급망 하단의 협력업체로 인한 손해에 대해서 면책될 수 있다. 따라서 EU 기업들은 자신의 협력업체들을 상대로 EU 수준의 인권실사 이행 및 보증을 요구할 것이다. 그리고 그 영향은 공급망 하단까지 연쇄적으로 미칠 것이다.

이 지침안이 유럽의회와 유럽연합 이사회의 승인을 얻으면, EU 회원국들은 2년 내에 국내법을 그에 부합하도록 제·개정해야 한다. 위 지침안의 통과는 EU 시장에 진출한 기업들에만 영향을 주는 것이 아니다.

유럽연합의 기업 지속가능성 실사 지침

구분	내용
1 명칭	기업 지속가능성 실사 지침안(Proposal for a Directive on Corporate Sustainability Due Diligence)
2 개요	• 전 공급망에 걸쳐 인권 및 환경에 관한 부정적인 영향을 식별하는 절차를 규정화·실행·공개할 의무 • EU 내 인권실사법 제정 국가 증가하며, 관련 법률의 통일 필요성 제기됨. EU 집행위가 2022년 2월 23일 지침안 발표
3 시행 현황	**역내 기업** 그룹 1: 종업원 500명 이상 및 전 세계 순매출이 1억 5,000만 유로 이상인 기업 그룹 2: 종업원 250~500명 혹은 전 세계 순매출 4,000만~1억 5,000만 유로인 기업 가운데 고위험 분야에 종사하는 기업 **역외기업** 그룹 1: 유럽에서 비즈니스를 영위하며 유럽 내 순매출 1억 5,000만 유로 이상인 기업 그룹 2: 유럽 내 순매출 4,000만~1억 5,000만인 기업 혹은 고위험 분야에서 발생하는 매출이 전체 매출의 50% 이상인 경우 ※고위험 분야: 섬유 및 가죽 생산/도매, 농업, 식품, 동물, 목재, 식음료, 광업 채굴/무역, 금속, 광물 등
4 적용 대상	기업 공급망 전체. 단, 그 회사 또는 자회사와 확립된(established) 직간접적 비즈니스 관계에 있는 공급망에 한함. 일시적인 비즈니스 관계에 있는 업체는 제외됨
5 인적 범위 (실사범위)	기업 공급망 전체. 단, 그 회사 또는 자회사와 확립된(established) 직간접적 비즈니스 관계에 있는 공급망에 한함. 일시적인 비즈니스 관계에 있는 업체는 제외됨
6 물적 범위 (대상 규범)	인권 및 환경
7 의무 내용	① 인권·환경 실사의 정책 마련: 부정적 영향 관련 실사 정책을 매년 업데이트해야. 근로자 및 자회사가 준수해야 할 행동강령, 준수 여부 측정 절차를 포함해야 ② 실재하거나 잠재적인 인권 및 환경에 대한 부정적 영향의 식별: 식별을 위한 적절한 조치를 취해야 ③ 잠재적인 부정적 영향의 방지 또는 완화 조치: 명확한 일정과 정성적/정량적 지표를 가진 예방조치계획의 수립, 행동강령 및 예방조치계획의 준수를 내용으로 하는 협력업체의 계약상 보증 요구, 필요한 투자, 중소기업에 대한 지원이 포함됨. 이런 조치로도 예방할 수 없거나 적절히 완화할 수 없는 경우 협력업체와의 거래를 일시 중단하거나 계약관계를 해지해야 ④ 실재하는 부정적 영향의 해소 또는 최소화: 금전배상, 명확한 일정과 정성적/정량적 지표를 가진 시정조치계획의 수립 등 ⑤ 고충 처리 절차의 수립 및 유지: 피해자, 노동조합, 근로자대표, 관련 시민단체가 회사에 우려를 제기할 수 있는 절차를 마련해야 ⑥ 주기적인 모니터링: 연 1회 이상 그 회사, 자회사, 확립된 비즈니스 관계에 있는 회사의 사업운영 및 인권환경 실사 및 후속 조치를 평가하고, 실사 정책을 보완해야 ⑦ 실사 관련 공시의무: EU의 재무제표 및 사업보고서 작성 지침에 따라 공시. 적용 대상 아닌 기업들은 홈페이지에 연간보고서 게시
8 위반 시 제재	• 회원국의 관계 당국이 특정 행위 중단 명령, 임시 조치 명령 및 금전적 제재 등을 부과할 수 있음 • 해당 기업에 민사책임을 물을 수 있는 제도 마련 • EU 집행위원회는 감독기관 네트워크 설립
9 강제력	• 회원국이 지침에 부합하는 구체적 사항, 제재방안 등 결정
10 기타 특징	• EU기업들이 협력업체들로부터 '그 EU기업의 인권실사 관련 방침 준수' 보증을 받으면, 해당 EU기업은 계약관계 없는 공급망 하단의 협력업체 활동으로 인한 손해에 대해 면책. 따라서 EU기업의 공급망 하단에 있는 기업은 EU기업과 직접 거래하지 않더라도 영향 받을 수 있음

SECTION 3　인권경영의 법제화 동향

인권실사 간접적 강제

2015년 제정된 영국의 '현대판 노예방지법'은 노예상태, 예속상태 및 강제 또는 의무노동, 인신매매를 방지하기 위한 기업의 조치를 내용으로 한다.

인권실사 의무를 부과하는 것은 아니다. 인권실사 현황을 외부에 공개할 의무를 부과함으로써, 인권실사를 간접적으로 강제하는 방법을 채택하고 있다.

그러나 기업이 강제노동과 인신매매를 방지하기 위해 별다른 노력을 하지 않았더라도, 그 내용을 사실대로 공개만 한다면 보고의무 위반은 아니라는 점이 한계로 지적된다.

영국의 현대판 노예방지법

구분	내용
1 명칭	현대판 노예방지법(Modern Slavery Act). 2015년 시행된 현대판 노예방지법 중 제54절이 기업의 공급망 관리 관련 조항(Transparency in supply chains)임
2 개요	일정 규모의 기업에 대해 노예상태, 예속상태 및 강제 또는 의무노동, 그리고 인신매매를 방지하기 위한 기업의 조치를 설명하는 연간 보고서를 공시할 의무를 부과하는 법률
3 시행 현황	시행 중
4 적용 대상 (대상 기업)	설립 국가와 상관없이, 영국에서 사업의 전체 혹은 일부를 영위하는 기업 중 전 세계 연간 매출액이 3600만 파운드 이상이면서 서비스 또는 재화를 제공하는 기업
5 인적 범위	공급망 내 모든 협력업체 포함
6 물적 범위 (대상 규범)	노예상태, 예속상태 및 강제 또는 의무노동
7 실사 의무 내용	• 회계연도마다 노예상태, 예속상태 및 강제 또는 의무노동 및 인신매매에 관해서 취한 조치를 담은 보고서를 작성하고, 공시할 의무 • 보고서에 담을 내용 : 기업의 구조, 사업 분야 및 공급망, 노예제도·인신매매 관련 정책, 공급망 내 노예제도 및 인신매매 관련 실사 과정, 노예제도·인신매매 관련 위험 분석 및 관련 조치, 공급망 내 관련 위험 발생 방지를 위한 조치의 효과성, 관련 교육 프로그램 등
8 위반 시 제재	• 보고 의무 위반에 따른 법원의 가처분 명령 가능 • 법원의 가처분 명령 불이행 시 벌금 부과 가능(영국 정부의 설명)
9 강제력	경성규범
10 기타 특징	• 인권실사 결과를 외부에 공개할 의무를 부과함으로써 인권실사를 강제하는 유형의 법률 • 노예와 인신매매가 일어나지 않도록 하기 위해서 기업이 별다른 조치를 하지 않았더라도, 그 내용을 사실대로 공개만 한다면 보고의무를 위반한 것이 아니라는 점에서 실질적인 인권 상황 개선에 한계가 있음

아동노동 인권실사의무 강제

네덜란드는 2019년 아동노동을 방지하기 위한 실사 의무법을 제정했다. 인권실사의무를 강제하지만 그 범위가 아동노동에 한정된다는 특징이 있다. 아직 시행일이 확정되지 않았다. 2022년 11월 2일 인권실사의 범위를 결사의 자유 및 단체 교섭과 같은 기본적인 노동권, 강제노동, 산업안전보건, 환경 및 동물 복지에 대한 피해, 기후변화로까지 확장하는 내용의 '책임감 있고 지속 가능한 국제 비즈니스 행동에 관한 법안'이 의회에 제출됐다. EU 기업 지속가능성 실사 지침 시행에 대비한 것으로 평가되고 있다. 이 법안이 채택되면, 아동 노동 실사법을 대체할 것으로 전망된다.

네덜란드의 아동 노동 실사법

구분	내용
1. 명칭	아동 노동 실사법(Child Labour Due Diligence Act, 아동 노동을 사용해 만든 상품 및 서비스의 공급을 방지하기 위한 실사 의무를 도입하는 법, Wet van 24 oktober 2019 houdende de invoering van een zorgplicht ter voorkoming van de levering van goederen en diensten die met behulp van kinderarbeid tot stand zijn gekomen(Wet zorgplicht kinderarbeid)
2. 개요	아동 노동에 국한해 실사의무를 도입한 법률
3. 시행 현황	2019년 제정됐으나, 시행일 미정
4. 적용 대상	네덜란드 시장에서 활동하는 모든 기업 및 법인(단 네덜란드 소비자에게 재화나 서비스를 1년에 2회 이하로 판매하는 무등록 외국기업 제외)
5. 인적 범위 (실사 범위)	전체 공급망
6. 물적 범위 (대상 규범)	아동노동 : 가혹한 형태의 아동노동 철폐에 관한 협약(ILO, 제182호), 취업의 최저연령에 관한 협약(ILO, 제138호) 등
7. 실사 의무 내용	아동노동 근절 및 예방에 대한 성명서 제출을 의무화
7. 실사 의무 내용	• 기업의 제품·서비스가 아동 노동을 이용해 생산됐다는 증거를 이해관계자가 제시하고 고발장을 제출하는 경우, 기업은 6개월 이내에 해당 문제를 해결해야 함.
8. 위반 시 제재	기업의 제품·서비스가 아동 노동을 이용해 생산됐다는 증거를 이해관계자가 제시하고 고발장을 제출한 뒤 6개월 이후에도 기업이 해당 문제를 해결하지 않으면, 관할 당국이 법적 구속력을 갖는 행동방침을 제시함. 기업이 그 행동방침을 준수하지 않거나 지정된 시간 내에 완료하지 않은 경우 과징금을 부과함. • 성명서 미제출 또는 불충족 시 : 최고 8200유로 • 기업실사·행동방침 미이행 또는 불충분 이행 시 : 최고 82만 유로 또는 전 세계 매출의 10% • 법규 위반으로 5년 이내에 벌금 2회 부과 시 기업 책임이사는 2년 이하의 징역
9. 강제력	경성규범
10. 기타 특징	2022년 11월 2일 인권실사의 범위를, 결사의 자유 및 단체 교섭과 같은 기본적인 노동권, 강제노동, 산업안전보건, 환경 및 동물 복지에 대한 피해, 기후변화로까지 확장하는 내용의 '책임감 있고 지속 가능한 국제 비즈니스 행동에 관한 법안'이 의회에 제출됐음. 이 법안이 제정되면, 아동 노동 실사법을 대체해 운용될 것임.

SECTION 3 | 인권경영의 법제화 동향

스위스

환경·인권 전반 비재무정보 공시 의무 부과

스위스는 2020년 12월 기업의 인권 및 환경 침해 실사를 의무화하는 법안을 국민투표에 부쳤다. 스위스 국민 과반수(50.7%)가 이 법안에 찬성했지만, 주(州)의 과반수 지지를 얻지 못해 부결됐다. 이에 스위스 의회는 그보다 완화된 법제를 도입해 2022년 1월부터 시행하고 있다. 민사의무법은 환경·인권 전반에 걸쳐 비재무정보를 공시할 의무를 부과하는 것을 내용으로 한다. 더불어 아동노동 및 분쟁광물에 관해 공급망 현황을 추적 관찰하고 위험성 관리 계획을 작성해야 하며, 관련 사항을 공시해야 한다. 위반 시 벌금이 부과될 수 있다.

스위스의 민사의무법

구분	내용
1 명칭	민사의무법(Swiss Code of Obligations)
2 개요	환경·인권 전반에 걸쳐 비재무정보를 공시할 의무를 부과함
3 시행 현황	2022년 1월 시행 적용 대상 기업은 2023년 시작되는 회계연도에 대해 2024년부터 비재무적 사항에 관한 보고서를 작성해야 함
4 적용 대상	[비재무정보 공시] 500명 이상의 풀타임 근로자를 고용하거나, 자산 2000만 프랑(약 255억 원) 또는 연매출 4000만 프랑(약 500억 원)인 상장회사, 은행 등 공적 성격을 가진 기업 [아동 노동 및 분쟁 광물에 관한 실사] 스위스를 등록지, 주된 영업장소로 하는 모든 자연인, 법인(일부 예외 존재)
5 인적 범위	공급망
6 물적 범위 (대상 규범)	환경·인권 전반
7 실사 의무 내용	• 비재무정보 공시 의무: 환경 문제, 특히 CO2 목표, 사회 및 고용 문제, 인권 존중 및 부패와의 전쟁에 대한 정보를 포함한 보고서를 공시해야 함.
7 실사 의무 내용	보고서는 이사회 결의와 주주총회 의결을 거쳐 10년간 공개해야 함 • 아동 노동 및 분쟁 광물에 관한 실사 및 보고 의무 – 공급망 정책 수립: 공급업체와 일반 대중에게 정책 고지 – 공급망 추적 및 기록 시스템 구축 – 보고 절차: 대상 기업은 고위험 지역 또는 아동 노동의 광물 또는 금속과 관련하여 잠재적인 악영향을 알리기 위한 보고 절차를 제공해야 하며 모든 이해 당사자가 접근할 수 있어야 함 – 위험 관리: 공급망의 위험, 위험 가능성 및 심각성을 평가하는 위험 관리 계획을 작성해야 함.
8 위반 시 제재	• 벌금 부과 – 보고서를 작성하지 않거나 의도적으로 잘못된 정보를 공개하거나 문서 의무를 준수하지 않는 경우, 실사 의무와 관련하여 의도적으로 보고서 작성을 누락하거나 보고서에 잘못된 정보를 제공하는 경우: 최대 10만 스위스프랑
9 강제력	경성규범
10 기타 특징	2020년 12월 기업의 인권 및 환경 침해 실사를 의무화하는 법안이 국민투표에 부쳐졌는데, 스위스 국민 과반수의 표(50.7%)를 얻었지만 주(州)의 과반수 지지를 얻지 못해 부결됨. 이에 스위스 의회는 그보다 완화된 법제를 도입함

호주

의무기업은 인권실사·구제절차 사항 보고해야

현대판 노예방지법은 2018년 11월 29일 호주의 상하 양원을 통과했다. 법률에 따라 호주의 현대판 노예방지법은 2019년 1월 1일 발효됐다.

이 법률은 적용대상인 의무기업에 인권실사를 수행하거나 발생한 인권침해에 대해 구제해야 할 의무를 명시적으로 부과하고 있지는 않다. 다만 의무기업은 강제노동, 인신매매, 사기적 고용(deceptive employment), 채무노동(debt bondage), 아동노동 등을 식별·방지·완화·대처하기 위한 인권실사와 구제절차에 관한 사항을 보고해야 한다.

호주의 현대판 노예방지법

구분	내용
1 명칭	호주 현대판 노예방지법(Modern Slavery Act)
2 개요	일정 규모의 기업에 대해 강제노동, 인신매매, 사기적 고용(deceptive employment), 채무노동(debt bondage), 가혹한 형태의 아동노동 등을 방지하기 위한 기업의 조치를 설명하는 연간 보고서를 공시할 의무를 부과하는 법률
3 시행 현황	시행 중
4 적용 대상	당해 회계연도 매출액이 1억 호주달러(AUD) 이상이면서 (i) 본사 소재지가 호주인 사업체이거나 (ii) 호주에서 사업을 수행하는 외국 사업체에 적용됨. 단, 연간 매출을 계산할 때는 호주회계기준(Australian Accounting Standard)에 따라 기업과 그 기업이 지배하는 기업(자회사 등)의 매출을 합산함. 인적 범위(실사범위) 공급망 내 모든 협력업체 포함.
5 물적 범위 (대상 규범)	강제노동, 인신매매, 사기적 고용(deceptive employment), 채무노동(debt bondage), 가혹한 형태의 아동노동 등
6 의무 내용	의무기업은 현대판 노예방지법 준수를 위한 선언문(statement)을 작성하고, 이를 이사회 또는 이사회에 상응하는 결정기관에서 승인해야 함. 아울러 대표이사 서명 후 정부에 제출해야 함. 의무기업은 자사의 사업활동 및 공급망에서 현대판 노예방지를 위해 이행한 인권실사와 인권침해에 대한 구제조치 및 절차, 대응 조치의 효과성 평가 내용 등에 관한 사항을 매년 보고해야 함(법 16(1)(d)).
7 위반 시 제재	현대판 노예방지법 준수를 위한 정책과 선언문(statement)을 정부 기관에 제출하지 않은 기업의 명단을 공개할 수 있음. 다만, 의무기업이 법령을 준수하도록 유인하는 금전적 제재를 비롯한 미준수 기업에 대한 법적 책임을 부과하지 않음.
8 강제력	경성규범
9 기타 특징	영국의 현대판 노예방지법과 달리 의무기업은 실사와 구제에 대한 보고의무를 준수해야 함.

SECTION 3 　인권경영의 법제화 동향

미국

강제노동 관여 기업 상품 수입 금지

미국 바이든 대통령은 2021년 12월 23일 미국 위구르 강제노동방지법(Uyghur Forced Labor Prevention Act, UFLPA) 의안에 최종 서명했다. 그로부터 180일 후인 2022년 6월 21일 UFLPA가 발효됐다. 해당 법률은 신장 위구르 자치구에서의 강제노동 및 인권침해를 방지하기 위한 목적에서 제정됐다. 따라서 UFLPA는 위구르 지역에서 전부 또는 일부라도 생산, 채굴, 제조했거나 신장위구르 자치정부의 강제노동에 관여한 기업이 생산한 상품 등은 '강제노동으로 만들어진 것'으로 추정하고 수입을 금지한다. UFLPA 역시 최근 유럽을 중심으로 인권 존중 책임과 그 핵심 이행절차인 인권실사의 의무를 기업에 부과하는 법제의 일환이라고 볼 수 있다.

미국은 UFLPA 시행 이전에도 1930년 관세법 제307조를 통해 강제노동을 기반으로 생산된 상품의 수입을 제한해 왔다. 관세법 제307조에 따르면, 미국 국토안보부 산하기관인 관세국경보호청(Customs and Border Protection, CBP)은 강제노동에 의해 생산된 제품임이 확정적이지 않으나 가용한 정보에 기초해 합리적으로 추정될 경우 인도보류명령(Withhold Release Order, WRO)을 발령해야 한다고 규정한다. 반면에 UFLPA은 특정 지역인 신장에 적용된다. 나아가 해당 법률은 신장 위구르 자치구 지역의 강제노동에 기반해 전부 또는 일부 생산된 제품으로 추정된다는 것만으로 WRO 없이 미국으로의 수입 및 입항을 금지한다. 이 법은 신장 위구르 자치구의 강제노동으로 다량 생산되는 제품 및 산업군과 강제노동과 연결된 단체 또는 기업을 열거하고 있다. 해당 고위험 제품 및 산업군은 면화, 의류, 신발, 직물, 농산물(토마토), 광물, 식료품, 화학제품, 의료기기, 전자제품, 폴리실리콘 등이다.

수입 금지 처분을 번복하기 위해서는 공급망 실사를 통한 명확하고 설득력 있는 증거를 기초로 하여 해당 상품이 신장 위구르 자치구의 강제노동과 관계가 없음을 적극적으로 증명해야 한다. 따라서 국내 기업은 UFLPA에 대한 사전 대비를 위해 정기적인 공급망 실사를 통해 강제노동 연결 리스크를 면밀히 검토할 필요가 있다.

유럽연합, 캐나다, 멕시코 등에서도 강제노동과 연결된 제품에 대한 수입 금지를 시행하는 법안 도입을 검토 중이다.

> **WRO**
> 미국 관세국경보호청이 발표한 모든 인도보류명령(Withhold Release Order, WRO)은 관세국경보호청 홈페이지에 국가별로 안내돼 있다.

> 66
> UFLPA 역시 최근 유럽을 중심으로 인권 존중 책임과 그 핵심 이행절차인 인권실사의 의무를 기업에 부과하는 법제의 일환이라고 볼 수 있다.
> 99

미국의 위구르 강제노동방지법

구분	내용
1 명칭	중국 신장 위구르 자치구에서 강제 노동으로 생산된 제품의 미국 시장 반입 금지 등을 위한 법(To ensure that goods made with forced labor in the Xinjiang Uyghur Autonomous Region of the People's Republic of China do not enter the United States market, and for other purposes, H.R.6256)
2 개요	신장 위구르 자치구에서 생산된 제품과 이 법에 의해 식별된 특정 유형의 기업(entity)이 생산한 모든 제품을 강제노동을 기반으로 생산된 것으로 추정해 미국으로의 수입을 금지
3 시행 현황	법률상 대상 기업의 범위를 특정하고 있지 않으나, 아래 기업(entity)의 경우 위구르 강제노동 방지법률(Uyghur Forced Labor Prevention Act, UFLPA)에 따라 신장 위구르 자치구에서 강제노동을 기반으로 생산된 상품으로 추정해 수입을 자동 금지 　(a) 신장 위구르 자치구에서 강제 노동으로 전부 또는 일부 상품을 생산하는 기업 　(b) 신장 위구르 자치구 정부와 협력하여 강제 노동자나 박해당하는 인종 그룹을 신장 위구르 자치구에서 모집·이송·수용하는 기업 　(c) 상기 (a) 또는 (b)의 기업에 의해 제조된 제품을 중국에서 미국으로 수출한 기업 　(d) 아래 (i) 또는 (ii)로부터 원재료를 조달하는 기업 신장 위구르 자치구 빈곤 경감 프로그램, 1:1 지원프로그램**또는 강제 노동을 기반으로 한 기타 정부의 프로그램을 위해 신장 위구르 자치구 정부 또는 신장 위구르 생산건설단(Xinjiang Production and Construction Corps)과 협력하는 사업자 **중국에서 경제가 낙후된 지역에 1:1로 재해 원조, 경제 지원, 의료 지원, 교육 지원 등을 지원하는 프로그램
4 인적 범위 (실사 범위)	미국에 제품을 수출하는 모든 기업
5 물적 범위 (대상 규범)	신장 위구르 지역의 강제노동
6 실사 의무 내용	수입자가 (i) '수입자를 위한 가이던스(OPERATIONAL GUIDANCE FOR IMPORTERS)'를 준수함과 동시에 (ii) 대상 상품이 강제노동에 의해 생산되거나 연결되어 있지 않음을 관세국경보호청에 입증해야 함 해당 제품의 강제노동 사용 관련성 확인을 위한 관세국경보호청의 모든 질의에 완전하고 충분하게 응답해야 함 대상 상품의 전부 또는 일부가 강제노동에 의해 생산되지 않았음을 '명확하고 설득력 있는 증거'(clear and convincing evidence)를 통해 입증해야 함
7 위반 시 제재	[형사책임] 미국 국토안보부의 수사기관인 이민관세집행국(Immigration and Customs Enforcement) 및 국토안보수사국(Homeland Security Investigations)이 금지 상품의 수입에 연루된 개인이나 기업을 대상으로 형사 조사에 착수할 수 있음 [외국인 제재] 중국 공산당 관계자 및 신장 위구르자치구 내 강제노동 관련 심각한 인권 침해에 연루된 외국인은 특별지정 제재 대상 목록(Specially Designated Nationals and Blocked Persons, SDN list)에 추가될 예정
8 강제력	경성규범
9 별도 규제 기구	미국 국토안보부의 수사기관인 이민관세집행국(Immigration and Customs Enforcement) 및 국토안보수사국(Homeland Security Investigations)
10 기타 특징	해당 물품이 강제노동과 연결돼 있지 않다는 입증책임은 미국 당국이 아닌 수입자(Importer of Record, IOR)가 부담함

SECTION 3 인권경영의 법제화 동향

일본

유니클로 제재 계기로 인권실사 착수

일본정부는 지난 2020년 10월 기업과 인권에 관한 별도의 국가인권정책기본계획(National Action Plan on Business and Human Rights, NAP)을 수립한 바 있다. 이로써 일본은 태국(2019년)에 이어 아시아에서 기업과 인권 별도의 NAP를 수립한 두 번째 국가가 되었다. 이러한 일본 정부의 노력에도 불구하고, 지난 2021년 일본기업인 유니클로가 신장 위구르 지역에서 강제노동을 기반으로 생산된 면화를 사용했다는 이유로 미국, 프랑스 등으로부터 압류, 제재를 받았다. 이에 대한 대응으로 일본 경제산업성과 외무성은 2021년 9월부터 10월까지 약 3,000개 자국 기업을 대상으로 공급망 인권실사에 대한 설문조사를 실시하였다. 그 결과 일본 상장기업 절반이 인권실사를 실시하지 않았으며, 그 중 30%는 실사 방법을 모른다고 응답했다. 아울러

일본 정부는 미국, 유럽 기업들과의 격차를 줄이기 위해 일본 경제산업성에서 2022년 8월 '책임 있는 공급망 내 인권 존중을 위한 지침'을 공개했다.

51%의 기업은 일본 정부가 적극적으로 인권실사지침을 수립 및 배포할 필요가 있다고 응답하였다.

일본 정부는 공급망 내 인권 리스크에 이미 대응하고 있는 미국, 유럽 기업들과의 격차를 줄이기 위해 일본 경제산업성(Ministry of Economy, Trade and Industry, METI)에서 2022년 8월 '책임 있는 공급망 내 인권 존중을 위한 지침'을 공개했다.

이는 경제산업성 주도로 2022년 3월부터 진행한 공급망 인권실사 연구회 논의 내용을 반영한 것이다. 해당 연구회는 국제기구, 시민사회, 학계, 경제계 등 다양한 인권전문가로 구성되었고, 총 다섯 차례 진행되었다. 연구회의 주요 안건과 참여자 등에 관한 사항은 경제산업성에서 확인할 수 있다.

지침안 발표 후 약 3주간 시민사회, 국제기구 등 다양한 이해관계자의 의견을 수렴했고, 이를 바탕으로 2022년 9월 13일 최종 지침(Guidelines on Respecting Human Rights in Responsible Supply Chains)을 공개했다. 그 이후 유엔 기업과 인권 실무그룹이 주도해 매년 제네바에서 개최되는 유엔 기업과 인권 포럼에서 일본 정부는 추후 일본 기업

미일 '공급망강제노동배제 TF'

미국	USTR, 상무부, 보건인적서비스부, 국토안보부, 노동부, 국무부 등
일본	경제산업성과 외무성 등 관련 부처 참여

일본의 책임 있는 공급망 내 인권 존중을 위한 지침

구분	내용
1. 명칭	책임 있는 공급망 내 인권 존중을 위한 지침(Guidelines on Respecting Human Rights in Responsible Supply Chains)
2. 개요	일본정부는 2020년 10월 아시아에서 두 번째로 기업과 인권에 관한 국가인권정책기본계획(National Action Plan on Business and Human Rights, NAP)을 별도로 수립했음. 이 일환으로 자국 기업의 인권실사를 위해 지침을 발간함. 2021년 일본 외무성과 경제산업성이 함께 자국 기업을 대상으로 공급망 인권실사 관련 조사를 실시한 바, 다수 기업이 실무 차원의 인권실사 지침 필요성을 강조함.
3. 시행 현황	시행 중
4. 적용 대상 (대상 기업)	기업의 규모와 분야에 관계없이 일본 내 모든 기업(당해 회사, 그룹사, 직접 협력사, 간접 협력사* 등) *일본 국내외 공급망 내 거래관계가 있는 비즈니스 파트너를 포함함
5. 인적 범위 (실사 범위)	전체 공급망
6. 물적 범위 (대상 규범)	국제적으로 승인된 모든 인권

7. 실사 의무 내용	• (3조) 인권정책 수립
	• (4조) 인권실사
	  – 부정적 영향의 식별 및 평가(4.1)
	  – 부정적 영향의 방지 및 완화(4.2)
	  – 효과성 추적(4.3)
	  – 소통 및 공시(4.4)
	• (5조) 구제책

8. 위반 시 제재	• 미준수 시 처벌규정이 부재함 • 다만, 일본 정부는 2023년에 공공조달, 정부 사업에서 인권실사를 실시한 기업을 우대하는 제도를 마련할 계획을 밝혔음. 이는 이번에 공개한 지침 자체가 법적 구속력이 없다는 점을 보완하기 위함임. 2023년 4월부터 일본 경제산업성을 중심으로 인권실사 실시 기업 우대 제도에 대한 구체적인 기준을 수립할 예정임.
9. 강제력	연성규범
10. 별도 규제 기구	없음
11. 기타 특징	• 2020년 7월의 분쟁지역에서 강화된 인권실사(heightened due diligence)에 관한 유엔 보고서(A/75/212)를 반영함 • 외국인 기능실습생 강제노동에 관한 정부 차원의 문제제기와 그 대응에 관한 내용을 담고 있음

의 미국, 유럽 정부의 인권실사 규제 위반 사례가 계속 발생할 경우, 해당 지침을 법제화할 것도 고려 중이라고 밝힌 바 있다.

최근 G7 정상회의에서 주요국들은 글로벌 공급망 전반에 걸친 인권, 환경, 노동에 관한 국제 원칙의 준수가 중요하며, 이를 위한 국가 간 협력이 필수적임을 매년 재확인하고 있다. 특히 G7 국가들은 유엔 기업과 인권 이행원칙(UNGPs), ILO 다국적기업 선언, OECD 다국적기업 가이드라인, 실사지침 등을 준수해야 하며, 다른 국가들도 이런 노력에 함께하기를 촉구한다는 내용을 공동 선언에 포함시키고 있다. 이는 인권경영의 법제화가 불가역적인 국제적 흐름이며, G7 내에서도 주요 의제임을 시사한다. 이를 위해 일본은 2022년 책임 있는 공급망 내 인권 존중을 위한 지침을 발표하였고, 유럽연합과 더불어 2022년 아시아–태평양 유엔 기업과 인권 포럼에 적극 후원한 바 있다. 아울러 일본 경제산업성은 지난 2023년 1월 6일 미국 무역대표부(Office of the United States Trade Representative, USTR)와 공급망 내 강제노동을 비롯한 인권침해를 근절하기 위한 공동 태스크포스를 발족한 바 있다. 2023년 올해 G7 의장국은 일본이다. 유럽에서 시작된 인권경영 법제화의 물결이 일본을 움직이기 시작한 것으로 보인다.

SECTION 3   인권경영의 법제화 동향

한국

공공기관·공기업 인권경영 제도적 반영

한국은 정부가 '공공기관의 운영에 관한 법률' 제48조에 따라 공기업·준정부기관의 경영실적을 평가하고 있고, 평가항목에 인권경영에 관한 요소도 포함하고 있다. 특히 국가인권위원회는 2018년 8월 '공공기관 인권경영 매뉴얼' 적용을 권고하면서 공공기관·공기업의 경영에 기업의 인권존중책임 이행 여부를 점검하도록 했다. 또한 국가인권위원회는 2022년 7월 '인권경영 보고지침'에 따라 인권경영의 결과를 보고 및 공시하도록 하면서 향후 공공기관·공기업 경영평가 시 위 지침에 따라 독립적인 항목으로 인권경영을 평가할 것을 권고했다.

이 권고에는 인권실사 프레임워크를 활용한 인권경영 도입 및 보고가 포함돼 있다. 따라서 공공기관·공기업의 경영에 인권경영이 제도적으로 반영돼 있다고 볼 수 있다.

또한, 한국은 제3차(2018-2022년) 국가인권정책기본계획(National Action Plan for the Promotion and Protection of Human Rights, NAP)에서 '기업의 인권존중책임 확보'를 제시했다. 다만, NAP에 기업 인권존중책임의 이행 수단인 '인권실사(human rights due diligence)'에 관한 사항이 포함돼 있지는 않다.

기업의 인권존중책임을 법률에 명문화하거나, 인권실사 의무를 법률의 형식으로 제도화하는 것이 최근 국제 동향이다.

이에 반해 한국 상법이나 다른 기업법제에 기업 인권존중책임의 개념이라든지, 인권존중책임의 실현을 위한 국가의 역할을 명확하게 규정한 법률은 없다. 사기업에 대해서까지 인권경영이 제도화되지는 않은 셈이다.

현재 인권정책기본법안이 국회에 발의돼 있다(법무부 발의안 2021년 12월 28일, 국회의원 발의안 2022년 1월 28일). 법무부가 발의한 인권정책기본법안의 제5장은 기업과 인권에 관한 내용을 담고 있다. 기업의 인권존중책임에 관한 규정, 기업의 인권침해 예방을 위한 국가와 지방자치단체의 노력에 관한 규정이 있으나, 인권실사에 대한 내용은 포함하고 있지 않다.

인권정책기본법안

제17조(기업의 인권존중책임)
① 기업은 국내·국외에서의 기업활동을 통하여 다른 사람의 인권을 침해하거나 제3자가 다른 사람의 인권을 침해하는 일에 관여해서는 아니된다.
② 기업은 기업활동으로 인한 인권침해가 발생할 경우를 대비해 그 피해자가 구제를 요구할 수 있는 절차를 사전에 마련하고, 적절한 구제 수단을 제공하도록 노력해야 한다.

제18조(기업의 인권침해 예방을 위한 국가와 지방자치단체의 노력 등) ① 국가와 지방자치단체는 기업활동으로 인한 인권침해를 예방하고, 그 피해자를 구제하기 위해 필요한 법령과 정책을 마련해야 한다.
② 정부는 기업이 제17조에 따른 인권존중책임(이하 "인권존중책임"이라 한다)을 실천할 수 있도록 다음 각 호의 지침·표준을 마련해 보급하고, 이를 활용하도록 장려해야 한다.
 1. 기업의 인권존중책임 실천을 위한 세부 지침
 2. 기업의 인권존중책임 실천 관련 정보의 자율적 공개를 위한 표준
③ 관계 중앙행정기관의 장은 대통령령으로 정하는 바에 따라 기업의 인권존중책임 실천에 관한 우수 사례를 발굴하여 공개할 수 있다.
④ 관계 중앙행정기관의 장은 제2항 각 호의 지침·표준 마련, 제3항에 따른 우수 사례 발굴 등을 위하여 필요한 경우 국가인권위원회에 의견 및 협력을 요청할 수 있다.

태국

아시아 최초 기업과 인권 별도 NAP 수립

2019년 2월 9일 태국 정부는 별도(stand-alone)의 기업과 인권 국가인권정책기본계획(National Action Plan on Business and Human Rights, NAP)을 아시아 국가 중 최초로 수립했다.

국가인권정책기본계획은 국가 인권정책의 청사진으로 인권과 관련된 법·제도·관행의 개선을 목표로 하는 범정부적인 인권정책 종합 계획이다. 태국 정부의 경우 유엔개발계획(United Nations Development Programme, UNDP)과 함께 국가인권정책기본계획을 마련했다. 태국의 기업과 인권 NAP는 다음 네 가지 주요 영역에 초점을 맞춰 핵심과제를 선별했다.

태국의 기업과 인권 NAP의 경우, 태국 소재 기업에 인권실사의무를 부과하는 입법에 대한 구체적인 계획을 담고 있지는 않다. 기업과 인권 NAP의 이행을 체계적으로 점검하기 위해, 태국 외교부와 법무부, 태국 유엔 글로벌 콤팩트, 태국 중소기업중앙회는 기업과 인권에 관한 국가대담(national dialogue)을 정례화해 실시하고 있다. 특히 2021년 12월 17일, 제5차 국가대담에서 인권실사에 관한 것을 주제로 유럽연합과 G7 주요국의 인권실사 법제화 및 정책 동향을 통해 태국 정부의 국외 실사 법제화 대응 방안을 검토했다. 이는 유럽연합을 비롯한 주요국의 인권실사 법제화로 인해 실사 의무기업의 공급망에 속한 태국 기업들이 직면한 간접적 영향을 선제적으로 대응하기 위한 노력의 일환이다.

유엔 기업과 인권 이행원칙(UNGPs)의 후속 작업을 위해서 유엔 인권이사회는 산하에 유엔 기업과 인권 실무그룹을 두고 있다. 실무그룹은 매년 개최되는 유엔 기업과 인권 포럼을 주도하고 새로운 의제를 발굴하는 역할을 하고 있다. 태국인인 피차몬 요판통(Pichamon Yeophantong) 호주 디킨대학교 교수가 2022년 유엔 기업과 인권 실무그룹(UN Working Group on Business and Human Rights)에 부의장에 선출됐다.

2022년 9월에 개최된 유엔 아시아 태평양 지역 기업과 인권 포럼에서 태국 법무부 관계자는 태국의 기업과 인권 국가인권정책기본계획의 91.55%가 이미 이행됐다고 밝혔다. 아울러, 아시아에서 처음으로 기업과 인권에 관한 별도의 국가인권정책기본계획을 수립한 만큼 인권실사 법제화도 고려하고 있다고 말했다.

태국의 기업과 인권 NAP 핵심과제

1. 노동인권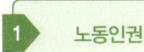
2. 지역사회, 토지, 천연자원, 환경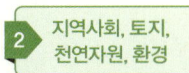
3. 인권옹호자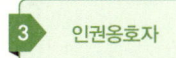
4. 국제투자 및 다국적기업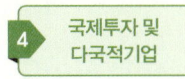

NAP
국가인권정책기본계획(National Action Plan on Business and Human Rights, NAP)은 인권의 법적 보호 강화와 제도적 실천 증진을 목표로 하는 5개년 단위의 범국가적 종합계획이다.

> 태국 외교부와 법무부, 태국 유엔 글로벌 콤팩트, 태국 중소기업중앙회는 기업과 인권에 관한 국가대담(national dialogue)을 정례화해 실시하고 있다.

SPECIALIST

〈인권경영 해설서〉를 만든 사람들

임성택 대표변호사

Profile
現 법무법인(유) 지평 대표변호사
現 연세대학교 법학전문대학원 겸임교수
現 대한변호사협회 ESG경영특별위원회 위원장
現 법무법인 지평ESG센터 센터장
前 국가인권위원회 인권위원

Contact
ⓔ stlim@jipyong.com ⓣ 02-6200-1746

Introduction
오랜 기업법무 및 공익활동의 경험을 바탕으로 기업과 공익의 결합에 관심을 기울여 CSR, 사회적 가치, 임팩트금융 등의 업무를 처리해왔다. 최근에는 ESG 및 인권경영 영역에서 최고의 전문가로 활동하고 있다. 국가인권위원회 인권위원을 지냈다.

민창욱 변호사

Profile
現 법무법인(유) 지평 파트너변호사
現 대한변호사협회 인권환경실사법제소위 위원
現 서울지방변호사회 ESG특별위원회 위원
前 국가인권위원회 민간기업 인권경영 시범사업 자문위원

Contact
ⓔ cwmin@jipyong.com ⓣ 02-6200-1841

Introduction
지평 컴플라이언스팀장으로 ESG와 인권경영 컨설팅 업무를 주로 수행한다. 2022년 법률신문 사내변호사 설문조사에 ESG 분야 우수변호사로 뽑혔고, 2020년에는 UC버클리 공공정책대학원에서 최우수 졸업논문상을 수상하였다.

정현찬 전문위원

Profile
現 법무법인(유) 지평 전문위원
現 한국의료분쟁조정중재원 인권경영위원회 외부위원
現 한국어촌어항공단 인권경영위원회 외부위원
前 국가인권위원회 민간기업 인권경영 시범사업 자문위원
前 유엔 뉴욕 본부, 공보국(DPI) 컨설턴트

Contact
ⓔ hcjung@jipyong.com ⓣ 02-6200-1896

Introduction
컴플라이언스팀에서 인권경영, 인권실사 법제 대응, 인권침해 구제절차 자문 업무를 수행하고 있다. 국제기구, 시민사회에서의 경험과 네트워크로 인권경영 자문을 제공하고 있다.

지현영 변호사

Profile
現 법무법인(유) 지평 변호사
現 서울시 녹색서울시민위원회 위원
現 서울지방변호사회 ESG특별위원회 위원
現 사단법인 환경법학회 상임이사

Contact
ⓔ hyjee@jipyong.com ⓣ 02-6200-1913

Introduction
지평 컴플라이언스팀에서 ESG와 인권경영 컨설팅을 주로 수행하고, 환경팀에서 자문, 연구 등 제반 업무를 하고 있다.

법무법인(유) 지평

법무법인(유)지평은 2019년 국내 로펌 최초로 인권경영팀을 출범하였고, 지금까지 다수의 대기업, 정부, 공공기관을 상대로 인권영향평가/인권실사/고충처리절차 구축 등 자문을 제공하였다. 2021년 세계적인 인권경영 컨설팅 업체인 BSR과 업무협약을 맺었고, 2022년 기업인권벤치마크(CHRB)의 운영기관인 세계 벤치마킹 얼라이언스(World Benchmarking Alliance, WBA)에 아시아 로펌 최초로 가입하면서 글로벌 인권경영 전문가들과 공동 프로젝트를 수행하고 있다. 국가인권위원회가 추진한 '2022년 민간기업 인권경영 시범사업'에도 주도적으로 참여하는 등 국내 인권경영 확산에 기여하고 있다.

김영수 변호사

Profile
現 법무법인(유) 지평 파트너변호사
現 국가인권위원회 행정심판위원회 위원
서울대학교 법학과 졸업

Contact
ⓔ yskim37@jipyong.com ⓣ 02-6200-1925

Introduction
건설부동산소송 업무와 인권경영 업무를 담당하고 있다. 공익법단체에서의 활동경험을 바탕으로, 기업의 인권경영체계 구축 및 수립, 인권영향평가, 특정 인권이슈에 대한 자문과 내부조사 및 대응 등 다양한 인권경영 분야에서 체계적이고 전문적인 자문을 제공하고 있다.

정영일 그룹장

Profile
現 법무법인(유) 지평 ESG센터 경영연구그룹 그룹장
前 한영회계법인 기후변화/지속가능성 서비스, 파트너
스웨덴 Lund 대학교, 환경경영/정책 석사

Contact
ⓔ yichoung@jipyong.com ⓣ 02-6200-1803

Introduction
2021년 법무법인(유) 지평에 합류하여 ESG센터 경영연구그룹과 기업경영연구소 업무를 총괄하고 있다. 기업이 환경 및 사회에 미치는 부정적인 영향을 최대한 저감하면서, 지속가능한 발전에 기여하는 구체적 ESG 프로그램의 개발 및 적용, 그리고 연구를 담당하고 있다.

이동민 변호사

Profile
現 법무법인(유) 지평 변호사
서울대학교 법학전문대학원 졸업
서울대학교 사회학과 졸업

Contact
ⓔ dmlee@jipyong.com ⓣ 02-6200-1981

Introduction
금융자문그룹에서 금융규제, 부동산금융·실물투자, 프로젝트 파이낸스(Project Finance) 관련 자문업무를 담당하고 있다. 지평 ESG센터 컴플라이언스팀에도 속해 있으며 ESG와 인권경영 이슈에 관심을 가지고 있다. 금융상품, 산업 관련 충분한 이해를 바탕으로 고객 맞춤형 자문 서비스를 제공하는 것을 목표로 삼고 있다.

권영환 변호사

Profile
現 법무법인(유) 지평 파트너변호사
現 서울지방변호사회 ESG특별위원회 자문위원
前 서울고등법원 재판연구원(노동사건 전담부)
네덜란드 Leiden대학교 국제인권법 석사

Contact
ⓔ yhkwon@jipyong.com ⓣ 02-6200-1877

Introduction
인사노무 분야의 전문가로서, 대법원 노동법실무연구회의 노동조합법 주해서 공저자이다. 2021년 네덜란드 Leiden대학교에서 'EU 기업인권실사지침(안)에 관한 연구'로 국제인권법 석사학위를 취득했고, UN글로벌콤팩트 한국협회 인권실무그룹 강의 등 S영역에서 다양한 활동을 하고 있다.

장현진 변호사

Profile
現 법무법인(유) 지평 변호사
고려대학교 대학원 법학과 박사과정 수료(노동법)
고려대학교 법학전문대학원 졸업
서울대학교 사회학과 졸업

Contact
ⓔ janghj@jipyong.com ⓣ 02-6200-1826

Introduction
노동그룹에서 인사노무 소송, 인사노무 자문을 수행하며 사내 분쟁해결에 조력하고 있다. 노동법 전공으로 고려대학교 대학원 법학과 박사과정을 수료했다. 협력과 상생의 노사관계와 더불어 인권경영에 큰 관심을 가지고 있다. 학술논문·칼럼을 비롯한 활발한 기고 활동을 통해 실무에 도움이 되고자 한다.

염주민 변호사

Profile
現 법무법인(유) 지평 변호사
서울대학교 법학전문대학원 졸업
서울대학교 사회학과 졸업

Contact
ⓔ jmyum@jipyong.com ⓣ 02-6200-1646

Introduction
법무법인(유) 지평 공정거래그룹에 소속되어 공정거래법, 하도급법 기타 기업활동 관련 자문 업무를 수행하고 있다. 서울대학교 상법 박사과정에 재학 중이다. 기업활동의 위기관리 측면에서 자율준수적 ESG 프로그램에 관심을 가지고 있다.

참고문헌

국내 문헌

강지현, 「EU 주요국의 공급망 ESG 실사 제도 현황 및 시사점」, 『월간 KIET 산업경제 2022년 8월호』, 산업연구원, 2022

강애림, 「EU 의회 기업실사지침안의 주요 내용과 시사점」, 『KIEP 세계경제 포커스』, 대외경제정책연구원, 2021

곽재성, 「인권기반접근법에 따른 효과적인 개발협력 사업수행체제」, 한국국제협력단, 2019

김동현, 「의무적 인권실사의 해외 입법 동향과 국내 법제화 방안」, 『서강법률논총 제11권 제1호』, 서강대학교 법학연구소, 2022

김민정, 『소셜미디어 플랫폼상의 혐오표현 규제』, 방송문화연구 제32권 1호, 2020

국가인권위원회, 『혐오표현 리포트』, 2019

국가인권위원회, 『인권경영 보고 및 평가 지침』, 2022

이상수, 「사회적 가치의 맥락에서 프랑스 실사의무화법 제정의 의미」, 한국법제연구원, 2021

이상수, 『인권경영 세상을 바꾸는 패러다임』, 태학사, 2022

서울대학교 인권센터, 『ARTICLE 19 '혐오표현' 해설』, 2015

법무부, 『기업과 인권 길라잡이』, 2021

카카오, 『카카오 증오발언 대응 정책 녹서』, 2021

카카오, 『2021 카카오의 약속과 책임』, 2022

한국무역협회, 『주요국의 실버시장 현황과 우리 기업에의 시사점』, Trade Brief, 2022

CJ 대한통운, 『2021 지속가능경영보고서』, 2022

Christophe Clerc, 「EU의 공급망 실사법 입법 동향」, 『국제노동브리프 2021년 11월호』, 한국노동연구원, 2021

Lucie Chatelain, 「기업에 인권 및 환경에 대한 책임을 부과한 프랑스의 실천감독의무법」, 『국제노동브리프 2021년 11월호』, 한국노동연구원, 2021

OECD 다국적기업 가이드라인 대한민국 연락사무소 사무국, 『OECD 다국적기업 가이드라인』, 2011

Yvon Chouinard, 『파타고니아 이야기』, 2011

해외문헌

Apple, 「People and Environment in Our Supply Chain, 2022 Annual Report」, 2022

Eni, 「Eni for 2021 Human rights」, 2022

European Commission, 「My business and human rights : A guide to human rights for small and medium-sized enterprises」, 2012

Ford Motor Company, 「Human Rights Report 2022」, 2022

Four Paws International, 「Animal Welfare Policy Guidelines for Fashion Brands and retailers」, 2022

GM, 「2021 Sustainability Report」, 2022

Human Rights Law Centre, 「Broken Promises : Two years of corporate reporting under Australia's Modern Slavery Act」, 2022

ILO, 「Global Estimates of Modern Slavery Forced Labour and Forced Marriage」, 2022

ILO, 「Eradicating forced labour What works in practice」, 2021

ILO, 「What is forced labour of children and how can businesses help to end it?」, 2021

International Commission of Jurists, 「Effective Operational-level Grievance Mechanisms」, 2019

International Organisation of Employers, 「Key Developments in Mandatory Human Rights Due Diligence and Supply Chain Law Considerations for Employers」, 2021

Shift, 「UN Guiding Principles Reporting Framework with implementation guidance」, 2015

Shift, Oxfam and Global Compact Network Netherlands, 「Doing Business with Respect for Human Rights: A Guidance Tool for Companies」, 2016

The Danish Institute for Human Rights, 「Human Rights Compliance Assessment Quick Check」, 2006

The Danish Institute for Human Rights, 「Human Rights Impact Assessment Guidance and Toolbox」, 2020

United Nations, 「Guiding Principles on Business and Human Rights: Implementing the United Nations 'Protect, Respect and Remedy' Framework」, HR/PUB/11/04, 2011

UNDP Business and Human Rights in Asia, 「HRDD Training Facilitation Guide」, 2021

OHCHR, 「The Corporate Responsibility to Respect Human Rights: An Interpretative Guide」, 2012

Pepsico, 「Human Rights Report 2019」, 2020

UN Global Compact, 「A guide for Business : How to Develop a Human Rights policy(Second Edition)」, 2015

Unilever, 「Responsible Business Partner Policy」, 2016

Unilever, 「Human Rights Progress Report」, 2017

Unilever, 「Human Rights Progress Report」, 2020

Unilever, 「Human Rights Progress Report」, 2021

Unilever, 「Responsible Partner Policy」, 2022

Unilever, 「Human Rights Progress Report」, 2022

OECD, 「OECD Due Diligence Guidance for Responsible Business Conduct」, OECD Publishing, 2018

World Benchmarking Alliance, 「Corporate Human Rights Benchmark Methodology」, 2021

기타자료

네이버 프라이버시 센터, https://privacy.naver.com/main?menu=home (2023. 2.2. 최종 접속)

민창욱, 「인권경영과 ESG」, 서울신문, 2021 (https://www.sedaily.com/NewsView/22OTKCJAJV (2023. 2.2. 최종 접속)

민창욱, 「[UC버클리 공공정책대학원 이야기] 〈4〉 기업의 사회적 책임과 인권경영」, 법률신문, 2020, https://www.lawtimes.co.kr/Legal-Info/Legal-Info-View?serial=166137 (2023. 2.2. 최종 접속)

유니레버 홈페이지(https://www.unilever.com/planet-and-society/respect-human-rights/strategy-and-goals/ (2023. 2.2. 최종 접속)

임성택, 「ESG와 노사관계」, 법률신문, 2021, https://www.lawtimes.co.kr/Legal-News/Legal-News-View?serial=171946 (2023. 2.2. 최종 접속)

정현찬, 「'노르웨이 공급망 투명성 법' 기업의 인권존중과 ESG에 대한 유럽의 또다른 대답」, 임팩트온, 2021, https://www.impacton.net/news/articleView.html?idxno=3590 (2023. 2. 2. 최종 접속)

조선비즈, 「스타벅스, 장애인 인식개선 위한 '서울대치과병원점' 열어」, https://biz.chosun.com/site/data/html_dir/2020/12/03/2020120301889.html (2023. 2.2. 최종 접속)

행복얼라이언스 홈페이지, http://www.happyalliance.org (2023. 2.2. 최종 접속)

Mayer Brown, 「Business and Human Rights: meaningful stakeholder engagement in due diligence」, https://www.eyeonesg.com/2022/09/business-and-human-rights-meaningful-stakeholder-engagement-in-due-diligence/ (2023. 2.2. 최종 접속)

TESCO 홈페이지, https://www.tescoplc.com/sustainability/planet/food-waste/ (2023. 2. 1. 최종 접속)

UNFCCC 홈페이지, https://www.unfccc.int, (2023. 2.2. 최종 접속)

한경MOOK

법무법인 지평 전문가들이 쉽게 풀어 쓴
인권경영 해설서

펴낸날	초판 1쇄 발행 2023년 2월 22일
발행인	김정호
편집인	유근석
펴낸곳	한국경제신문
기획 총괄	이관우 · 최진석
편집 · 제작 총괄	이선정
편집	이진이 · 강은영 · 윤제나
글	임성택 · 민창욱 · 정현찬 · 지현영 · 김영수
	권영환 · 정영일 · 장현진 · 이동민 · 염주민
디자인	윤석표
판매 유통	정갑철 · 선상헌 · 조종현
인쇄	제이엠프린팅
등록	제2006-000008호
주소	서울시 중구 청파로 463 한국경제신문
구입 문의	02-360-4859
홈페이지	www.hankyung.com

값 20,000원
ISBN | 979-11-92522-36-4(93320)

〈인권경영 해설서〉는 인권실사 의무화 시대에 알아둬야 할 인권경영의 개념과 사례 등을 법무법인 지평 변호사들이 쉽게 풀어 쓴 가이드북입니다.

● 잘못 만들어진 책은 구입하신 곳에서 교환해드립니다.
● 이 책은 저작권법에 따라 보호받는 저작물이므로 무단 전재와 복제를 금합니다.

한경무크
베스트셀러
시리즈

CES 2023

이 한 권에 다 담았다!
CES 2023 모든 것

해외 진출 성공 전략

비즈니스맨을 위한
해외 진출 가이드 총정리

실전 중대재해처벌법

실전 사례로 알아본 기업에 꼭 필요한
중대재해처벌법 대응 노하우

2023 산업대전망

복합위기를 대비하라!
대전환 시대의 생존 전략서

평판 위기 넘는 법

돈과 명예를 지키는
평판 관리 노하우

직장 내 괴롭힘 금지법

노무사들이 쉽게 풀어 쓴
직장 내 괴롭힘 대응법

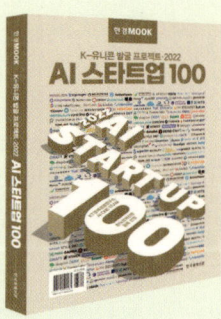

AI 스타트업 100

한 권에 담은
유망 AI 스타트업

가상자산 A to Z

깜깜이 투자는 이제 그만!
가상자산 투자 가이드북

ESG 2.0
달라진 비즈니스 모델
최신 ESG 이슈 집중 분석!

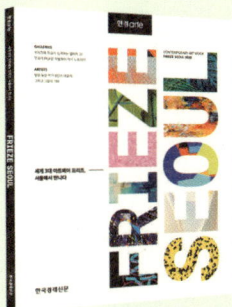

프리즈 서울 2022
세계 3대 아트페어
'프리즈'의 모든 것

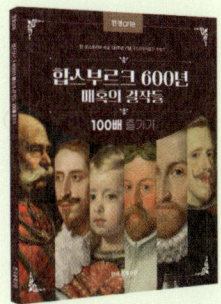

합스부르크 600년 매혹의 걸작들
전시회 가기 전 필독!
눈으로 읽는 도슨트

인생 리뉴얼 ABC
4060 직장인을 위한
은퇴 준비 바이블

실버타운 올가이드
인기 유튜버 '공빠TV'의 첫 책
살고싶은 실버타운

부동산 절세법
연령대별로 정리한
부동산 세테크 노하우

슬기로운 주식생활
기초부터 다지는
내 아이 투자왕 만들기

메타버스 2022
단숨에 읽는
메타버스 트렌드북

팔도와 친구들의 나도 경제왕
팔도와 함께 만화로 쉽게 배우는
경제 공부